书香中国 全民阅读推广丛书（第二辑）

朱永新　徐　雁◎主编

# 分类阅读

## 读 物 优 化 气 质

周燕妮　唐　曦　石　莹　王碧蓉◎编著

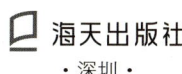海天出版社

·深圳·

**图书在版编目（CIP）数据**

分类阅读：读物优化气质 / 周燕妮等编著. —深圳：
海天出版社，2020.1

（书香中国·全民阅读推广丛书 / 朱永新，徐雁主
编. 第二辑）

ISBN 978-7-5507-2775-5

Ⅰ. ①分… Ⅱ. ①周… Ⅲ. ①读书活动—研究—中国
Ⅳ. ①G252.17

中国版本图书馆CIP数据核字(2019)第209353号

# 分类阅读：读物优化气质
FENLEI YUEDU：DUWU YOUHUA QIZHI

| | |
|---|---|
| 出 品 人 | 聂雄前 |
| 出 版 策 划 | 于志斌 |
| 项目负责人 | 孙 艳 |
| 责 任 编 辑 | 梁 萍 |
| 责 任 技 编 | 梁立新 |
| 封 面 设 计 | 知行格致 |

| | |
|---|---|
| 出 版 发 行 | 海天出版社 |
| 地 址 | 深圳市彩田南路海天综合大厦（518033） |
| 网 址 | www.htph.com.cn |
| 订 购 电 话 | 0755-83460293（邮购、团购） |
| 设 计 制 作 | 深圳市龙墨文化传播有限公司（电话：0755-83461000） |
| 印 刷 | 深圳市希望印务有限公司 |
| 开 本 | 787mm×1092mm　1/16 |
| 印 张 | 23 |
| 字 数 | 351千 |
| 版 次 | 2020年1月第1版 |
| 印 次 | 2020年1月第1次 |
| 定 价 | 80.00元 |

总序

# 我心目中理想的"书香社会"

◎ 朱永新

人们都在说"倡导全民阅读，建设书香社会"。那么，所谓"书香社会"到底应该是什么模样呢？阿根廷国家图书馆前馆长、著名文学家博尔赫斯说过："如果有天堂，天堂应该是图书馆的模样！"既然天堂的模样就是图书馆的模样，那么也该是"书香社会"的模样了。不过，"天堂"终究是一个抽象概念，实在地说，我心目中的"书香社会"，一定是一个全民阅读的社会，它至少该有以下四个方面的特征：第一，人人溢书香；第二，处处有书香；第三，时时闻书香；第四，好书飘书香。用这四个标准，大致可以来评估一个地方、一个社区乃至一个社会，究竟是不是"书香社会"。

## 一、人人溢书香

全民阅读，从书香家庭到书香社区，从书香学校到书香机关，从书香企业到书香乡村……它应该是全方位，涉及所有人群的。从群体来说，重点有三个方面，即领导、教师与儿童。所以，领导带头读、亲子共读与师生共读，在全民阅读中具有特别重要的作用。

第一，书卷气也是领导力。作为领导人来说，阅读是非常重要的，它是领导能力的重要构成部分。衡量一个领导，最重要的就是他的思维能力和决策能力，是他的视野与胸怀。这些能力从哪里来？最重要的是从阅读中来。

当然，领导干部带头读书不仅仅是为了胜任工作。陶行知先生说，人生为一大事来。我把这"大事"理解为"看风景"。人类有两种风景：自然的风景和精神的风景。"行万里路"，是为了看自然的风景；"读万卷书"，是为了看精神的风景。自然的风景是有限的，精神的风景却是没有边际的，这才是无限风光的顶峰。如果静心想想就能发现，在温饱的基础上，人们所追求的一切幸福，归根结底都是为了精神上的幸福。领导干部读书，可以帮助他们拥有宁静的心态、从容的心情、理智的头脑、开放的胸怀，拥有这些无限的精神财富，也就拥有了更为丰富和幸福的人生。

领导干部读书，不仅仅是为了胜任工作，也是为了让自己的人生丰富多彩。领导干部阅读不仅能够有助于科学决策，本身也能率先垂范，引领风尚。领导干部读书有一个特别的作用——对社会有示范作用，上有所行，下有所效。领导干部在讲话里引用什么书，他正在读什么，会从相当程度上影响到一个部门甚至一个城市的阅读风气。从"学习型政党"到"学习型社会"，正体现了这样的示范与推动。

第二，教师要读书。要有教育智慧，没有教育的情怀是成为不了好老师的，而这些都需要通过阅读来获得。在你教室里发生的故事，在其他教室里早就发生过了。人类数千年积累的文明智慧，就在伟大的书里，这些伟大的书就在图书馆里。教师要读书，这是"书香社会"建设中的关键人群，关键人群抓好了，整个社会的推动力就会很强。

教师读书不仅是寻求教育思想的营养，教育智慧的源头，也是情感与意志的冲击与交流。从过去的教育家的著作中，教师可以学习的东西很多。有心的教师会认真阅读教育的重要文献，认真学习不同时代教育家的人生理想与人格力量。读书会让我们的教师更加善于思考，远离浮躁，从而让我们的教师更加有教育的智慧，让我们的教育更加美丽。

在当今社会，教师阅读能够让教育行为更科学，更能够带动孩子阅读。孩子怎么读书？就像群众看领导一样，孩子看老师。有一个爱读书的老师，才会有一群爱读书的孩子，才能帮助孩子真正养成阅读的兴趣和习惯。阅读不仅仅是语文老师的事情，也是所有学科老师的事情。科学、人文、艺术等学科，如果没有爱阅读的教师，永远培养不出爱阅读的学生。阅读正是让教师们站在大师的肩膀上前行的有效途径。

第三，青少年阅读直接影响着未来的"书香社会"建设。一个人一生阅读的种子，可能是在青少年时期才能真正扎根。我曾经讲过两句话："童年的秘密我们远远没有发现，童书的价值我们远远没有认识。"我到过全国很多图书馆，到图书馆以后，首先关注的就是少儿图书馆。不管哪个图书馆，它都必须高度重视青少年的阅读，尤其是儿童阅读。

人在 14 岁以前的阅读体验，对孩子的成长也是至关重要的。人生以后的历程，只不过是前面 14 年所阅读的东西的展开。事实上，孩子长大以后，是用 14 岁以前所阅读的东西、所体验的东西、所经历的东西，用从书本当中获得的基本价值观，用感恩、慈善、友爱等这些最伟大的观念和知识在建设未来。

儿童阅读到底具有什么样的价值？惠特曼说过，有一个孩子每天向前走去，他最初看见并且感受到了什么，他就会成为什么，他的所见所感成了他生命的一部分。这说明早期的阅读对一个人的影响是刻骨铭心的。格林在《童年的消逝》一书中也说过，或许只有童年读的书，才会对人生产生深刻的影响。孩提时，所有的书都是"预言书"，告诉我们有关未来的种种。

从人生前 14 年所读的书中，我们获得激励与启示。人生前 14 年阅读的书，将会对人生产生重要的影响，所以应该让阅读的种子在青少年时期扎根，在青少年时期产生精神的饥饿感，养成阅读的兴趣与习惯。

## 二、处处有书香

"书香社会"应该是阅读非常便利的社会。政府应该为全民提供良好的阅读条件，在社区、学校、城市、乡村建设合格的图书馆。公共图书馆具备优质的服务体系，人们随时随地可以读书、借书，良好的阅读条件与阅读设施，可以为人们阅读提供最大的便捷。

一个城市的中心图书馆，就是所在城市的"精神会客厅"。对于一个城市来说，公共图书馆是保存、保护和弘扬地方文化，为当地读者提供方便快捷的公共文化服务的场所。一个城市有没有文化品位，这个温馨的"精神会客厅"很重要。

随着社会的发展，不仅要有社区图书馆，还要有民间的阅读空间，生活在社区中的居民要如何才能便捷地获得书，图书馆又该如何跟社区联动、互动？这些都是值得思考的问题。社区图书馆是人们的"精神驿站"，如果能够与藏书丰富的市级图书馆有效合作，流动方便，会更加有利于"书香社会"形成。

实体书店是一个城市的精神风景线。一个城市、一个区域有没有书店，这是建设"书香社会"最基本的条件。今后我们要评估"书香城市"，衡量是不是"书香社区"，首先要看这个地方有没有好的书店，买书是否方便。一个城市有没有文化，有没有品位，在于这座城市有没有一些上档次的、够水准的书店。实体书店在一定程度上也是"精神家园"之一，爱书的人可以在这里聚集。无论时代怎么变，我都希望实体书店能保留自己的人文特色，成为所在城市的风景线。

家庭是社会的细胞，阅读习惯和阅读风气必须从家庭开始传承。我们在推广"书香校园"建设的过程中发现，要建设"书香校园"，"书香家庭"的营造非常关键。有爱读书的父亲，有爱读书的母亲，常常就会有爱读书的孩子。这样的孩子上学以后，他对阅读的兴趣，他的阅读习惯与阅读能力已经初步形成了，这就为学校推广阅读打下了坚实的基础。

韩国在 20 世纪 50 年代，曾经发起"以书柜代替酒柜"的运动。韩国在经济起飞之后，许多富裕的家庭都拥有了酒柜，但没有书柜，于是有了这个口号。我一直梦想着，有一天中国所有的家庭至少有一个书柜，让"书香门第"成为中国永远的传统。什么叫"书香门第"？中国古代的书都是如传家宝一般，代代相传。父亲喜欢什么样的书，传递给孩子，父子间就有了共同语言，所以家庭阅读很重要。

我们的"新教育学校"要求所有孩子都要为自己建一个图书架，在不断阅读的过程中慢慢增加一些书。拥有更多书籍的孩子，就如拥有了一个小图书馆。孩子如果有了永远属于自己的书，等他老的时候还会如数家珍，娓娓道来，作为传家宝一般传授给他的孩子。

"留守儿童"在没有人陪伴的时候，好书应该是陪伴他们最好的朋友。如果有一批温馨的童书伴随他们成长，那孩子们便能获得一点精神的慰藉。书虽然代替不了妈妈，但是书可以成为他的好伙伴。

学生的精神世界如何，在很大程度上与他们的阅读生活有关。学校图书馆就是青少年的精神食堂，食堂的环境和饭菜的质量，直接影响着学生们的成长。我希望有关部门能够建立科学的中国中小学图书馆基本配置，这是保障我们国家青少年健康成长的基本精神营养。希望有关专家和部门携起手来一起做这件事，为书香飘逸校园尽一份力。

尽管现在很多单位的图书馆（阅览室）已经取消了，但我还是主张每个单位要有图书馆（阅览室），它们可以在工作之余成为员工们的"精神加油站"。

现在各地为客房提供书籍的宾馆越来越多，其关键在于如何选书。宾馆客房里要设置小书架，要有一二十本好书和新书。如果有一个城市用心去做好这件事，那么，这个城市南来北往的宾馆，完全可以成为流动的"精神驿站"。

"农家书屋"，应该建设成为乡村的"精神驿站"。我建议应该把"农家书屋"与乡村小学相结合，把书屋建到村小里。让村小的孩子有书读，多读书，读好书。

## 三、时时闻书香

作为阅读的主体，我们每个人应利用一切可能的时间读书。要想找到读书的时间，首先在思想上，必须真正把阅读当作最重要的事情。我自己的体会是，一天再忙也要挤出 20 分钟读下书，即使是儿童图书。

自来水是压出来的，时间是挤出来的。时间抓起来就是黄金，抓不起来就是流水。要想有时间读书，学会利用零碎时间也非常重要。欧阳修有所谓"三上"读书之说，是很重要的经验之谈。其"马背上"，相当于如今的在坐车旅途中阅读；"枕头上"，也就是睡前阅读；至于"厕座上"，是利用在卫生间如厕的时间阅读。

媒体在阅读推广中具有不可替代的重要作用，应该尽可能把黄金时间留给阅读。现在的媒体是24小时不间断的，过去人们在灯光下阅读的时间被电视等媒体占用了。希望电视台把更多的"黄金时段"用来推荐好的诗篇，好的散文，好的书籍。国际上很多著名的媒体机构，报纸、杂志、电视、电台都是把"黄金时段"留给读书的，也因而形成了一批"独立书评人"，通过他们与大众进行对话，让更多的好书为人们所熟悉，也因此熏陶出一批真正爱书的人。

节假日是读书的大好时段。既要看好山丽水，更要读好书佳作。我们生活在两个世界，一个是物质世界，有好山丽水；一个是精神世界，有好书佳作。人生有两道风景，好书佳作的风景，绝不亚于好山丽水的风景。"行万里路"，是为了看好山丽水；"读万卷书"，是为了看好书佳作。两者相辅相成，都可以给我们的心灵以滋养。

自2003年起，我一直在各种场合呼吁要设立"国家阅读节"，在全社会营造良好的阅读氛围，唤醒国民的阅读意识，让阅读变成我们中国人的一种日常生活方式，共同把阅读进行到底。

## 四、好书飘书香

"书香社会"，是一个品质阅读的社会。

如今出版物鱼龙混杂，图书浩如烟海，好书难以追寻，因此"读什么"的问题，已经上升到比阅读本身更重要的位置。正是基于这一现状，我们专门成立了"新阅读研究所"，为幼儿、小学生、初中生、高中生、大学生、父母、教师、企业家、领导人与公务员等不同的人群分别选择阅读书目。

近年来，我们一直在做对应幼儿、小学生、初中生、高中生、大学生、教师、父母、企业家、领导干部的基础阅读书目，有的还正式出版了"导赏手册"。每种书目保持100本的基础，我相信这是最好的书目。因为我们会很用心为大家去选，庞大的专家团队会对每本书进行认真研究。

毋庸讳言，当前的"书香社会"建设还存在一些问题：一是人们的思想认识和觉悟还没有到位，没能形成"共识"和"合力"；二是各级政府公共财政投入的资金支持不到位；三是各地围绕"书香社会"组织的一些活动还流于形式。因此，我们应该从如下几个方面来解决：中央和地方政府要大力推动，社会各界要积极参与，还应该成立全民阅读推广的专业机构，如中国阅读学会等，已有的中国图书馆学会阅读推广委员会等组织要积极引领，还要发挥民间阅读组织的作用。

总之，"书香社会"的形成是一个系统工程，需要全社会的共同推动。由"书香家庭"和"书香校园"奠定社会的基础，由图书馆系统作为"书香社会"的枢纽，由媒体积极推广优良读物，发挥好领导干部、教师、家长的关键性作用，共同在儿童和青少年阅读上下功夫，就一定能够逐步推进整个社会的书香构建。

"书香中国·全民阅读推广丛书"（第一辑），是由现任国务院参事室参事王京生先生与中国阅读学研究会名誉会长、南京大学博士生导师徐雁教授共同主编的，于 2017 年 4 月在海天出版社出版。具体包括四种，即《书香社会：全民阅读导论》（周燕妮、聂凌睿、马德静编著）、《书香传家：家庭阅读指南》（万宇、周晓舟、李海燕、曹娟编著）、《书香满园：校园阅读推广》（钱军、蔡思明、张思瑶编著）、《书香在线：数字阅读导航》（陈亮、连朝曦、张婷编著）。

为此，我很乐意与徐雁教授联名主编"书香中国·全民阅读推广丛书"的第二辑。本辑共有六种：《分级阅读：读物提升幸福》（尹士亮、李海燕、王成玥、蒋小峰著）、《分众阅读：读物给养头脑》（万宇、王奕著）、《分类阅读：读物优化气质》（周燕妮、唐曦、石莹、王碧蓉编著）、《分时阅读：读物愉悦性情》（蔡思明、江少莉、陈欣、章笑笑编著）、《分地阅读：读物联通文脉》（凌冬梅、郑闯辉、朱琳、林肖锦编著）、《分校阅读：读物增益才华》（徐雁、张思瑶、张麒麟、冯展君编著）。每一部书稿，都在 20 万字左右。

"书香中国·全民阅读推广丛书"（第二辑）的编著者以"分级""分众""分类""分时""分地"及"分校"的理念，从不同的视角、不同的层面，共同关切着读物对于读者的心智影响，从而在不同程度上深化了全民阅读的基本理念，细化了全民阅读推广的具体方法。书中还通过总结各级各类图书馆的阅读推广经验，具体解析各有特色的阅读推广案例，充实和丰富了阅读文化学的内涵，相信在问世之后，会受到广大图书馆读者和全民阅读界人士的欢迎。

我期待着海天出版社坚持多年的包括"书香中国·全民阅读推广丛书"在内的书香品牌，能够可持续地组稿编辑、出版发行下去，为促进"全民阅读"，建设"学习型社会"，源源不断地提供优良的读物和精粹的精神食粮。

我们期待着"书香中国·全民阅读推广丛书"（第二辑），能够对"促进全民阅读，建设学习型社会"的进程有所贡献，更期待着读者们的批评和教正。

（作者系全国政协常务委员兼副秘书长、中国民主促进会中央委员会副主席）

## 下篇　分类阅读推广实践

读物优化气质

上篇

# 分类阅读理念导论

# 知识分类与图书分类

知识分类：图书分类的基础

图书分类：分类阅读的基础

## 第一节　知识分类：图书分类的基础

### 一、古代知识分类

在林林总总、纷繁复杂的知识世界中，人们出于学习、传播、交流、讨论、研究等需求，总是想要将知识分门别类。早在周朝就出现了知识分类的萌芽。《周礼·地官司徒·保氏》中说："养国子以道，乃教之六艺：一曰五礼，二曰六乐，三曰五射，四曰五御，五曰六书，六曰九数。"此教育体系要求学生掌握六种基本才能：礼（礼仪）、乐（音乐）、射（射箭）、御（驾车）、书（识字）、数（计算）。相当于现在的六门学科。

到了战国时期，因为生产力水平提高，出现了"百家众技"的职业分工。战国末期思想家、教育家荀况把知识分为一般知识和具体知识，提出有"精于道者""精于物者"，指出"精于物者以物物，精于道者兼物物"，即精通于某种具体事物的人可以让他来治理这一类事物，精通于道的人却可以治理各种事物，而"精于物"的具体知识里面又有"志于天""志于地""志于四时"之分。[①]

汉代以后，较为典型的知识分类体系首推西汉经学家、天文学家、目录学家刘歆提出的"七略"分类法，即辑略、六艺略、诸子略、诗赋略、兵书略、术数略、方技略七类。这一分类体系一直影响着我国后来的知识分类和图书分类。

现将"七略"的分类体系列举如下：

辑　略　总论

六艺略　易、诗、书、礼、乐、春秋、论语、孝经、小学

诸子略　儒、道、阴阳、法、名、墨、纵横、杂、农、小说等

---

① 陈克晶，吴大表.科学分类问题.北京：人民教育出版社，1980：5.

诗赋略　屈原赋之属、陆贾赋之属、孙卿赋之属、杂赋、歌诗

兵书略　兵权谋、兵形势、阴阳、兵技巧

术数略　天文、历谱、五行、蓍龟、杂占、形法

方技略　医经、经方、房中、神仙[1]

我国古代另一知识分类系统是四部分类法。西晋律学家、文学家荀勖在编撰书目《中经新簿》时，分为甲、乙、丙、丁四部，创立四部分类体系。甲部记六艺及小学，乙部有古诸子家、近世子家、兵书、兵家、术数，丙部有史记、旧事、皇览簿、杂事，丁部有诗赋、图赞、汲冢书。唐初魏徵等编撰《隋书·经籍志》，始将甲、乙、丙、丁四部名称换成经、史、子、集，使四部分类法成为更为完善、更加切合实际的分类体系。唐代以后，又对四部分类体系略作增益调整，大体趋向更为细密合理。清代乾隆年间纪昀等学者编撰的《四库全书总目》是四部分类体系的总结，按经、史、子、集四部排列，统分 44 类，内容覆盖哲学、历史、文艺、政治、社会、经济、军事、法律、医学、天文、地理、算学、生物学、农业、占卜等，是研究中华历史文化的重要文献。这既是知识分类体系，也是图书分类体系。《四库全书总目》类目如下：

经部　易、书、诗、礼、春秋、孝经、五经总义、四书、乐、小学

史部　正史、编年、纪事本末、别史、杂史、诏令奏议、传记、史钞、载记、时令、地理、职官、政书、目录、史评

子部　儒家、兵家、法家、农家、医家、天文算法、术数、艺术、谱录、杂家、类书、小说家、释家、道家

集部　楚辞、别集、总集、诗文评、词曲[2]

---

[1] 曹之.中国古籍编撰史.武汉：武汉大学出版社，2015：59-60.

[2] 来新夏，柯平.目录学读本.上海：上海交通大学出版社，2014：149.

西方最早提出知识分类体系的是古希腊哲学家柏拉图（Plato），他从客观唯心主义的理念论出发，认为知识不是对客观世界的认识，而是对理念世界的回忆。基于此，他将人类知识划分为三大类：第一类是理性知识，即用推理、比较、分析等辩证法研究的知识，这是一切科学的基础；第二类是物理知识，即数学、天文、生物等学科的考查，他认为同样应该采用辩证法去研究，而不管客观事物；第三类是伦理知识，即关于人的行为和意志的知识。①

柏拉图的学生亚里士多德（Aristotle）是古希腊文化的集大成者和形式逻辑的创始人，他将人类已有知识系统化，分为纯粹理性、实践理性和技艺三大类。②"纯粹理性"指几何、代数、逻辑之类可予以精密研究的学科；"实践理性"是人们在实际活动中做出选择，用来确定命题真假、对错，以及行为善良与否的方法，如伦理学、经济学、政治学等；"技艺"指那些无法用言辞传达，似乎只有通过实践才能把握的知识，如建筑、医学、雕塑等。亚里士多德的分类体系门类齐全、逻辑严密，在古代西方影响最大。

西方第一个无神论哲学家伊壁鸠鲁（Epicurus）按研究对象将知识划分为三类：物理学，研究自然及其规律；逻辑学，说明认识自然的方法；伦理学，使人类获得幸福的学说。这三类是自然科学、社会科学和思维科学的雏形。③

英国哲学家、科学家弗朗西斯·培根（Francis Bacon）被公认为世界科学史上对知识进行系统分类的第一人。他依据人类思维方式的特征，将知识分为三大类别：史

弗朗西斯·培根

① 陈克晶，吴大表．科学分类问题．北京：人民教育出版社，1980：4.

② 谭华军．知识分类：以文献分类为中心．南京：东南大学出版社，2003：42.

③ 孙冰炎．图书分类学．北京：高等教育出版社，1992：26.

学，即记忆的科学，包含历史学、语言学等；诗学，即想象的科学，包含文学、艺术等；哲学，即理性的科学，包含人类哲学、自然哲学等。

## 二、现代知识分类

随着生产力的提高、科技的发展和文化的积累，人们逐渐将知识细分为文学、音乐、物理、数学、天文、哲学、军事、经济等诸多学科。近代的知识分类体系通常将知识划分为自然科学、人文科学与社会科学三大类别，这也是现代最为大众理解和接受的知识分类。

自然科学是关于自然现象的具体科学，研究自然界的本质和规律，通常可分成两大部分：理论形态的自然科学（理科），如数学、物理学、化学、生物学、地理学、天文学等；技术形态的自然科学（工科），如医学、建筑学、材料学、机械学、测量学、气象学、环境学、地质学等。

社会科学是研究社会现象的具体科学，力求揭示社会的本质和规律。例如经济学、政治学、军事学、社会学、管理学、教育学等。社会科学主要以人类社会的组织与结构、体制与关系、功能与效率、秩序与规范为研究认识之对象，并通过这种认识来为人类社会之有序管理、高效运作提供知识、理论与手段。[1]

人文科学涉及对人的问题的理性思考与情感体验，它围绕着关乎人的心灵世界、关乎人的精神生命主题而展开种种思想、观念、知识与理论的探索。它以人类自身，特别是人的内心情感世界为研究的中心，以人自身的发展和完善作为学术探索的出发点与归宿。[2]对人文科学，最粗略、最通行的划分就是"文、史、哲"，即文学、历史学、哲学。较广义的人文科学还包括艺术、语言等。

自然科学、社会科学与人文科学三大知识领域，既相互有别差异明显，又相互交叉联系紧密。纵观近代发展史，人类社会一直存在着"重经济、轻文化"的

---

[1] 刘鸿武.故乡回归之路：大学人文科学教程.昆明：云南大学出版社，2012：24.

[2] 刘鸿武.故乡回归之路：大学人文科学教程.昆明：云南大学出版社，2012：27.

倾向，片面追求征服自然和物质文明。1948 年，建筑学家梁思成针对当时教育界文理偏科现象做过一场题为《走出半个人的时代》的精彩演讲，呼吁人们要重视人才的全面培养。他说："不能培养只懂科学、不懂人文，或者是只懂人文、不懂科学的毕业生，这样的人不能够也不可能成为大家。只有既懂得人文又有人文才能和人文精神，既懂得科技又有科技能力和科学精神，两者交融起来才可能成为真正的大家，才可能成为真正的创业新人。"

仓廪实而知礼节，现代人对物质的追求，早过了解决温饱的阶段，开始精神上的追求了。与自然知识不同，人文知识给人以美的熏陶和善的教化，并不直接创造物质财富，而是精神上的修养与再塑。精神作为一种更深层更持久的力量，是支撑社会发展的动力，也是影响社会秩序的因子。

提高人文素养不仅是每个人开拓生命境界的需要，更是人类文明进步的客观要求。人们对自己的精神生活提出更高要求，在知识结构上也从"重理轻文"向"文理并重"做着交融性努力。科学与人文的融合也顺应了人类文化发展的"大趋势"①，正如法国作家居斯塔夫·福楼拜（Gustave Flaubert）所说："越往前走，艺术越要科学化。同时科学也要艺术化，两者从山麓分手，回头又在山顶汇合。"

---

① 本书选编组编 . 清澈的理性：科学人文读本 . 上海：上海教育出版社，2012：4.

## 一、中国古代图书分类

知识的分类为人们检索浩如烟海的文献，学习百科千门的知识建立了一条便捷又可靠的科学通道。知识分类的思想奠定了图书分类的哲学基础。各家知识分类学说，对世界范围的图书文献分类法产生了重要影响，有的甚至成为图书分类的基本思想和理论支柱。

在我国古代，图书分类体系与知识分类理论基本一致，主要有两大系统：一是源于"七略"的六分法。"七略"中的辑略是刘歆写在最前面的学术简史，总括先秦两汉学术思想的源流演变，故实际只有六大类；二是在《中经新簿》基础上不断充实完善形成的四部分类法，在分类浩如烟海的古籍中起到了相当大的作用，也反映了学术思想的发展变化。

19世纪初，西学东渐。先进的西方印刷技术也传入中国，生产效率的极大提高促使图书出版的规模日益扩大，中国传统的四分法越来越不能适应新的图书品种和图书数量。1896年，为介绍西学，提倡变法维新，梁启超在《时务报》上刊登《西学书目表》，著录西文译书约300种，分西学、西政、杂类3大类。其中，西学类分算学、重学、电学、化学、声学、光学、汽学、天学、地学、全体学、动植物学、医学、图学13类；西政类包括史志、官制、学制、法律、农政、矿政、工政、商政、兵政、船政10类；杂类包括游记、报章、格致、西人议论之书、无可归类之书5类。

《西学书目表》的图书分类体系冲击了中国传统学术界定为"永制"的四部分类体系，具有自然科学、社会科学、综合性图书3大部类的雏形，对中国近代西方图书分类法的输入和新分类法的产生有一定影响。书后还附《读西学书法》，介绍各书之长短及某书宜先读、某书宜缓读等读书方法，以指导治学门径①。《西学书目表》中介绍的图书和编制这一目录的方法，在当时都有积极的意义。

随着中国近代图书馆的诞生，图书分类方法也相应得到发展。1904 年，浙江绍兴古越藏书楼（今绍兴图书馆）开馆，内藏古今中外图书 7 万余卷。其所编《古越藏书楼书目》分学部、政部两大类，学部包含二十三类，政部包含二十四类，打破传统的经、史、子、集四部分类法，并将许多"新学"之书与"经"并列，较早而系统地反映了近代科学体系。目录学家姚名达十分推崇《古越藏书楼书目》，表示"谈最早改革中国分类法，以容纳新兴之学科者，要不得不推《古越藏书楼书目》为最早也"②。

## 二、世界三大图书分类

印刷技术的进步、书籍形式的变革、西方思潮的涌入，促使图书分类体系"依类以归书"，代替古代"因书以设类"③。西方图书分类法也随之被介绍到中国，其中影响最大的是美国《杜威十进制分类法》（*Dewey Decimal Classification*，简称 DDC 或 DC）。

该分类法由美国图书馆专家麦尔威·杜威（Melvil Dewey）创制，1876 年发行第 1 版，是国外通行分类法中出现最早、流行最广的图书分类法，对世界图书馆分类学有相当大的影响。目前已被翻译成 30 多种语言出版，被世

麦尔威·杜威

① 图书馆学百科全书.北京：中国大百科全书出版社，1993：595.

② 黄玉淑，于铁丘.趣谈中国藏书楼.天津：百花文艺出版社，2003：241.

③ 黄镇伟.中国编辑出版史.苏州：苏州大学出版社，2014：18.

界上 135 个国家和地区的图书馆所采用。在美国，几乎所有公共图书馆都采用此种分类法。

《杜威十进制分类法》把所有的学科归纳成九大类，不能归入任何一类的总为一大类，共 10 大类。每一个大类下再分为 9 类加 1 个"总论"类，依次类分下去，形成一个完整的层层展开的等级体系。以三位数字代表分类码，共分为 10 个大分类、100 个中分类及 1000 个小分类。10 个大分类类别如下：

| 大类 | 英文分类名 | 中文分类名 |
| --- | --- | --- |
| 000 | Generalities | 总类 |
| 100 | Philosophy | 哲学类 |
| 200 | Religion | 宗教类 |
| 300 | Social sciences | 社会科学类 |
| 400 | Language | 语言类 |
| 500 | Pure sciences | 自然科学类 |
| 600 | Technology | 应用科学类 |
| 700 | The arts | 艺术类 |
| 800 | Literature | 文学类 |
| 900 | General geography & history | 史地类 |

国际上另一有代表性的分类法是《美国国会图书馆图书分类法》（*Library of Congress Classification*，简称 LCC），是美国国会图书馆在馆长乔治·赫伯特·普特南（G.H.Putnam）主持下根据馆藏书编制的综合性等级列举式分类法。

LCC 不采用知识分类原则，类目的设立与次序不追求严格的科学分类，不强调整个体系的严密性，偏重于历史、社会科学和文学。各类的细分程序取决于该馆藏书的数量和内容，由各知识门类就自己的学科领域逐类立目。分类号由字母与数字组成，数字部分按整数顺序制编号。此分类法实用性强、类目详尽，不但适用于综合性图书馆，也适用于专业图书馆，是不少美国高校图书馆采用的图书分类法。共分 20 大类：

| 大　类 | |
|---|---|
| A 总类 | B 哲学、心理学、宗教 |
| C 历史学和相关科学总论 | D 世界史（除美洲史） |
| E-F 美国史、美洲史 | G 地理、人类学、休闲 |
| H 社会科学 | J 政治科学 |
| K 法律 | L 教育 |
| M 音乐 | N 艺术 |
| P 语言、文学 | Q 科学 |
| R 医学 | S 农业、畜牧业 |
| T 技术 | U 军事科学 |
| V 海军科学 | Z 目录学、图书馆学 |

我国近现代图书馆学家以《杜威十进制分类法》为蓝本，编制了中国图书的分类法 30 余种，如杜定友的《世界图书分类法》（后改名为《杜氏图书分类法》）、刘国钧的《中国图书分类法》、皮高品的《中国十进分类法》等[①]。1949 年后，政治、经济、社会、文化、科学、技术各方面都发生了翻天覆地的变化，图书馆事业也有了巨大的发展。各个图书馆先后编制综合性和专门性的分类法多达几十种，其中，《中国图书馆分类法》（以下简称《中图法》）是最具代表性的大型综合性分类法，也是当今国内图书馆界使用最为广泛的分类法体系。

《中图法》是图书管理中的一部具有代表性的大型综合性分类法，它的编制始于 1971 年，至今先后出版了五版。《中图法》与国内其他分类法相比，编制产生年代较晚，但发展很快，它不仅系统地总结了我国传统图书分类法的编制经验，而且吸取了国外分类法的编制理论和技术。《中图法》以知识、科学技术发展水平和文献出版的实际为基础，将分类法科学性、可操作性有机统一，强调实用性和工具性。在保证综合性分类法的基本前提下，照顾到专业图书馆文献分类和网络信息组织的需要，处理好集中与分散的关系以及各学科专业类目的深度。

---

① 高信成，等 . 图书分类 . 北京：中国书店，1992：32.

　　《中图法》是一部既可以组织藏书排架又可以分类检索的列举式、等级式体系组配分类法，该分类法主要供大型综合性图书馆及情报机构类分文献、编制分类检索工具、组织文献分类排架使用，同时可供其他不同规模和类型的图书情报单位根据自己的需要调整使用。目前，《中图法》已普遍应用于全国各类型的图书馆，国内主要大型书目、检索刊物及各类型机读数据库等都著录《中图法》分类号。

　　《中图法》分为 5 大部类，22 个大类，51881 个类目（包括通用类目）。第五版简表如下：

| A 马克思主义、列宁主义、毛泽东思想、邓小平理论 | B 哲学、宗教 | C 社会科学总论 |
|---|---|---|
| A1 马克思、恩格斯著作 | B0 哲学理论 | C0 社会科学理论与方法论 |
| A2 列宁著作 | B1 世界哲学 | C1 社会科学概况、现状、进展 |
| A3 斯大林著作 | B2 中国哲学 | C2 社会科学机构、团体、会议 |
| A4 毛泽东著作 | B3 亚洲哲学 | C3 社会科学研究方法 |
| A49 邓小平著作 | B4 非洲哲学 | C4 社会科学教育与普及 |
| A5 马克思、恩格斯、列宁、斯大林、毛泽东、邓小平著作汇编 | B5 欧洲哲学 | C5 社会科学丛书、文集、连续性出版物 |
| | B6 大洋洲哲学 | C6 社会科学参考工具书 |
| A7 马克思、恩格斯、列宁、斯大林、毛泽东、邓小平生平和传记 | B7 美洲哲学 | [C7] 社会科学文献检索工具书 |
| | B80 思维科学 | C79 非书资料、视听资料 |
| | B81 逻辑学（论理学） | C8 统计学 |
| A8 马克思主义、列宁主义、毛泽东思想、邓小平理论的学习和研究 | B82 伦理学（道德学） | C91 社会学 |
| | B83 美学 | C92 人口学 |
| | B84 心理学 | C93 管理学 |
| | B9 宗教 | [C94] 系统科学 |
| | | C95 民族学、文化人类学 |
| | | C96 人才学 |
| | | C97 劳动科学 |

（续表）

| D 政治、法律 | E 军事 | F 经济 |
|---|---|---|
| D0 政治学、政治理论 | E0 军事理论 | F0 经济学 |
| D1 国际共产主义运动 | E1 世界军事 | F1 世界各国经济概况、经济史、经济地理 |
| D2 中国共产党 | E2 中国军事 | |
| D33/37 各国共产党 | E3/7 各国军事 | F2 经济管理 |
| D4 工人、农民、青年、妇女运动与组织 | E8 战略学、战役学、战术学 | F3 农业经济 |
| | | F4 工业经济 |
| D5 世界政治 | E9 军事技术 | F49 信息产业经济 |
| D6 中国政治 | E99 军事地形学、军事地理学 | F5 交通运输经济 |
| D73/77 各国政治 | | F59 旅游经济 |
| D8 外交、国际关系 | | F6 邮电通信经济 |
| D9 法律 | | F7 贸易经济 |
| DF 法律 | | F8 财政、金融 |

| G 文化、科学、教育、体育 | H 语言、文字 | I 文学 |
|---|---|---|
| G0 文化理论 | H0 语言学 | I0 文学理论 |
| G1 世界各国文化与文化事业 | H1 汉语 | I1 世界文学 |
| G2 信息与知识传播 | H2 中国少数民族语言 | I2 中国文学 |
| G3 科学、科学研究 | H3 常用外国语 | I3/7 各国文学 |
| G4 教育 | H4 汉藏语系 | |
| G8 体育 | H5 阿尔泰语系（突厥－蒙古－通古斯语系） | J 艺术 |
| | | J0 艺术理论 |
| | H61 南亚语系（澳斯特罗－亚细亚语系） | J1 世界各国艺术概况 |
| | | J19 专题艺术与现代边缘艺术 |
| | H62 南印语系（达罗毗荼语系、德拉维达语系） | J2 绘画 |
| | | J29 书法、篆刻 |
| | H63 南岛语系（马来－玻利尼西亚语系） | J3 雕塑 |
| | | J4 摄影艺术 |
| | H64 东北亚诸语言 | J5 工艺美术 |
| | H65 高加索语系（伊比利亚－高加索语系） | [J59] 建筑艺术 |
| | | J6 音乐 |
| | H66 乌拉尔语系（芬兰－乌戈尔语系） | J7 舞蹈 |
| | | J8 戏剧、曲艺、杂技艺术 |
| | H67 闪－含语系（阿非罗－亚细亚语系） | J9 电影、电视艺术 |
| | H7 印欧语系 | |
| | H81 非洲诸语言 | |
| | H83 美洲诸语言 | |
| | H84 大洋洲诸语言 | |
| | H9 国际辅助语 | |

（续表）

| K 历史、地理 | N 自然科学总论 | O 数理科学和化学 |
|---|---|---|
| K0 史学理论 | N0 自然科学理论与方法论 | O1 数学 |
| K1 世界史 | N1 自然科学概况、现状、 | O3 力学 |
| K2 中国史 | 　　进展 | O4 物理学 |
| K3 亚洲史 | N2 自然科学机构、团体、 | O6 化学 |
| K4 非洲史 | 　　会议 | O7 晶体学 |
| K5 欧洲史 | N3 自然科学研究方法 | |
| K6 大洋洲史 | N4 自然科学教育与普及 | P 天文学、地球科学 |
| K7 美洲史 | N5 自然科学丛书、文集、 | P1 天文学 |
| K81 传记 | 　　连续性出版物 | P2 测绘学 |
| K85 文物考古 | N6 自然科学参考工具书 | P3 地球物理学 |
| K89 风俗习惯 | ［N7］自然科学文献检索 | P4 大气科学（气象学） |
| K9 地理 | 　　工具 | P5 地质学 |
| | N79 非书资料、视听资料 | P7 海洋学 |
| | N8 自然科学调查、考察 | P9 自然地理学 |
| | N91 自然研究、自然历史 | |
| | N93 非线性科学 | |
| | N94 系统科学 | |
| | ［N99］情报学、情报工作 | |
| Q 生物科学 | R 医药、卫生 | S 农业科学 |
| Q1 普通生物学 | R1 预防医学、卫生学 | S1 农业基础科学 |
| Q2 细胞生物学 | R2 中国医学 | S2 农业工程 |
| Q3 遗传学 | R3 基础医学 | S3 农学（农艺学） |
| Q4 生理学 | R4 临床医学 | S4 植物保护 |
| Q5 生物化学 | R5 内科学 | S5 农作物 |
| Q6 生物物理学 | R6 外科学 | S6 园艺 |
| Q7 分子生物学 | R71 妇产科学 | S7 林业 |
| Q81 生物工程学（生物技术） | R72 儿科学 | S8 畜牧、动物医学、狩猎、蚕、 |
| ［Q89］环境生物学 | R73 肿瘤学 | 　　蜂 |
| Q91 古生物学 | R74 神经病学与精神病学 | S9 水产、渔业 |
| Q93 微生物学 | R75 皮肤病学与性病学 | |
| Q94 植物学 | R76 耳鼻咽喉科学 | |
| Q95 动物学 | R77 眼科学 | |
| Q96 昆虫学 | R78 口腔科学 | |
| Q98 人类学 | R79 外国民族医学 | |
| | R8 特种医学 | |
| | R9 药学 | |

（续表）

| | | |
|---|---|---|
| T 工业技术 | V 航空、航天 | Z 综合性图书 |
| TB 一般工业技术 | V1 航空、航天技术的研究<br>　　与探索 | Z1 丛书 |
| TD 矿业工程 | | Z2 百科全书、类书 |
| TE 石油、天然气工业 | V2 航空 | Z3 辞典 |
| TF 冶金工业 | V4 航天（宇宙航行） | Z4 论文集、全集、选集、杂著 |
| TG 金属学与金属工艺 | ［V7］航空、航天医学 | Z5 年鉴、年刊 |
| TH 机械、仪表工业 | | Z6 期刊、连续性出版物 |
| TJ 武器工业 | | Z8 图书报刊目录、文摘、索引 |
| TK 能源与动力工程 | X 环境科学、安全科学 | |
| TL 原子能技术 | X1 环境科学基础理论 | |
| TM 电工技术 | X2 社会与环境 | |
| TN 电子技术、通信技术 | X3 环境保护管理 | |
| TP 自动化技术、计算机技术 | X4 灾害及其防治 | |
| TQ 化学工业 | X5 环境污染及其防治 | |
| TS 轻工业、手工业、生活服<br>　　务业 | X7 行业污染、废物处理与<br>　　综合利用 | |
| TU 建筑科学 | X8 环境质量评价与环境<br>　　监测 | |
| TV 水利工程 | X9 安全科学 | |
| U 交通运输 | | |
| U1 综合运输 | | |
| U2 铁路运输 | | |
| U4 公路运输 | | |
| U6 水路运输 | | |
| ［U8］航空运输 | | |

　　我们讨论图书分类时，需要考虑使用场合。上述诸分类法是以知识分类为基础，根据学科发展现状进行的分类，主要供图书馆工作人员对馆藏文献资源进行分类编目，建立馆藏目录体系，方便读者查阅。在日常工作与生活中，更为大众所熟悉的图书分类方法还有按读物主题、题材、体裁、风格、流派、地域、时代、作者等进行分类的方法，较为通俗易懂，在此不一一赘述。

第二章

# 开卷有益与人文素养

读书好，阅读滋养心灵

读好书，书香涵养气质

## 第一节　读书好，阅读滋养心灵

### 一、凡有所学，皆成性格

知识从被接受到被传播被组织被创新，其终极目的就是为了追求学术、文化和科学的进步，让人类生活在一个不断向着和谐美好境界进取的社会之中，"止于至善"。①而书籍在一个相当漫长的历史时期中，都是人类知识的首要载体和主要渊薮。王余光在《中国文献史》自序中指出："作为人类知识载体的文献典籍，它不仅记录着人类的过去，同时也影响着人类的未来。因此，学者们总力图从中推演历史的轨迹，并解释历史的成因；也希望从中探寻先民的古训和文化的传统，为新时代的价值观念确立基础。文献作为人类文明的卓越创造物，它的发展进程也可表明人类文明发展的轨迹和人类知识与理性增长的过程。"②

书籍是知识的载体，阅读是我们获取知识最基本、最主要的形式。书籍的重要性，说到底，其实是阅读书籍的重要性。书籍只能通过人们的阅读，才能发挥其价值，体现其意义，将书本知识真正转化为精神力量。不同的书带来不同的知识，更能塑造人的性格。"读史使人明智，读诗使人灵秀，数学使人周密，科学使人深刻，伦理学使人庄重，逻辑修辞之学使人善辩：凡有所学，皆成性格。"这段大众耳熟能详的劝学名句，出自培根《谈读书》(*Of Studies*)，经我国著名翻译家、英国文学研究专家、诗人王佐良教授之手翻译，形神兼备，读起来朗朗上口，别有韵味。

我们不妨来品读一下全文：

---

① 谭华军 . 知识分类：以文献分类为中心 . 南京：东南大学出版社，2003：2.

② 王余光 . 中国文献史 . 武汉：武汉大学出版社，1993：1–2.

读书足以怡情，足以傅彩，足以长才。其怡情也，最见于独处幽居之时；其傅彩也，最见于高谈阔论之中；其长才也，最见于处世判事之际。练达之士虽能分别处理细事或一一判别枝节，然纵观统筹、全局策划，则舍好学深思者莫属。读书费时过多易惰，文采藻饰太盛则矫，全凭条文断事乃学究故态。读书补天然之不足，经验又补读书之不足，盖天生才干犹如自然花草，读书然后知如何修剪移接；而书中所示，如不以经验范之，则又大而无当。有一技之长者鄙读书，无知者慕读书，唯明智之士用读书，然书并不以用处告人，用书之智不在书中，而在书外，全凭观察得之。读书时不可存心诘难作者，不可尽信书上所言，亦不可只为寻章摘句，而应推敲细思。书有可浅尝者，有可吞食者，少数则须咀嚼消化。换言之，有只须读其部分者，有只须大体涉猎者，少数则须全读，读时须全神贯注，孜孜不倦。书亦可请人代读，取其所作摘要，但只限题材较次或价值不高者，否则书经提炼犹如水经蒸馏，淡而无味矣。

读书使人充实，讨论使人机智，笔记使人准确。因此不常做笔记者须记忆特强，不常讨论者须天生聪颖，不常读书者须欺世有术，始能无知而显有知。

读史使人明智，读诗使人灵秀，数学使人周密，科学使人深刻，伦理学使人庄重，逻辑修辞之学使人善辩：凡有所学，皆成性格。人之才智但有滞碍，无不可读适当之书使之顺畅，一如身体百病，皆可借相宜之运动除之。滚球利睾肾，射箭利胸肺，慢步利肠胃，骑术利头脑，诸如此类。如智力不集中，可令读数学，盖演题须全神贯注，稍有分散即须重演；如不能辨异，可令读经院哲学，盖是辈皆吹毛求疵之人；如不善求同，不善以一物阐证另一物，可令读律师之案卷。如此头脑中凡有缺陷，皆有特药可医。[1]

《谈读书》译成中文不足七百字，却广为传颂，许多读书人从中深受启发。

---

[1] 王佐良. 并非舞文弄墨. 北京：生活·读书·新知三联书店，1994：9-11.

读"史"明智，读"诗"灵秀，"数学"周密，"科学"深刻，"伦理学"庄重，"逻辑修辞之学"善辩，一句"凡有所学，皆成性格"作总结，大有水到渠成、瓜熟蒂落之意。同时，培根不仅仅认识到读不同的书籍可以养成不同的性格，也认识到缺少什么样的素质则应该读什么样的书籍弥补，即有针对性地选择读物。

我国古代思想家、文学家、政治家荀子平生博览群书，于读书治学颇多精辟之言，其名篇《劝学》较系统地论述了读书学习的理论。文中阐述道：

> 学恶乎始？恶乎终？曰：其数则始乎诵经，终乎读礼；其义则始乎为士，终乎为圣人。真积力久则入，学至乎没而后止也。故学数有终，若其义则不可须臾舍也。为之，人也；舍之，禽兽也。故《书》者，政事之纪也；《诗》者，中声之所止也；《礼》者，法之大分、类之纲纪也。故学至乎《礼》而止矣。夫是之谓道德之极。《礼》之敬文也，《乐》之中和也，《诗》《书》之博也，《春秋》之微也，在天地之间者毕矣。

学习究竟应从何入手又从何结束呢？答：按其途径而言，应该从诵读《诗》《书》等经典入手到《礼记》结束；就其意义而言，则从做书生入手到成为圣人结束。真诚力行，这样长期积累，必能深入体会到其中的乐趣，学到死方能后已。对于不同类别的书籍，荀子总结道：《尚书》是政事的记录，《诗经》是心声的归结，《礼记》是法制的前提、各种条例的总纲，所以要学到《礼记》才算结束，才算达到了道德的顶峰。《礼记》敬重礼仪，《乐经》讲述中和之声，《诗经》《尚书》博大广阔，《春秋》微言大义，它们已经将天地间的大学问都囊括其中了。读书须得博采众长，才能"在天地之间者毕矣"。

读书之道中西各异，但书籍在对于人的才能、性格和精神的养成这一点上，古今中外学者有不约而同的一致性。一个人的一生有限，不可能事事经历，也不需事事经历。阅读便是获得知识、丰富阅历的重要途径。阅读可以驰骋古今、视通四海，与智者交谈、与伟人对话，虽不能改变人生的长度，但可以改变人生的宽度和厚度。

## 二、腹有诗书气自华

孔子言："文质彬彬，然后君子。"温文尔雅、博学多才自古就是读书人向往的气质和追求的目标。涵养儒雅之气，对我们一般人而言，最简便的方法就是读书。"腹有诗书气自华"，阅读不仅可以增长知识，还可以提升精神境界与气质修为。这句话出自北宋文学家苏轼写给朋友董传的一首留别诗《和董传留别》：

> 粗缯大布裹生涯，腹有诗书气自华。
>
> 厌伴老儒烹瓠叶，强随举子踏槐花。
>
> 囊空不办寻春马，眼乱行看择婿车。
>
> 得意犹堪夸世俗，诏黄新湿字如鸦。

苏轼在凤翔府任职时，董传曾与苏轼相从。董传当时生活贫困，衣衫朴素，但他饱读诗书，满腹经纶，平凡的衣着掩盖不住他乐观向上的风骨。苏轼在诗中既称许了董传的志向，同时预祝他黄榜得中。"腹有诗书气自华"的重心在于"自"，强调了华美的气质是饱读诗书的必然结果，阐明了读书与高雅气质的必然联系。

一个人的智慧、修养与气质，往往跟长期、大量的阅读是分不开的。"读书的功用在储知蓄理，扩充眼界，改变气质。读的范围愈广，知识愈丰富，审辨愈精当，胸襟也愈恢阔。"①美学家朱光潜如此论读书的作用，阅读首先丰富知识开拓眼界，从而提升处世及工作能力，并进而外化于行，养成志存高远、厚德载物的从容与大气。

与苏轼同时期的文学家、书法家黄庭坚有语："士大夫三日不读书，则义理不交于胸中，对镜觉面目可憎，向人亦语言无味。"梁实秋在《漫谈读书》中分

---

① 朱光潜.文艺青年的自我修养.贵州：贵州人民出版社，2016：8.

析其中因果关系：

> 我想也许是因为读书等于是尚友古人，而且那些古人著书立说必定是一时才俊，与古人游不知不觉受其熏染，终乃收改变气质之功，境界既高，胸襟既广，脸上自然透露出一股清醇爽朗之气，无以名之，名之曰书卷气。同时在谈吐上也自然高远不俗。反过来说，人不读书，则所为何事，大概是陷身于世网尘劳，困厄于名缰利锁，五烧六蔽，苦恼烦心，自然面目可憎，焉能语言有味？①

梁实秋文中所提到的"书卷气"，通常被用来形容读书人所具有的独特气质。这是个地地道道的褒义词，代表一种高雅的气质和风度，可具体表现出温文尔雅、知书达理、进退有度、言行有节、处变不惊、理性斯文、从容不迫等气质，让人们无限神往。

"书卷气"一词，原本是古代书籍装帧理论里的概念，后被演化成为书法、绘画等艺术活动中所体现的文化底蕴，表现为气、神、韵、趣诸种情致与境界。可视为是与"商业气"相对应的气质。晚清学者陈其元有言："学者苟能立品以端其本，复济以经史，则字里行间，纵横跌宕，盎然有书卷气。"他原是就书法而论，但因其植根于"敦品励学"，这就道出了根本，因而对读书人而言具有参考性。②

坐拥江山、万人之上的古代帝王也钟爱书卷之气。乾隆皇帝"自幼读书宫中，讲诵二十年，未尝少辍"，他称自己为"书生"，还强调"王大臣为朕所倚任，亦皆书生也"。并认为"书气"二字尤为宝贵："果能读书，沉浸酝酿而有书气，更集义以充之，便是浩然之气""人无书气，即为粗俗气、市井气，而不可列于士

① 梁实秋.生活在别处.北京：作家出版社，2016：2.
② 王充闾.秋窗漫笔.沈阳：万卷出版公司，2016：56.

大夫之林矣"。①人如果没有读书造就的儒雅浩然之气，就容易表现出粗野庸俗之气、商贾狡诈之气。读书与不读书，读书多与读书少的人，所表现出的内在气质与素质是绝不相同的。

晚清名臣曾国藩曾在家书中对儿子们说："人之气质，由于天生，本难改变，惟读书则可变化气质，古之精相法者，并言读书可以变换骨相。"②曾氏家族人才辈出，在教育、文化、科学等领域取得了令人瞩目的成就，不得不说与其重视读书、以更高远的格局看待读书的理念有重要关系。

---

① 刘潞 . 融合：清廷文化的发展轨迹 . 北京：紫禁城出版社，2009：405.

② 唐浩明 . 唐浩明评点曾国藩家书 . 广州：广东人民出版社，2016：80.

# 第二节　读好书，书香涵养气质

## 一、判天地之美，析万物之理

2005 年，温家宝探望 93 岁高龄的钱学森，向他咨询教育方面的意见。钱老感慨地说："这么多年培养的学生，还没有哪一个的学术成就，能够跟民国时期培养的大师相比。"进而发问："为什么我们的学校总是培养不出杰出的人才？""钱学森之问"是关于中国教育事业发展的一道艰深命题，也是中国社会发展面临的重要问题。

钱学森在学术研究方面的非凡成就，离不开父亲钱均夫的影响。在钱学森幼年的知识启蒙里，是父亲首先向他开启人生与智慧之窗。1935 年，钱学森准备留学美国之前，钱均夫提醒他在国外攻读专业之余，要多读一些有关中国传统文化的书，他特意为儿子买了《老子》《庄子》《墨子》《孟子》《论语》《纲鉴易知录》

上海交通大学钱学森图书馆

等一类典籍。他说："熟读这些书籍，可以对祖国传统的哲学思想摸到一些头绪。"钱均夫还说："任何一个民族的特性和人生观都具体体现在它的历史中。因此，精读史学的人往往是对祖国感情最深厚、最忠诚于祖国的人。"

谈到父亲的教育时，钱学森说：我父亲钱均夫很懂得现代教育，他一方面让我学理工，走技术强国的路；另一方面又送我去学音乐、绘画这些艺术。我从小不仅对科学感兴趣，也对艺术有兴趣，读过许多艺术理论方面的书。1935 年，钱学森在国立交通大学毕业前夕，在《浙江青年》杂志上发表《音乐和音乐的内容》一文，专门谈如何欣赏著名的古典音乐作品，文笔流畅优美，足见钱学森的艺术修养：

> 读完一篇小说，你会觉得一种快适，一种安慰，这不是因为纸张的洁白，印刷的精美，而是因为那动人的内容。看了一张风景画，你会觉得一种快适，一种安慰，这不是因为色彩的鲜明，笔调的雄健，而是因为他引你到了画中的世界去，你与画的内容融合起来的缘故。看了一座石膏塑像，你会觉得一种快适，一种安慰，这是因为雕塑全体曲线的变化及和谐感动了你。读完了一首诗，你会觉得一种快适，一种安慰，这绝不是因为诗的音节或文字的排列，而是其所包含的内容之美。

在以后的家庭生活中，他的妻子——作为音乐家的蒋英，也给了他很多艺术熏陶，丰富了他的人文素养。他常说，这些艺术里所包含的诗情画意和对人生的深刻理解，使他丰富了对世界的认识，学会了艺术的广阔思维方法。

古今中外，凡是在科学上有过重大创新的科学家，往往都具有较高的文化素养。爱因斯坦热爱古典音乐和文学作品，还是一位优秀的小提琴演奏家；伽利略不仅是杰出的诗人，而且是文笔犀利的文学评论家；诺贝尔写过许多诗作、小说和戏剧；薛定谔精通西方古典文学……在我国近现代科学家中，竺可桢、苏步青、华罗庚、梁思成、杨振宁、李政道等也都是学贯中西、文理兼擅的学者。

人文知识的阅读为科学家的思维创造搭建了一个融会贯通的平台，对其在专业研究和交叉领域的探究都大有助益。提出介子说获得诺贝尔奖的日本著名物理学家汤川秀树就深有体会，东方的哲学文化对他的科学研究非常有启发。他从李白的"夫天地者，万物之逆旅也，光阴者，百代之过客也"这两句诗中得到灵感，处理微观基本粒子的时空观得到了启发。他又从庄子的"为混沌开七窍"悟出了基本粒子是从一个最原始、没有特性的东西分化出来成为各种各样的粒子，他还把庄子的两句话"判天地之美，析万物之理"写在书的扉页上，作为现代物理学的指导思想及最高美学原则。

爱因斯坦 1952 年在《纽约时报》发表《培养独立思考的教育》说："用专业知识教育人是不够的。通过专业教育，他可以成为一种有用的机器，但是不能成为一个和谐发展的人。要使学生对价值有所理解并且产生热烈的感情，那是最基本的。他必须

爱因斯坦

获得对美和道德上的善有鲜明的辨别力。否则，他——连同他的专业知识——就更像一只受过很好训练的狗，而不像一个和谐发展的人。"可见，全面的学习是形成合理知识结构和塑造完整人格的重要途径。在"知识经济""知识社会"等观念愈来愈被人们接受的今天，人们越来越意识到，阅读的范围愈广，知识愈丰富，胸襟也愈开阔。一个人的阅读只有将科学与人文、专业与博雅紧密结合，才能成长为德才兼备、全面发展的社会精英与大众人才。

## 二、从"知识奠基"到"文化给养"

2007 年，郭梓林曾这样总结大众阅读时尚："人文阅读的人口低于功利阅读的人口；博杂阅读的人口低于应试性阅读的人口；经典阅读的人口低于时新阅读的人口；深阅读的人口低于浅阅读的人口；读文章的人口低于读短信的人口；读小说的人口低于读漫画的人口。"若干年后这一现象更加普遍，也更加严峻。有

调查显示，全国公共图书馆整体借阅状况大致如下：网络文学成为重要主体，其次是生活健康、教育技能的功能型阅读，而真正人文类阅读则占据较低的比重。[①]大型书城、网络书店的销售数据与此基本一致。

2018年4月，《光明日报》、腾讯公司、京东集团的"思想文化大数据实验室"发布《从阅读指数看城市气质》一文。首次对全国300多个城市阅读情况进行分析，呈现了不同城市读者的阅读状况及城市气质。报告显示，在读物类别上，2017年居前的十类书是文学、励志、童书、管理、养生、时尚、经济、投资、旅游、情感。报告比较不同品类图书的数量和比重，从阅读倾向对应城市气质，形成5个分项榜单：喜欢阅读文史哲、音乐、绘画、书法类图书，"最具人文气息"的城市前五名是北京、上海、广州、深圳、长沙；偏爱旅行、美食、养生、时尚、居家类书籍，"最注重生活品质"的城市前五名是上海、杭州、北京、大连、成都；倾向阅读科技、设计、人工智能类图书，"最具创新潜力"的城市是北京、杭州、深圳、上海、南京等；热衷于阅读经济、金融、投资类图书，"最具经济活力"的城市有深圳、杭州、上海、北京、郑州等；通过购买教辅、考试、工具书实现"自我充电"，"最重视教育"的城市中，贵阳、兰州、呼和浩特、昆明等多个城市上榜。

现代人生活节奏快、工作压力大、时间不够用，在有限的阅读时间里，很多读者首选那些简单、轻松和实用类的书籍来阅读。读者的阅读趣味本身没有高低之分，只是消遣和求知等需求的不同。但阅读指数从一个侧面反映了一座城市的阅读文化，更体现了阅读倾向背后所涵养的思想内涵和美学品位，彰显着城市精神与文化气质。

文化塑造着人们的心理态度、思想观念、价值取向和道德准则，对国民素质发展具有规范、塑造和均衡的价值功能[②]。当一个国家的物质水平达到一定高度

---

① 于平，李凤亮.文化科技创新发展报告（2015）.北京：社会科学文献出版社，2015：255.

② 国家社科基金重大项目课题组.当代中国公民道德发展.南京：江苏人民出版社，2015：1054.

之后，其文化需求也将达到一个新的高度。阅读作为一种文化现象，所承载的文化价值和文化功效，对国民素质发展所起到的作用也就不言而喻了。"读书好"已是社会共识，但"读好书"仍是全民阅读需要努力的目标。对越来越多的读者来说，最重要的不是读了多少本书，而是读了什么书。

　　人文阅读是提升国民文化素质，树立良好社会道德风尚的重要内容。人类社会正在进入一个崭新的发展时期，这无疑在召唤和引导我们从新的视角去重视人文阅读，提升人文素养。阅读推广专家徐雁在《阅读的人文与人文的阅读》一书中指出，阅读应当贯穿人生的全过程，但其间应当在不同阶段体现不同侧重，终身学习的典范应当实现从"知识奠基"阅读到"文化给养"阅读的自觉转型。所谓"知识奠基型"阅读，主要是指"人生在校阶段和在职时期的阅读"，其特征是"阅读动机来自于现实功利的导向，读物目标明确，阅读行为的时效性显著"。因此，应在"知识奠基人生幸福"的总目标下，让自己的人生不输在阅读的起跑线上；所谓"文化给养型"阅读，则是从个人兴趣出发，依据自己在书林学海中的阅读趣味和选择标准，以提高人文素养、满足人生爱好为目的的一种阅读行为。它淡化的是读书求知的现实功利性，彰显的是阅读主体在精神世界中的文化追求，以及读物选择上的兴趣主义，因此是一种自在又自觉的阅读。"文化给养型"的阅读，是"基于内心文化追求的一种完全自觉化了的行为，也是阅读的最上乘境界"[1]。

　　我们所倡导的阅读理念正是要从"知识奠基"到转型为"文化给养"，获得知识是阅读的目标，但不是阅读最重要的目标。阅读的最终目标，正如英国哲学家、教育家阿尔弗雷德·诺斯·怀特海（Alfred North Whitehead）在《教育的目的》中所阐述的教育的目标："要塑造既有广泛的文化修养，又在某个特殊方面有专业知识的人才，他们的专业知识可以给他们进步、腾飞的基础：而他们所具有的广泛的文化，使他们有哲学般深邃，又如艺术般高雅。"[2]知识的具体内

---

[1] 徐雁.阅读的人文与人文的阅读.北京：科学出版社，2014：68-79.

[2] 怀特海.教育的目的.庄莲平，王立中译注.上海：文汇出版社，2012：1.

容很容易学到，却也很容易忘记。我们倡导阅读是为了培养一种智力活动的习惯，一种独立思考和充满想象的生活方式，是为了激发和引导人们的自我发展之路，那是完全能渗透身心的。

如前文所述，人类社会对知识的追求曾存在着"重经济、轻文化"的倾向，如今正朝着"文理并重"做着交融性努力。事实上，任何一门学科都不可能使我们成为全知全能的人。我们呼吁重视人文阅读，并不代表着要轻视社科知识与科学知识的阅读。科学与人文都有其自身局限性，二者必须相互融合。正如当代作家王蒙在《科学人文未来》一文中所言：

> 我希望文学界的同行们同样能以极大的热情学习科学，普及科学，领会科学的庄严、丰富、阔大、缜密；领会用科学的眼光看待，将得到一个怎样美丽、神妙和精微的世界；领会科学已经怎样使人变成了巨人，科学将为人类创造怎样崭新的未来。同时，用科学的实证、理性、计算来取代偏见和唯意志论，取代文学的自恋与自我膨胀，取代那些想当然的咄咄逼人与大言欺世，更不要以文学的手段传播愚昧和迷信。同时我希望全民的人文素质会有所提高，珍视公认的价值体系，而这与科学知识的普及，科学方法的提倡，科学精神与科学态度的认同，不应该是矛盾的。[1]

因而，本书选取了哲学、文学、历史、艺术、经济、心理、科普七大主题，以人文读物阅读为主，兼顾社科读物与科学读物。对于国家和民族而言，只有科学与人文相互配合、相互补充、协调发展，才会有一个物质昌盛、科技发达、社会和谐、心灵完美的理想世界。对于个人而言，只有对不同的知识都有所接触，才能融会贯通，不断完善、发展、提升，知识结构趋于合理，兼备人文素养与科学素养，成为"全面发展的人"。

---

[1] 本书选编组.清澈的理性：科学人文读本.上海：上海教育出版社，2012：8.

读物优化气质

中篇

# 分类阅读读物优化气质

# 哲学阅读：我是谁，从哪里来，到哪里去

哲学"万能"还是"无用"

哲学素养教育

走进哲学的世界

哲学阅读推荐

## 第一节　哲学"万能"还是"无用"

一直以来，哲学都是一门让很多人感兴趣，却又望而却步的学问。一方面是因为其中蕴含了很多日常生活中需要的智慧，另一方面，"哲学"这个词所代指的又往往是无数深奥、抽象、复杂的迷思，令研究者如坠迷雾，难以捉摸。

哲学一词源出古希腊文 philosophia，意为"爱智慧"，因此，哲学家往往被称为"爱智慧的人"。关于哲学的定义，一直是仁者见仁，智者见智，也会随着时间、研究范围、关注的重点问题等不断变化。比如，柏拉图认为 thauma（惊奇）是哲学家的标志，是哲学的开端；黑格尔认为哲学是一种特殊的思维运动，是对绝对的追求；马克思认为真正的哲学是时代精神的精华；爱因斯坦则认为哲学是全部科学之母……目前，研究普遍认同哲学是一种方法，是基于理性的思考。《哲学大辞典》中对于"哲学"的解释是："关于世界观的学说。人们对整个自然界、社会和思维的根本观点的体系。是系统化、理论化的世界观，自然知识和社会知识的概括和总结。真正的哲学是自己时代精神的精华。"[1]

随着哲学和自然科学的逐渐分离，哲学的价值开始受到部分人的质疑，甚至出现了"哲学万能论"和"哲学无用论"这两种截然不同的论调。"哲学万能论"认为哲学是一切知识的精华所在，凌驾于其他学科之上，可以解决所有的问题；"哲学无用论"则认为其不能为社会实践活动提供具体的帮助，也无法带来直接的社会经济效益，因此完全否认了哲学的意义。当然，这两种思想都比较极端，关于哲学的价值所在，中外哲学家和研究者们也一直进行着激烈的讨论。

罗素（Bertrand Arthur William Russell）在《哲学的价值》中，总结了哲学的两种价值，第一种价值是"哲学的不确定性"，他认为，"哲学，虽不能确

---

[1]　冯契.哲学大辞典（分类修订本）.上海：上海辞书出版社，2007：1.

定地告诉我们疑问的正确答案是什么，但可启发我们思考更多的可能性，从而使我们的创造力，从习惯的独裁中解放出来"。第二种价值，也是其主要价值，在于"通过反思事物重要的方方面面来消除学习者狭隘与自私的目标"。黑格尔（G.W.F.Hegel）在《小逻辑》中认为，哲学的意义就在于引导人们"尊敬他自己，并自视能配得上最高尚的东西"。威尔·杜兰特（Will Durant）在《哲学的故事》中谈道："所有的学者都能从哲学中领会到一种乐趣，这乐趣是哲学与生俱来的，即便是虚幻如形而上学也依旧令人着迷。"李德顺、孙伟平从"工具价值"和"目的价值"两方面进行分析，认为哲学的工具价值首先在于其认识价值，它总结了人类长期实践的经验成果，并为人类提供最具普遍性的知识；其次在于其实践价值，哲学构建了世界观以及方法论基础；再次是其人文价值，因为哲学"表达和反思了人的价值追求，探索人类生活的规范和境界"。目的价值则在于哲学体现着人类精神生命的自我价值、自我超越的精神价值以及理性化的人类精神①。

或许哲学的价值不能在具体的生活中体现出来，但生活却无法离开哲学。何塞·奥尔特加·伊·加塞特（Jose Ortega Y Gasset）说："思想是宇宙中唯一无法否认其存在的东西，因为否认本身就是一种思考。生命无法逃避哲学思考，无论其形式是多么基本。"哲学的起点在于对问题的思考，而今天我们学习哲学，最重要的就是让自己保持思考的习惯。

---

① 李德顺，孙伟平.哲学的价值新论.哲学研究，2009（6）：9–16.

## 第二节　哲学素养教育

要进行深入的哲学研究，教育是基础，本书将从儿童哲学教育和高校哲学教育两个方面对国内外哲学教育的现状进行介绍分析。

### 一、儿童哲学教育

1969 年，《哈里·斯脱特迈尔的发现》(*Harry Stottlemeier's Discovery*，中文版题为《聪聪的发现》) 一书的出版，标志着儿童哲学的诞生。儿童哲学 (Philosophy for Children，简写为 P4C)，由美国马修·李普曼 (Matthew Lipman) 博士提出并实施推广，《哈里·斯脱特迈尔的发现》是他多年探索儿童哲学教育完成的第一部儿童哲学长篇小说，主人公的名字取自古希腊哲学家亚里士多德的谐音，寓意培养儿童发现哲学具有重要的意义[1]。该书适用于 10—12 岁儿童，旨在培养儿童的逻辑推理能力，以对话的形式强调共同探索的重要性。

1974 年，李普曼教授又在美国新泽西州蒙特克莱尔州立大学 (Montclair State University) 成立了"儿童哲学促进中心"(The Institute for the Advancement of Philosophy for Children，简称 IAPC)，该中心以研究"如何改善儿童思考教育"与开发相关教材为主，开发儿童哲学课程，对儿童进行专门的哲学教育。

1973 年到 1988 年间，李普曼教授先后完成了一系列针对不同年龄段儿童特点的哲学教材。包括《爱菲》(*Elfie*)，针对学龄前及低年级儿童 (5—7 岁)，重

---

[1] 张志敏. 儿童批判性思维培养的两种模式. 延安大学学报 (社会科学版)，2013 (1): 13-21.

点在于培养儿童对语言的掌握，启发儿童准确表达自己的见解和判断[1]；《冬冬和南南》(Kio and Gus) 以及《思思》(Pixie)，适用于小学中高年级儿童（7—10岁），前者注重培养儿童推理技巧的实际应用，后者则引导儿童反思自己的思维过程，并根据情境对事情进行简单的价值判断；《李莎》(Lisa)，针对初中低年级儿童（12—13岁），进一步培养其逻辑思维能力的同时，也加入了伦理道德方面的探究；《苏琪》(Sukie)，适用于初中高年级儿童（14—15岁），侧重于美的探究，培养儿童对于艺术和写作的思考；《马克》(Mark)，适用于高中儿童（16岁以上），注重儿童对于社会和政治的探究[2]。同时，针对这些哲学教材，"儿童哲学促进中心"的教授们还分别编写了对应的教师辅导用书，包括：《哲学探究》《好奇的世界》《寻找意义》《伦理探究》《为什么写，怎样写》《社会探究》，以及儿童哲学理论综述《教室里的哲学》。为此后在全美及世界各地中小学广泛进行实验提供了统一的教学程序和实践模板。

在李普曼提出"儿童哲学"概念后，加雷斯·皮·马修斯（Gareth B Matthews）对其进行了进一步的探索和阐述，他主张成人应该与儿童展开平等对话，因为儿童的头脑中常常会思考那些"让哲学家感到困惑的问题"，认为与儿童的平等对话甚至会帮助成人对重要的哲学问题进行反思。马修斯共出版了三本儿童哲学著作：《哲学与幼童》(Philosophy and the Young Child)、《与儿童对话》(Dialogues with Children) 以及《童年哲学》(The Philosophy of Childhood)。

其中《哲学与幼童》一书列举了大量日常生活中儿童运用哲学的案例，呼吁成人要接受、保护儿童独立探索的精神；《与儿童对话》记录了其在苏格兰爱丁堡圣玛丽音乐学校与一群8—11岁儿童的哲学对话内容，通过建构特殊的对话氛围，引发儿童不断进行哲学思考；《童年哲学》一书往往被认为是马修斯"儿童哲学"的核心，详细阐述了其儿童哲学的思想，强调成人要与儿童"一起探究哲

---

① 张济洲. 论李普曼的儿童哲学教育. 教育导刊（下半月），2008（10）：7-9.

② 徐湘荷. 李普曼的儿童哲学计划. 上海教育科研，2005（1）：53-55.

学本身，发挥哲学的内在魅力，积极探索儿童自己的哲学世界"[①]。此外，马修斯也在蒙特霍利约克学院开设了《儿童哲学》的课程，成为目前世界各国儿童哲学实践所参考的两大主流思想之一。

1998 年，联合国教科文组织（United Nations Educational, Scientific and Cultural Organization，简称 UNESCO）召开了首届儿童哲学国际会议，决定将儿童哲学纳入该组织的工作议程，以便于协助考察全球哲学教育情况。下面将对国内外部分儿童哲学教育实践进行介绍。

### （一）美国儿童哲学教育

作为"儿童哲学"的发源地，李普曼教授的早期哲学教育理念最开始也是在美国进行实践。《哈里·斯脱特迈尔的发现》出版后的第二年，李普曼教授在国家人文学科基金（National Endowment for the Humanities，简称 NEH）的资助下，以此为教材，对新泽西州兰德学校的五年级学生进行了为期九周的哲学教学实践。结果证明，相较于普通教材，带有哲理的故事对儿童的吸引力更大、启发性更强，调查数据表明，兰德小学五年级的学生在实践期间获得了其他学校同年级学生需要 27 个月才能学到的逻辑思维能力，学生的阅读理解能力以及推论说理能力都相当于同校普通高二年级学生。另外，进行哲学教育之后，儿童学习的主动性和积极性也有明显提高，富于探索精神，在其他方面的表现也普遍有很大提高[②]。1974 年"儿童哲学促进中心"成立之后，不仅为实践提供了统一的儿童哲学教材、辅导用书以及教学模板，还举办了七届儿童哲学师资培训班，培养了大批高素质儿童哲学专业教师，为儿童哲学的深入发展和广泛推广奠定了坚实的基础。

---

① 高振宇．儿童哲学论．济南：山东教育出版社，2011.
② 乔寿宁．美国儿童哲学教育评介．山西大学学报（哲学社会科学版），1987（3）：74-76.

### （二）澳大利亚儿童哲学教育

1984 年，悉尼的弗伦斯·斯普利特（Laurance Splitter）应邀参加了在美国新泽西州蒙特克莱尔州立大学举办的李普曼儿童哲学研讨会。回到澳大利亚后，就与同伴一起创立了澳大利亚儿童哲学研究所（Australia Institute of Philosophy for Children，简称 AIPC），开始致力于在澳大利亚开展儿童哲学教育。1988 年澳大利亚教育研究委员会（Australia Council for Education Research，简称 ACER）下设了儿童哲学中心。在此之后，维多利亚等多个州相继启动了儿童哲学课程。

儿童哲学在澳大利亚产生初期，一直处于无组织的零散状态，只有部分学校和教师自发设计哲学课程，而且不论是开设课程的年级还是课程的内容都不一致，儿童哲学教育发展非常缓慢。这种状态持续到 20 世纪末期，澳大利亚政府部门开始重视儿童思维和创新能力的培养，儿童哲学课程才开始在不同地区中小学校的各个年级广泛开设。2007 年开始，澳大利亚每年都会举办一次 Philosothon 比赛，该活动由珀斯的黑尔学校发起，旨在促进中学生的高阶思维能力。学生们在比赛中探究哲学和伦理问题，由专业的哲学家们进行评估并排名，不同年龄段的学生会根据排名获得相应的奖励，学校也会得到相应的荣誉。这一活动对儿童哲学教育产生了巨大的影响，所以在第一届 Philosothon 比赛成功举办后，不仅被推广到澳大利亚其他各州，还被英国一些学校引进。

### （三）法国儿童哲学教育

从启蒙运动开始，法国就与哲学产生了不解之缘，高中哲学课程也一直是其教育的特色之一，"哲学"课程在整个法国教育体系中起着"灵魂塑造与理想国家"的双重职责。不论是法国大革命开启的世俗教育，还是拿破仑时代设立的国立中学和市立中学（现代法国中学前身），都一直保留着哲学教育的内容。19 世纪 20 年代，索邦大学哲学史教授维克多·库赞（Victor Cousin）在任职教育部长期间，下发了在高中阶段必修哲学的规定，并借助会考赋予了哲学在中学教育中的重要地位。在哲学课程内容设置方面，库赞将哲学的学科体系划分为多个概念范畴，并将古代的哲学经典放入这些范畴中，哲学课程按照"论真""论美""论善"来组织，并引入作文的形式来培养学生的哲学思维和表达能力。为保证师资力量，库赞一方面积极引入具备高中哲学教师资格的大学哲学课教师和哲学专业的毕业生来高中任教，另一方面为高中哲学教师进行培训以及提供晋升途径。1848 年，哲学在法国历史上第一次成为一门独立学科。

法国高中哲学课程旨在培养学生能理性、客观地认知自我以及外部环境的能力，并且能用严密的逻辑论证自己的观点。而课程中长期进行的阅读、讨论与写作的综合训练，为法国培养了一大批视野开阔、敏思善辩、卓于论证的学生[1]。

### （四）我国儿童哲学教育

1987 年，学者乔寿宁的《美国儿童哲学教育评介》一文开启了我国儿童哲学研究的先河[2]，并由此引发教育界的关注。1997 年，中美双方哲学家合作，在云南昆明的铁路局南站小学举办了第一届"国际儿童哲学培训班"，首次将儿童哲学教育纳入实践。1999 年，在上海市教育科学研究院智力开发研究所的帮助下，上海市杨浦区六一小学也开始正式确立并启动"儿童哲学"实验课。目前，我国云南、上海、浙江、四川、河南等多个地区已经有部分学校持续开设了儿童哲学课程，但大多仍属于自发的实验性活动，未得到广泛推广。开设哲学课程的学校大多参照国外已有的课程模式开展，或将哲学独立成课，或与其他课程融合（如语文），或以其他形式开展（如实践课程、拓展课程），积累了最初步的经验，但彼此之间也缺乏合作与交流，所以并未形成符合我国国情的、统一的儿童哲学课程教学模式。

---

① 赵晶.法国高中哲学课程的大众化进程——兼论学科发展史.外国中小学教育，2018（3）.

② 姬甜甜.关于推动我国儿童哲学课程发展的若干思考.现代教育科学，2017（5）：85–89.

2017 年 6 月，我国"首届儿童哲学与教育高峰论坛"在杭州召开。论坛由杭州师范大学学前教育系和浙派名师研究中心发起并承办，特邀法国应用哲学院主席、联合国教科文组织哲学顾问奥斯卡·博尼菲教授，以及国内儿童哲学界最有代表性的学者，共同探究儿童哲学的理论和实践感悟。来自浙江、江苏、上海、北京、天津、四川、山西、河南、重庆、广东等十多个地区的教育局、幼儿园和小学教师、校（园）长、教研员以及多家出版社的代表出席该论坛[①]。

目前，儿童哲学成为一门世界上很多中小学校的补充课程，全世界 45 个国家建立正式的儿童哲学中心共 75 个。在美国已有 6000 余所中小学开设儿童哲学，许多学校更是将其设置为常规课程。欧美部分国家开始在大学设置儿童哲学硕士和博士学位点，儿童哲学在全球范围内受到越来越多的重视。

## 二、高校哲学教育

作为知识传播和发展的重要阵地，各国高校对于哲学课程的设置都未有懈怠，高校哲学教育由来已久。目前，世界范围内高校哲学教育课程的分类大致有：哲学专业课程、哲学辅修专业课程、哲学与其他学科融合教学课程、哲学通识类课程、哲学实践类课程等，各种课程分类下的子内容也随着哲学教育实践的发展而不断丰富和完善。不同的学校会根据自己的哲学发展理念对哲学课程进行设置，以下将对国内外高校哲学教育的情况进行简单介绍。

以美国高校为例，很多学校各个学科和专业普遍都要求学生有两门课或更多必修的哲学学分，同一高校中所有的哲学教师都要达到同样的学历标准，并被要求开设低、中、高各层次的哲学课供学生选修。

亚利桑那大学为哲学系专业学生和其他各科系学生常年开设的哲学类课程共有上百门，分为哲学专业课程、辅修专业课程以及通识类课程三类。哲学专业课

---

① 高振宇.儿童哲学的国际对话与本土实践——2017 年首届儿童哲学与教育高峰论坛综述.上海教育科研，2017（9）：37–42.

程和哲学通识类课程之间并非完全隔离，一些中低层次的哲学课不仅可以作为其他专业学生的通识类课程，又可以作为哲学专业学生基础课程。

通识类哲学课程分为三种，每种又有等级之分。第一种包括：正义与美德、心灵，物质与神，科学与探索三门课程；第二种包括：个体哲学研究、个人道德、社会哲学研究、古代哲学、中世纪哲学、现代哲学等课程；第三种包括：科学哲学导论、数学基础、逻辑与批判性思维三门课。对于那些对哲学感兴趣，并不满足于通识课程的学生，学校开设了一系列哲学辅修课程。学生在完成本专业学习的基础上，按照各类哲学辅修要求，完成 6 门课程共 18 个学分的学习（包括 2 门必修课，4 门选修课）后，就可获得该类哲学专业辅修学位。对于哲学专业学生，学校按照侧重点不同，将哲学课程分为社会与法律、心理与认知科学、计算机与数学、古典文化、历史、应用哲学、理论科学、自由教育等不同方向，学生可以根据自己的兴趣、升学就业取向等因素，合理选择自己学习研究的方向，完成 10 门课程共 30 学分即可。

牛津大学的哲学教育则有一套专属的"古典自由主义的文化传统"。在牛津大学，本科生不可以单独学习哲学专业，必须把哲学与其他专业组合在一起，形成多学科融合学位课程，再分类进行学习，如计算机科学、物理学、数学、现代语言、心理学、经济学、神学等。在这些融合课程中，有一部分属于通用专业课程范畴，即所有哲学相关专业学生都可以学习，也有一部分课程教学只对特定哲学课程方向的学生开放，如《中级物理哲学》只有物理和哲学方向的学生才可以学习。在教学方面，牛津大学采用学术演讲、课堂教学与研讨、导师指导相结合的教学方法。每个学期，学院会公布演讲的题目，学生在导师的指导下选择将要学习的演讲内容，导师指导课则是帮助学生答疑解惑、讨论其所作论文或作业。每门学位课程有八场演讲、八堂课，并要求学生在听完教授演讲的基础上撰写两三千字的论文。

相比较而言，我国高校哲学教育虽然在课程设置上与美国相差无几，但哲学专业学习的现状却明显有些不尽如人意。吉林大学哲学社会学院沈亚生教授曾对其所在学校的三年级本科生进行了一次哲学满意度调查。结果显示，大多数被调查者对自己毕业后的就业形势感到不乐观，并认为社会对于哲学专业毕业生的价值评价很低。对于课程设置，多数人也认为不合理，与社会、工作需要相脱节。北京师范大学韩震教授在《让哲学成为哲学》一文中也提到这样的现状："与改革开放的时代相比，21世纪的中国哲学似乎有些过分沉寂了。青年人对哲学越来越疏离。"

中国传统的哲学教育也就是伦理政治教育，亦即意识形态教育。这样的教育模式还停留在"填鸭式"教学的方式，教师和学生之间只是一种单纯的单线传输，在这种学习模式下，学生固然可以在一定程度上增加自身的哲学底蕴，但也往往会对哲学学习产生抵触情绪。

# 第三节　走进哲学的世界

## 一、哲学宇宙中闪耀的群星：哲学家及其代表思想

哲学大师是一个哲学流派的灵魂，也是一个哲学流派的核心。他们或是一手创建了这个流派，成为某种学说的创始人；或是一个哲学流派的代表人物，对流派的发展起到了巨大的推动作用。下面将对部分哲学发展史上具有重要影响的哲学家进行简单介绍。

### （一）西方哲学家

#### 1. 水是万物的始基——泰勒斯（Thales）

古希腊思想家、科学家、哲学家，希腊最早的哲学学派——米利都学派（也称爱奥尼亚学派）的创始人。他提出了水是世界的本原，是古希腊第一个探究万物本原的人。这一命题开创了人类认识的一个新时代，拉开了从哲学角度审视世界的大幕。

#### 2. 万物都是数——毕达哥拉斯（Pythagoras）

古希腊著名思想家、哲学家、数学家、科学家，毕达哥拉斯学派的创始人。他第一次将哲学和数学结合在一起，列宁曾评价他是"科学思维的萌芽同宗教神话之类幻想间的一种联系"。

#### 3. 认识你自己——苏格拉底（Socrates）

古希腊著名的思想家、哲学家、教育家。他开创了哲学新的领域，从"自然哲学"发展到"伦理哲学"，使哲学"从天上回到人间"，在哲学史上具有重大意义。他与学生

雅典科学院的苏格拉底雕像

柏拉图，以及亚里士多德并称为"古希腊三贤"，被广泛地认为是"西方哲学的奠基者"。

**4. 真理往往掌握在少数人手里——柏拉图（Plato）**

古希腊伟大的哲学家、思想家、教育家、数学家，西方客观唯心主义的创始人。他继承和发展了苏格拉底的概念论和巴门尼德的存在论，建立了以理念论为核心的哲学体系。主要代表作品有《对话录》《理想国》等。

**5. 吾爱吾师，吾更爱真理——亚里士多德（Aristotle）**

古希腊伟大的哲学家、科学家和教育家。他创立了形式逻辑学，丰富和发展了哲学的各个分支学科，对科学等做出了巨大的贡献，被马克思称为"古希腊哲学家中最博学的人"。其代表作《形而上学》为西方哲学思想奠定了基础。

**6. 知识就是力量——弗朗西斯·培根（Francis Bacon）**

英国文艺复兴时期著名哲学家、思想家、散文家。他从根本上批判了自古希腊以来的学术传统，并提出了唯物主义经验论的一系列原则，制定了系统的归纳逻辑，被马克思、恩格斯称为"英国唯物主义的第一个创始人""整个实验科学的真正始祖"。主要著作有《新工具》《论科学的增进》《学术的伟大复兴》等。

弗朗西斯·培根

**7. 我思故我在——勒内·笛卡尔（Rene Descartes）**

法国著名哲学家、物理学家、数学家、神学家。他提出了"普遍怀疑"的主张，认为人类应该可以使用理性进行哲学思考，将唯物主义与唯心主义融为一体，创立了一套完整的哲学体系，在哲学史上产生了深远的影响。被黑格尔称为"近代哲学之父"，被广泛认为是西方现代哲学的奠基人。

**8. 心灵是一块"白板"——约翰·洛克（John Locke）**

英国著名哲学家、思想家、政治家，是经验论的集大成者。洛克是第一个以连续的"意识"来定义自我概念的哲学家，他认为人的心灵开始时就像一张白纸，而向它提供精神内容的是经验（观念）。其开创的经验主义被后来的乔治·贝克莱以及大卫·休谟等人继续发展，成为欧洲的两大主流哲学思想。

### 9. 经验沉默了——大卫·休谟（David Hume）

苏格兰哲学家、经济学家、历史学家。他建立了近代欧洲哲学史上第一个不可知论的哲学体系，认为我们相信因果关系并非因为其是自然的本质，而是长期的习惯和经验导致。被认为是苏格兰启蒙运动及西方哲学史中最重要的人物之一。

### 10. 人是目的而非手段——康德（Immanuel Kant）

德国著名作家、哲学家，德国古典哲学创始人。他结合了欧陆的理性主义和英国的经验主义，结束了唯理论和经验论持续了几百年的论战，完成古典法哲学向现代法哲学的转变。其学说对于近代西方哲学的发展产生了重大的影响，并开启了德国古典哲学和康德主义等诸多流派。其所著《纯粹理性批判》，标志着哲学研究的主要方向由本体论转向认识论，是西方哲学史上划时代的巨著，被视为近代哲学的开端。

### 11. 完全自我的绝对精神——黑格尔（G.W.F.Hegel）

德国哲学家。他把绝对精神看作世界的本原，其哲学的任务和目的就是通过自然、社会和思维体现出来的绝对精神，揭示其发展过程及其规律，实际上是在探讨思维与存在的辩证关系，是在唯心主义基础上揭示二者的辩证统一。他建立了世界哲学史上最为庞大的客观唯心体系，极大地丰富了辩证法，其思想被很多人认为是 19 世纪德国唯心主义哲学运动的顶峰。

### 12. 辩证唯物主义——马克思（Karl Heinrich Marx）

德国伟大的思想家、政治家、哲学家、经济学家、革命家和社会学家。马克思主义哲学的创始人之一，提出并发展完善了辩证唯物主义与历史唯物主义，站在人类社会历史总体发展的高度，阐述了无产阶级和全体劳动者关于人类解放的思想。为世界范围内的无产阶级革命提供理论指导，主要著作有《资本论》《共产党宣言》等。

### 13. 上帝死了——尼采（Friedrich Wilhelm Nietzsche）

德国著名哲学家、语言学家、文化评论家、诗人、作曲家、思想家。对宗教、道德、现代文化、哲学、科学等领域提出了广泛的批判和讨论。被认为是西方现代哲学的开创者，对后来的存在主义与后现代主义哲学的发展产生深远的影响。主要著作有《权力意志》《悲剧的诞生》《查拉图斯特拉如是说》《希腊悲剧时代的哲学》等。

### 14. 人类行为的理性化——罗素（Bertrand Arthur William Russell）

英国哲学家、数学家、逻辑学家、历史学家、文学家。认为哲学和其他自然科学的研究方法相同，而哲学家的工作就是发现一种能够解释世界本质的一种理想的逻辑语言，并由此出发建立了逻辑原子论和新实在论，是现代分析哲学的主要创始人。主要作品有《西方哲学史》《哲学问题》《心的分析》《物的分析》等。

### 15. 语言游戏——维特根斯坦（Ludwig Josef Johann Wittgenstein）

犹太哲学家，是语言学派的主要代表人物。其研究领域主要在数学哲学、精神哲学、语言哲学等方面，他主张哲学的本质就是语言，语言是人类思想的表达，是整个文明的基础，哲学的本质只能在语言中寻找，为哲学找到了新的发展方向。被认为是 20 世纪最有影响力的哲学家之一。

### 16. 生活世界——胡塞尔（Edmund Gustav Albrecht Husserl）

20 世纪德国著名作家、哲学家，现象学的创始人，同时被誉为近代最伟大的哲学家之一。他初期提出了一套现象学描述方法，即通过直接、细微的内省分析，以澄清含混的经验，从而获得各种不同的具体经验间的不变部分，即"现象"或"现象本质"。后期深入到为哲学和科学奠定普遍基础的现象学观念。对海德格尔、梅洛·庞蒂和萨特这些现象学和存在主义的主要代表人物都产生了巨大影响。

### 17. 向死而生——海德格尔（Martin Heidegger）

德国哲学家，20 世纪存在主义哲学的创始人和主要代表之一。他认为个体就是世界的存在，并终其一生致力于对"存在"意义的追问。其哲学思想对于现代存在主义心理学具有强烈的影响，对以后心理治疗领域的发展，亦产生了很大的启发作用。

### 18. 存在与虚无——萨特（Jean-Paul Sartre）

法国著名哲学家、文学家、戏剧家、评论家和社会活动家。法国无神论存在主义的主要代表人物，西方社会主义最积极的倡导者之一。他认为"存在主义是人道主义的深化"，主张人的问题才是哲学的根本问题，其主要哲学著作有《想像》《存在与虚无》《存在主义是一种人道主义》《辩证理性批判》《方法论若干问题》等。

## （二）我国古代哲学家

### 1. 道法自然——老子

春秋时期思想家，道家创始人。代表作《老子》，是中国历史上第一部完整的哲学论著。老子以"道"解释宇宙万物的演变，认为"道"创造并支配天地万物。"道"是万物的本原，即为客观自然规律，又具有"独立不改，周行而不殆"的永恒意义。《老子》中包括大量朴素辩证法，对中国哲学发展有深刻影响。

### 2. 仁者爱人——孔子

春秋末期思想家、政治家、教育家，儒家学说创始人。他虽主张"述而不作"，却开创性地建立了一个包括世界观、天命观、认识论、方法论在内的哲学思想体系，其哲学思想的源头是原始人本主义。自西汉以后，孔子学说成为两千余年封建社会的文化正统，影响极大。

### 3. 人性本善——孟子

战国时期伟大的思想家、教育家，儒家学派的代表人物，与孔子并称"孔孟"。孟子继承了孔子的"天命"思想，剔除了其中残留的人格神的含义，其哲学思想的最高范畴是天，认为"天"是人与生俱来的道德观念的本原。《孟子》一书中所表现的关于认识论的理解，包含着许多朴素的唯物主义思想。

### 4. 轻物贵己——杨朱

战国初期伟大的思想家、哲学家。杨朱主张"为我""贵己""轻物重生"等观点，是道家杨朱学派的创始人，在战国时期与儒学、墨学相抗衡。他的见解散见于《列子》《庄子》《孟子》《韩非子》《吕氏春秋》等，对后世影响深远。

### 5. 兼爱非攻——墨子

春秋末期战国初期著名的思想家、教育家、科学家、军事家，墨家学派的创始人。他以"耳目之实"的直接感觉经验作为认识的唯一来源，并认为需把得到的知识加以综合、整理、分析和推论，方能达到"明"知的境界。墨子还是中国古代逻辑思想体系的重要开拓者之一，墨辩、古印度因明学、古希腊逻辑学并称古代世界三大逻辑学。

### 6. 无用之用——庄子

战国中期著名的思想家、哲学家和文学家，道家学派的主要代表人物之一。他继承发展了老子的哲学思想，认为"道"是客观真实的存在，并把"道"视为宇宙万物的本原。在思辨方法上，把相对主义绝对化，转向神秘的诡辩主义。他的作品被人称之为"文学的哲学，哲学的文学"。

### 7. 天人之分——荀子

战国末期著名思想家、哲学家、文学家、政治家。他继承了春秋战国时期诸子的学说，主张以儒学为主，道、墨为辅，是先秦哲学的集大成者。他提出了著名的"天人之分"理论，以理性主义眼光重新审视自然现象和社会治乱之间的关系，并认为两者毫无内在联系。割断了先秦时期自然与社会之间神秘的联系纽带，突破了长期以来僵固不变的思维模式，具有变革意义。

### 8. 天人感应——董仲舒

西汉思想家、政治家、教育家，唯心主义哲学家。董仲舒兼采阴阳家、黄老道家的思想，引入阴阳五行、天人感应于儒学之中，形成天人哲学体系[1]，对社会的思想发展产生了巨大影响。

### 9. 元气自然——王充

东汉唯物主义哲学家、无神论者。王充以道家的"自然无为"为立论宗旨，丰富和发展唯物主义的气一元论，开创元气自然论，并以事实验证言论，弥补了道家空说无着的缺陷。是汉代道家思想的重要传承者与发展者。

---

[1] 吕革葛.浅析董仲舒的哲学思想.课外语文，2014（24）：193–194.

### 10. 格物致知——朱熹

宋朝著名的理学家、思想家、哲学家、教育家、诗人。提出"理"是万物开始的主宰，世间万物生成于"理"，遵从于"理"，归结于"理"。是我国古代客观唯心主义的集大成者。

## 二、哲学其实很有趣：经典哲学命题

### （一）缸中之脑（Brain in a Vat）

"缸中之脑"是希拉里·普特南（Hilary Putnam）1981 年在他的《理性，真理与历史》（*Reason, Truth and History*）一书中阐述的思想实验。其内容是：想象有一个疯狂科学家把大脑从你的体内取出，放在盛有某种生命维持液体的缸中。将大脑的神经末梢连接到一台能产生图像和感官信号的电脑上，电脑按照程序向大脑传送信息。因为你获取的所有关于这个世界的信息都是通过你的大脑来处理的，这台电脑就有能力模拟你的日常体验。如果这确实可能的话，你要如何来证明你周围的世界是真实的，而不是由一台电脑产生的某种模拟环境？这个思想实验涵盖了从认知学到哲学到流行文化等各个领域，至今仍然无解。

### （二）薛定谔之猫（Schrodinger's Cat）

"薛定谔之猫"是奥地利著名物理学家薛定谔（Erwin Schrodinger）提出的一个思想实验，试图从宏观尺度阐述微观尺度的量子叠加原理问题，是量子力学领域中的一个悖论。其内容是：一只猫和少量放射性物质一起被封闭在一个盒子里。在一个小时内，该放射性物质有 50% 的概率衰变并释放毒气，杀死猫。同时也有 50% 的概率不衰变，猫将存活下来。根据经典物理学，在盒子里必将发生这两个结果之一，而外部观测者只有打开盒子才能知道里面的结果，所以在盒子被打

薛定谔之猫

开前，盒中的猫是既死又活的。随着量子物理学的发展，薛定谔之猫还延伸出了平行宇宙等物理问题和哲学争议。

### （三）中文房间（The Chinese Room）

"中文房间"最早由美国哲学家约翰·希尔勒（John Searle）于20世纪80年代初提出。这个实验要求你想象一位只说英语的人身处一间房间之中，这间房间除了门上有一个小窗口以外，全部都是封闭的。他随身带着一本写有中文翻译程序的书，房间里还有足够的稿纸、铅笔和橱柜。写着中文的纸片通过小窗口被送入房间中。虽然完全不会中文，但房间中的人依然可以使用他的书来翻译这些文字并用中文回复。希尔勒认为通过这个过程，房间里的人可以让房间外的任何人以为他会说流利的中文。

### （四）猴子和打字机（Monkeys and Typewriters）

"猴子和打字机"实验也被称为"无限猴子定理"，是20世纪初被法国数学家波莱尔（Emile Borel）推广的一个设想。其内容是，如果无数的猴子在无数的打字机上随机地打字，并持续无限久的时间，那么在某个时候，它们必然会打出莎士比亚的全部著作。该设想被认为是用来描述无限的本质的最好方法之一，并且可以在数学上被证明。人的大脑很难想象无限的空间和无限的时间，该设想则可以帮助人们理解这些概念。

### （五）伽利略重力实验（Galileo's Gravity Experiment）

为了反驳亚里士多德的自由落体速度取决于物体质量的理论，1589年伽利略在比萨斜塔当着其他教授和学生的面做了这个实验。根据亚里士多德的说法，如果一个轻的物体和一个重的物体绑在一起然后从塔上丢下来，那么重的物体下落的速度快，两个物体之间的绳子会被拉直。这时轻的物体对重物会产生一个阻力，使得下落速度变慢。但是，从另一方面看，两个物体绑在一起以后的质量应该比任意一个单独的物体都大，那么整个系统下落的速度应该最快。伽利略对自由落体的研究，开创了抽象思维、数学推导和科学实验相结合的方法，至今仍是重要的科学方法之一。

### （六）忒修斯之船（The Ship of Theseus）

"忒修斯之船"，也称"忒修斯悖论"，是最为古老的思想实验之一。它描述的是一艘可以在海上航行几百年的船，归功于不间断的维修和替换部件。只要一块木板腐烂了，它就会被替换掉，以此类推，直到所有的功能部件都不是最开始的那些了。问题是，最终产生的这艘船是原来的那艘船，还是一艘完全不同的船？如果不是原来的船，那么在什么时候它不再是原来的船了？哲学家托马斯·霍布斯（Thomas Hobbes）后来对此进行了延伸，如果用忒修斯之船上取下来的老部件重新建造一艘新船，那么两艘船中的哪艘才是真正的忒修斯之船？

### （七）爱因斯坦的光线（Einstein's Light Beam）

爱因斯坦著名的狭义相对论源于他 16 岁做的思想实验。在他的自传中，爱因斯坦回忆他当时幻想在宇宙中追寻一道光线。如果他能够以光速在光线旁边运动，那么他应该能够看到光线形成"在空间上不断振荡但停滞不前的电磁场"。对于爱因斯坦，这个思想实验证明了对于这个虚拟的观察者，所有的物理定律应该和一个相对于地球静止的观察者观察到的一样。

### （八）定时炸弹（The Ticking Time Bomb）

"定时炸弹"是一个伦理学的思想实验，多被用于极端情况下，对"任何情况下都不能使用酷刑"说法的反驳。其内容为：一枚大规模杀伤性的定时炸弹隐藏在你的居住地并即将爆炸，爆炸将会导致半个城市的人伤亡，犯罪嫌疑人已被你羁押，你是否应该使用酷刑审讯以获取情报？这是一个道德上的两难问题。

### （九）空地上的奶牛（The Cow in the Field）

"空地上的奶牛"是认知论领域中最重要的一个思想实验。最初被埃德蒙德·盖蒂尔（Edmund Gettier）用来批判主流定义的JTB（Justified True Belief）理论。它描述的是，一个农民担心自己的奶牛走丢了。这时送奶工来到农场，告诉农民他看到那头奶牛在附近的一块空地上。虽然农民很相信送奶工，但他还是亲自去空地，并看到黑白相间物证实了送奶工的话。过了一会儿，送奶工再次到了那块空地，奶牛躲在树林里，空地上还有一大张黑白相间的纸缠在树上，很明显，农民把这张纸错当成自己的奶牛了。问题出现了，虽然奶牛一直都在空地上，但农民说自己知道奶牛在空地上是否正确？

## （十）电车难题（The Trolley Problem）

电车难题

"电车难题"是伦理学领域最为知名的思想实验之一，其内容大致是：一个疯子把五个无辜的人绑在电车轨道上。一辆失控的电车朝他们驶来，并且片刻后就要碾压到他们。幸运的是，你可以拉一个拉杆，让电车开到另一条轨道上。但是还有一个问题，那个疯子在那另一条轨道上也绑了一个人。考虑以上状况，你应该拉拉杆吗？该实验是1967年菲利帕·福特（Philippa Foot）在其发表的论文《堕胎问题和教条双重影响》中首次提到的。用来批判伦理哲学中的主要理论，特别是功利主义。

## 第四节　哲学阅读推荐

哲学书籍卷帙浩繁，其中蕴含着古今中外无数智者的伟大思想。下面将按照哲学阅读学习的不同阶段，由浅及深地为读者推荐不同层次的书籍，以期对读者的哲学阅读有所帮助。

### 一、普及类哲学读物

1.《苏菲的世界》[挪]乔斯坦·贾德著，萧宝森译，作家出版社 2007 年版

一本关于西方哲学史的长篇小说，它以小说的形式，通过一位哲学导师向一个叫苏菲的女孩传授哲学知识的经过，揭示了西方哲学史发展的历程，被誉为 20 世纪百部经典著作之一。

2.《你的第一本哲学书》[美]托马斯·内格尔著，宝树译，中信出版社 2016 年版

通过 9 个让人们感兴趣的问题，触及哲学的大多数命题。作者绕过了哲学家的名字和哲学术语，用简短的篇幅和直白的语言，打开了哲学世界的大门。适合初次接触哲学的读者。

《苏菲的世界》

3.《西方哲学史：从古希腊到当下》[挪]奎纳尔·希尔贝克、[挪]尼尔斯·吉列尔著，童世骏等译，上海译文出版社 2016 年版

通过对诸多哲学传统的比较显现西方哲学的特点，通过对哲学历史的叙述揭示哲学思维的特点，结合社会政治和科学人文背景对各个哲学学派的发展脉络，尤其结合人类的现代处境展开讨论。写作风格既具有可读性又具有学术性。

4.《中国哲学史》冯友兰著，华东师范大学出版社 2011 年版

第一部完整的具有现代意义的中国哲学史，奠定了现代中国哲学史学科的基本框架，是中国影响最大的哲学史名著。全书采用西方哲学的表达形式，阐释中国哲学思想，使中国传统哲学成为现代学科。

5.《哲学的故事》[ 美 ] 威尔·杜兰特著，蒋剑峰、张程程译，新星出版社 2013 年版

作者终生致力于将哲学从学术象牙塔中解放出来，让它进入普通人的生活。书中着重描述了人类史上数十位著名哲学家的境遇、情感与生平，让读者在最短的时间内、用最有趣的方法读懂漫长的哲学发展史和哲学精髓。

6.《西方哲学简史》[ 英 ] 伯特兰·罗素著，文利编译，陕西师范大学出版社 2010 年版

书中记述了从古希腊哲学一直到二十世纪早期西方哲学的发展历程，以各个哲学流派及其代表哲学家为中心，记述西方哲学的发展历程，同时对各个哲学流派产生的历史背景、哲学家的生活时代加以描述。

7.《你不可不读的西方哲学故事》文聘元著，吉林出版集团有限责任公司 2009 年版

介绍了西方哲学发展的历史沿革，分析了从古希腊至现代西方哲学史上主要哲学家与哲学流派的思想之精华。那些伟大的哲学家的生平也被收纳其中，对于了解他们的人生以及进一步理解他们的哲学思想无疑是大有助益的。

8.《织梦人：一个男孩穿越现实的哲学之旅》[ 美 ] 杰克·鲍温著，阮航、陈燕译，中国人民大学出版社 2011 年版

作者采用小说的叙述方式介绍哲学各个门类。故事的主人公是一个名叫伊恩的 14 岁男孩，跟随伊恩的历险，读者会追问那些永恒的哲学问题，使哲学变得有趣并且易于理解。

9.《大问题：简明哲学导论》[ 美 ] 罗伯特·所罗门、[ 美 ] 凯思林·希金斯著，张卜天译，广西师范大学出版社 2014 年版

本书的目的是引导读者真正进入思考的大门，按照问题而非哲学观点产生的

顺序来组织材料，能让读者在不知不觉中熟悉哲学史上的一些最重要的观点，而且很可能会对许多问题重新进行审视，真正享受思考的乐趣。

**10.《哥德尔、艾舍尔、巴赫：集异璧之大成》[美]侯世达著，严勇等译，商务印书馆 1997 年版**

通过对哥德尔的数理逻辑、艾舍尔的版画和巴赫的音乐三者的综合阐述，引人入胜地介绍了数理逻辑学、可计算理论、人工智能学、语言学、遗传学、音乐、绘画的理论等方面，构思精巧、含义深刻、视野广阔、富于哲学韵味。

除上面所列书籍外，还有赵敦华的《西方哲学简史》、[英]罗杰·彭罗斯的《皇帝新脑》、袁卫的《哲学家的故事》，余碧平的《中世纪文艺复兴时期哲学》等书籍都可作为该部分补充阅读。

## 二、入门类哲学读物

**1.《西方哲学原著选读》北京大学哲学系外国哲学史教研室编译，商务印书馆 1981 年版**

从主要哲学家或主要哲学流派的原著中重点选录有代表性的段落，以帮助初学者学习，每一选段力求包括相对完整的思想，并冠以标题，帮助读者思考。上卷涵盖从古希腊罗马哲学到十六世纪至十八世纪西欧哲学的内容，下卷涵盖从十八世纪法国哲学到十九世纪俄国哲学的内容。

**2.《理想国》[古希腊]柏拉图著，王扬译注，华夏出版社 2012 年版**

借苏格拉底和派拉麦克的辩论，从各个角度暴露奴隶主阶级的哲学思想、政治思想、艺术思想及教育思想，展现柏拉图设计并展望着的理想国度的蓝图。该译本是我国第一个按标准希腊语编辑、翻译的全译本。

**3.《形而上学》[古希腊]亚里士多德著，吴寿彭译，商务印书馆 1997 年版**

全书是对泰勒斯以来的古希腊哲学发展的历史性总结，被誉为世界第一部哲学教科书。它创立了以本体论、四因论、潜能和现实为中心的哲学体系，探讨了哲学对象和研究范围，对一些哲学术语做了释义，分析批判了以前的哲学家思想等。

**4.《第一哲学沉思集》[法]笛卡尔著，庞景仁译，商务印书馆1986年版**

笛卡尔运用《谈谈方法》提出的基本原则对上帝、灵魂等形而上学问题做出深入探讨。笛卡尔把自我概念作为他的哲学出发点，从自我出发推论出上帝的存在，继而根据上帝的存在推论出物质的存在。运用普遍怀疑的方法，力图使心灵摆脱感官，通过纯粹理性获得确定的知识。

**5.《作为意志和表象的世界》[德]叔本华著，石冲白译，商务印书馆1997年版**

全面阐述了叔本华唯意志主义的哲学观，全书共分四篇，第一篇是全书的导论，第二篇主要讨论认识论和"真"的问题，第三篇讨论"美"的问题，第四篇则是关于"善"和人生的终极关怀问题。这部著作后来影响了包括尼采、瓦格纳、托马斯·曼的哲学思想，甚至影响了存在主义理论。

**6.《人类理解论》[英]洛克著，关文运译，商务印书馆1959年版**

本书是关于经验论的哲学著作，全书分为四卷：第一卷批评"天赋观念"论；第二卷主要研究作为知识来源的"观念"；第三卷关注的是"话语"，阐述关于"概念"的学说、"名义本质"与"实在本质"学说；第四卷谈"知识与意见"，阐述了洛克的知识论。

**7.《用几何学方法作论证的伦理学》[荷兰]斯宾诺莎著，贺麟译，商务印书馆1998年版**

该书用几何学的方法写成，认为只有凭理性的能力获得的知识才是最可靠的知识，人天生有运用知识的能力，世界是可以认识的。从本体论、认识论开始，最后得出的最高目标是自由，为人的幸福指明了道路。

**8.《查拉图斯特拉如是说》[德]尼采著，钱春绮译，生活·读书·新知三联书店2007年版**

作为一部里程碑式的作品，几乎包括了尼采的全部思想。通过"超人"查拉图斯特拉之口宣讲未来世

《查拉图斯特拉如是说》

界给予的启示，其激昂恣意的散文诗体使本书在世界哲学史和诗歌史上均占有独特的不朽地位。

**9.《小逻辑》[德] 黑格尔著，贺麟译，商务印书馆 1997 年版**

黑格尔构建了一个融思辨逻辑、形而上学与本体论相统一的完整体系，代表了形而上学和辩证法发展的高峰。黑格尔以"存在论"中的质、量、度作为论证的基础；以"概念论"中的绝对理念作为论证的最终结果，探讨由这两者形成的思维（理念）和存在（现实）的关系问题。

**10.《纯粹理性批判》[德] 康德著，邓晓芒译，人民出版社 2004 年版**

康德哲学三部曲中的第一部。首先，书中论述了进行理性批判的原因；其次，指出了纯粹理性批判的定义、对象、出发点以及批判的范式；最后，讨论了理性批判应该遵循的原理及其意义。康德不仅在书中论述了数学、自然科学是怎样成为科学的，而且提出哲学也应该模仿自然科学走上科学之路。

上面所列主要为西方哲学推荐书目，关于中国哲学部分可以阅读《老子》《庄子》《大学》《中庸》《宋明理学教程》等书，印度哲学部分可以阅读姚卫群的《印度宗教哲学概论》进行了解和学习。

## 三、进阶类哲学读物

**1.《人类理解研究》[英] 休谟著，关文运译，商务印书馆 1997 年版**

本书集中反映了休谟的哲学思想。他把怀疑论观点贯彻到所涉及的一切哲学问题中去，在西方哲学史上建立了一个比较特殊的、独具一格的哲学体系。全书构成了一个怀疑论的理论体系。

**2.《心的分析》[英] 伯特兰·罗素著，贾可春译，商务印书馆 2010 年版**

本书是早期分析哲学史上的一部经典之作，书中首次系统阐释了罗素的中立一元论思想，体现了罗素哲学思想的一次重要转变。全书以心理学为背景，分析了信念、欲望及情感等各类精神现象，并由此重建了一种新的心灵概念，也回答了通常所谓的意识及主观性为何物等问题。

**3.《纯粹现象学通论》[德] 胡塞尔著，李幼蒸译，商务印书馆 2017 年版**

本书是胡塞尔"心学"的主要奠基之作，阐述了通过现象学排除本质认识的障碍，获得先验纯化的自然视野，进入现象学领域的先验现象学基本立场，对当代哲学影响很大。

**4.《存在与时间》[德] 马丁·海德格尔著，陈嘉映、王庆节译，熊伟校，陈嘉映修订，生活·读书·新知三联书店 2012 年版**

本书从结构上对人的生存状况做了分析，认为生存在世界上的"人"，必将通过情绪、领会、语言等方式与各色各样的物事打交道。并对日常语言中的"是"或"存在着"的意指提出诘问，并重新提出"存在的意义"等问题。

**5.《存在与虚无》[法] 让·保罗·萨特著，陈宣良等译，生活·读书·新知三联书店 2014 年版**

本书是萨特就人与世界关系的思考进行整理形成的作品，该书确定了存在的范畴，确定了自为的存在结构、特性和规律。法国的哲学有一个显著的特点，它和德国严谨、重思辨的学风截然不同，更带有艺术气息，它们往往十分浪漫和抒情。

**6.《逻辑哲学论》[奥] 维特根斯坦著，韩林合译，商务印书馆 2013 年版**

本书是维特根斯坦在世时正式出版的唯一一部哲学著作，其内容主要探讨语言、心灵和世界的关系。从符号系统的原则和任何语言中词和事物之间必须具有的关系出发，将这种考察的结果应用于传统哲学的各部分，并在每一种情形下都证明，传统的哲学和传统的方法是怎样因对符号系统原则的无知和对语言的误用而产生出来的。

**7.《疯癫与文明》[法] 米歇尔·福柯著，刘北成、杨远婴译，生活·读书·新知三联书店 2012 年版**

作者全面考察了文艺复兴以后造型艺术、文学和哲学中所体现的疯癫对于现代人的意义。这部著作的独创性在于把被哲学家和精神病学史专家完全遗弃的材料重新放置在更高的哲学反思层次上。

8.《**科学革命的结构**》［美］托马斯·库恩著，金吾伦、胡新和译，北京大学出版社 2012 年版

从科学史的视角探讨常规科学和科学革命的本质，第一次提出了范式理论以及不可通约性、学术共同体、常态、危机等概念，提出了革命是世界观的转变，深刻揭示了科学革命的结构，开创了科学哲学的新时期。

《科学革命的结构》

9.《**中国现代哲学通论**》宋志明著，中国人民大学出版社 2008 年版

本书从整体的角度把握 1919 年到 1949 年的中国现代哲学史，将主要内容概括为现代新儒家、中国实证哲学、中国马克思主义哲学三大思潮。以各思潮的代表人物与发展趋向为叙述线索，故称"通论"。

10.《**中国哲学十九讲**》牟宗三著，吉林出版集团有限责任公司 2010 年版

本书以卓越的识见和谨严的思辨，在准确把握哲学元典的基础上，对儒、佛、道等中国哲学史上各家学派思想做系统的诠解。全书虽重在讨论传统哲学，但却能以现代哲学的理念与西方哲学在比较中反省、衡量。通过本书，读者能对中国哲学史有一个系统的了解。

哲学学习的进阶阶段，需要系统地阅读哲学史著作，并开始全面介入数理、现代科学和人文社科的学习，除了上面所列书籍外，可阅读的西方哲学书籍还有罗素《对莱布尼茨哲学的批评性解释》、波普尔《科学发现的逻辑》、德里达《声音与现象》、伽达默尔《真理与方法》、康德《实践理性批判》和《判断力批判》、弗洛伊德的《精神分析引论》等。中国哲学部分可阅读《列子》《论衡》《传习录》《近思录》《肇论校释》等经典。

### 四、高阶类哲学读物

**1.《弗兰西斯·培根：感觉的逻辑》[法]吉尔·德勒兹著，董强译，广西师范大学出版社 2017 年版**

本书被认为是德勒兹最重要的美学文本之一，主要介绍了他的基本哲学观念和思想方法。作者在书中创造了一系列的哲学概念，每一个都与培根画作中的某个特定的方面相关，同时也可以在"感觉的一般逻辑"中找到自己的位置。

**2.《解释的冲突：解释学文集》[法]保罗·利科著，莫伟民译，商务印书馆2008 年版**

本书由 22 篇重要论文组成，内容涉及解释学、现象学、心理分析、结构主义、宗教现象学、符号学、语义学、存在论等。利科渊博的学识、缜密的思维和深刻的思想在书中得到了淋漓尽致的体现。

**3.《哲学论稿：从本有而来》[德]马丁·海德格尔著，孙周兴译，商务印书馆 2016 年版**

《哲学论稿：从本有而来》

本书是海德格尔首次关于存在问题做出的全面尝试，在书中作者追问作为存有之真理和本质现象（即本现）的存有之意义，而且把这种存有或本现思为本有。

**4.《现代性的哲学话语》[德]哈贝马斯著，曹卫东等译，译林出版社 2011 年版**

本书收录了哈贝马斯的十二篇讲稿。它们是对于法国后结构主义激进理性批判的回应，也是对康德之后欧洲哲学主流全面而公允的评估。哈贝马斯追踪了之前的一些历史转折点，通过与诸多批评家和理论家的广泛对话，论证了他自己有关后现代话语之适当形式的观点。

**5.《自由的深渊》[斯]斯拉沃热·齐泽克著，王俊译，上海译文出版社2013 年版**

齐泽克在拉康心理分析理论指导下对谢林的手稿《世界时代》进行亲自解读，

其核心观点认为，拉康主张象征性的宇宙源自非象征性的驱动力。谢林是德国哲学观念论的最主要代表人，对黑格尔哲学提供了一种切实可行的批判方法。

**6.《命名与必然性》**［美］ **索尔·克里普克著，梅文译，上海译文出版社2016 年版**

哲学史上向来认为，凡先验的都是必然的，凡后验的均为偶然的。作者却指出，先验之于必然一如认识论之于形而上学，不仅有后验必然的知识，还有先验偶然的知识。这就是作者向传统理论提出严重挑战的先验偶然和后验必然的理论，曾引起西方分析哲学界持续 10 多年的大论战。

**7.《实在论的多副面孔》**［美］ **希拉里·普特南著，冯艳译，中国人民大学出版社 2005 年版**

本书是由四篇演讲稿组成的演讲集。在前两篇演讲稿中，普特南指出了形而上学实在论及其各种熟悉的变种的荒谬和自相矛盾之处，捍卫了内在实在论（也称为实用主义实在论）的观点。后两篇演讲稿中，作者通过关注一些道德印象，论证了伦理学中实用主义实在论的观点，捍卫了道德印象是道德和文化遗产中一个必不可少的部分和道德的客观性思想。

**8.《哲学和自然之镜》**［美］ **理查德·罗蒂著，李幼蒸译，商务印书馆 2003 年版**

这是罗蒂迄今为止发表过的唯一一部系统性专著，作者以深厚的分析哲学素养，用分析哲学家熟悉的语言，指出了美国近三十年分析哲学发展的症结所在。

**9.《心灵哲学》**［美］ **斯蒂芬·P. 斯蒂克、**［美］ **特德·A. 沃菲尔德主编，高新民、刘占峰、陈丽等译，中国人民大学出版社 2014 年版**

心灵哲学在当代哲学中是最活跃、最重要的分支领域，本书收录了由一流学者撰写的许多具有特殊使命的篇章，包括人工智能、意识、二元论、情绪、民间心理学、自由意志、个体主义、人格同一性和心身问题，为心灵哲学的核心主题提供了一种最新的审视视角。

# 文学阅读：
# 文学即人学，人学即心学

## 一、文学的起源

在我们的生活中，有一件美好的东西，是绝对不可缺少的。它包含万千知识，能为你打开一扇神奇的门，滋养、陶冶、升华你的灵魂。它有一种神奇的魔力，能使疲惫的增添新力，暗淡的焕发光彩，枯萎的重放光华，堕落的转向奋发，美丽的更加美丽，高尚的更加高尚。这件美好的东西，就是文学。

文学的产生，可以追溯到文字出现以前的远古时期。自古以来，许多文艺理论家对文学起源的问题发表过见解，比较有影响的说法有以下几种[①]：

（一）模仿说。这是最为古老的文学发生说，古希腊的德谟克利特首先提出艺术起源于对自然的模仿，亚里士多德也认为诗歌起源于对自然和社会生活的模仿，而模仿的本能植根于人的天性之中。

（二）神示说。从古希腊的柏拉图开始，就把诗歌的产生解释为神的灵感在诗人身上的凭附。中世纪的托马斯·阿奎纳（Thomas Aquinas）则认为艺术起源于人的心灵，而心灵是上帝的形象和创造物。我国古代笔记小说就有诗作授于神人的记载。

（三）游戏说。康德把诗歌看成是"想象力的自由游戏"，席勒（Schiller）认为人在现实生活中受到物质与精神两方面的束缚，渴望运用过剩的精力去达到自由，这就是游戏。斯宾塞（Herbert Spencer）指出，艺术和游戏的本质是人们发泄过剩精力的自由模仿活动。

（四）巫术说。以泰勒（Edward Burnett Taylor）、弗雷泽（J.G.Frazer）、

---

[①] 阎嘉．文学理论基础．重庆：重庆大学出版社，2014：183–184.

哈特兰特为代表的人类学家，对现存原始部族的巫术进行了深入研究，法国考古学家雷纳克在这些资料基础上提出艺术起源于原始人交感巫术的论点，认为原始艺术实际上是巫术的一种，目的是祈求狩猎的成功。

（五）表现说。主要从心理学角度来考察艺术的起源，分情感表现说和本能表现说两种。前者侧重从人的心理意识层面来解释，认为艺术起源于人的情感表现的需要。后者从人类心理的深层潜意识来解释，认为艺术是人的梦、幻觉、生命本能的表现。

（六）劳动说。19世纪晚期，一批民族学家、艺术史家提出艺术起源于劳动。毕歇尔指出，劳动、音乐和诗歌最初是三位一体地联系着的，它们的基础是劳动。梅森认为最原始的诗歌是劳动诗歌，其目的是为了加强劳动的效果。

上述见解并未得到学术界的公认，都只是抓住了问题的一个侧面。原始文学是与融劳动、游戏及祭祀活动于一体的音乐舞蹈紧密联系的艺术形式。《吕氏春秋·古乐》记载的葛天氏的乐歌，不但有歌八阕，还有舞姿："昔葛天氏之乐，三人操牛尾，投足以歌八阕：一曰《载民》，二曰《玄鸟》，三曰《遂草木》，四曰《奋五谷》，五曰《敬天常》，六曰《达帝功》，七曰《依地德》，八曰《总禽兽之极》。"这是一组分为八个部分表演的歌舞，既有关于农业、狩猎等劳动的内容，又是劳动之余的一种游戏，同时兼具祭祀的性能。在这种最朴素的集体文艺活动中，文学并不是独立存在的，而是与音乐、舞蹈结合在一起的。文学的起源不是简单化的，而是多元化的。[1]

"文学"一词，较早见于先秦时期。《论

沂南汉石画像"阴阳三合"，图中间的大人是葛天氏，左右两侧人首蛇尾的是伏羲与女娲

---

[1] 杨飞.图说中国文学.北京：华文出版社，2009：5.

语》中有记载："德行，颜渊、闵子骞、冉伯牛、仲弓；言语，宰我、子贡；政事，冉有、季路；文学，子游、子夏。"根据孔门弟子的学业专长，进行了学术分类，即"孔门四科"——德行、言语、政事、文学四项。其中"文学"一项，指的是儒家文献知识。汉武帝"罢黜百家、独尊儒术"之后，儒家的学术声望和影响迅速提升，"文学"常常专指儒学。如《史记·孝武本纪》："上乡儒术，招贤良，赵绾、王臧等以文学为公卿。"说的就是赵绾、王臧等人"学而优则仕"，凭借对儒家学问的熟习而被擢拔为高官。[①]实际上，中国古代的"文学"所指的是具有实用价值的文献和知识，其含义与今天是大相径庭的。"文学"还有一种特殊的用法就是官职名，早在汉代的官僚体系当中就有了"文学"官职，约略等同于后世的教官。"文学"一词开始转向当下含义，应当是近现代时期，国学大师王国维强调文学的审美性、非功利性和情感性特征，标志着现代意义上的文学观念的形成。

英语世界中，"文学"是 literature。从 14 世纪开始出现，其拉丁文词源 littera 对应的英文是 letter，即"字母"。因而，literature 最初的含义与文字和书籍有关，用于指一切用语言文字写成的著作，在此含义上等同于"文献"。在中世纪末期和文艺复兴时期，随着印刷术的普及，literature 开始与艺术、审美、创造性、想象力等词交织在一起，其词义开始更多地转向"具有想象力的虚构作品"，成为指代"文学"概念的专属名词。17 世纪，法文词 belles lettres 被用于指"纯文学"，以区别于哲学、历史等方面的其他文字作品，后来 literature 就沿用了 belles lettres 的含义，但其内涵仍然不够明确。直到 19 世纪，literature 的含义才被限定于具有想象力和创造力的作品，想象力和创造性被作为 literature 的非常重要的特征，最终演化成现代意义上的"文学"概念。[②]

---

① 胡山林.文学概论.郑州：河南大学出版社，2012：1-3.

② 胡山林.文学概论.郑州：河南大学出版社，2012：4-5.

## 二、文学是人类思想的启示录

文学的阅读几乎没有什么门槛，可以说是最广泛、最普遍的阅读。一个人无论学什么专业，从事什么工作，过着什么样的生活，都应该读读文学作品。我们可能都有过这样的感受，当读到一篇好的小说、一首好诗，会爱不释卷，如痴如醉，赞叹不已。

1940 年，莫斯科奥斯特洛夫斯基博物馆开馆，那天收到一封很特别的信，信封写着"寄给把我变成人的人"。信中写道："我本来是个小偷，1937 年我偷了一只手提箱，里面有一本《钢铁是怎样炼成的》。我无意中翻读了第一页，就此不由自主地一口气读完了它。在此之前我算个什么人呢，我是谁也不需要的人，现在我读完了全书，我感觉到自己是多么可耻。当我打听清楚，这个写书的人是如何把他的一生都贡献给社会时，我就完全明白过来了。"①

文学是什么？为什么具有如此奇特的魅力？

文学是语言文字的艺术，是一种人类认识自己的生存状态、追寻自己生命意义的艺术表达方式。文学除了拥有外在的、实用的、功利的价值以外，还拥有内在的、超越功利的价值，即精神价值。

苏联作家高尔基（Maxim Gorky）少年时期曾举着书本对着太阳反复研究，他想弄清楚文学作品里到底有什么神奇的东西使他痴迷？多年的写作与探索使他提出了"文学即人学"的重要观点，在一篇题名为《读者》的特写中，他这样阐述文学的目的和任务："文学的目的是帮助人了解自身，提高人的自信心，发展人的追求其理想的愿望，同人们的庸俗习气进行斗争，善于发现人们的优点，激发人们心灵中的羞耻、愤怒、勇敢精神，尽心竭力促使人们变得坚强而高尚，并

---

① 高洁，敖友余 . 文学趣谈 123. 北京：国际文化出版公司，1994：3.

能以圣洁的尚美精神来鼓舞自己的生命。"①

相对于实用性强的书籍，文学似乎毫无用处，它不能从政治上改善人生，不能从技术上改善人生，不能从医学上改善人生，不是生计甚至生存所必需，但文学的"无用"不等于"无为"。文学不是打发无聊时间的消遣，不是附庸风雅的装饰，文学作为一种重要的精神活动方式，正是用来满足人类精神和情感需求的。

文学可以丰富情感，陶冶情操。文学离不开情感和想象，读者通过阅读那些包含着高尚、激情、想象、和谐与爱的优秀文学作品，从感官直觉的悦目，到对蕴含内涵的品味，将潜在于文学作品中的多种情感与价值现实化，开启思维、丰富情感、净化心灵、陶冶情操、完善人格。在日渐丰富的艺术体验、美感享受中升华自身的灵性、激情。

文学带领我们认识世界，认识自我。美国文艺理论家艾布拉姆斯（Meyer Howard Abrams）把对文学世界的认识归纳为两种观点，一是把文学世界看作反照现实世界的镜子，二是把文学世界理解为照亮人的精神世界的灯光。"镜子论"强调了文学是对现实的再现和认识，"灯光论"则突出了文学是对人的内在精神的表现和传达。②文学作品再现以人为中心的社会生活，通过微妙而动人的描述与分析塑造鲜明的艺术形象，反映生活的本质。人类之所以需要文学，是为了更好地理解世界，认识到存在的诸多可能性，进而更深刻地认识自己，超越自己。

文学给人的力量，是缓慢的、绵密的、恒久的。它让我们认识纷繁复杂的社会现象和心灵世界的秘密，体味到生命的神秘及其价值。阅读文学作品得到的精神享受和自由感，是其他东西无法替代的，这种"无用"反而是更大的"用"。

---

① 《哲学研究》编辑部. 苏联哲学资料选辑（第二十一辑），上海：上海人民出版社，1966：103.

② 王汶成. 人文博物馆·文学卷. 济南：山东教育出版社，2011：7.

文学作品类别多样，按不同的标准可以进行分类。按时间可分为古代文学、近代文学、现代文学、当代文学等，按表达体裁可分为小说、散文、诗歌、戏剧、寓言等，按内容可分为史传文学、纪实文学、奇幻文学、报告文学等，按创作理念可分为浪漫主义文学、现实主义文学等，按不同语言或地区可分为亚洲文学、欧洲文学、美洲文学等，按读者群体及内容可分为严肃文学、通俗文学、民间文学、宗教文学等。从最受大众读者喜爱的角度，第二节将详细介绍诗歌、小说、传记三类文学艺术形式。

## 第二节　人，诗意地栖居

### 一、诗歌的起源

生活不止眼前的苟且，还有诗和远方。

"眼前的苟且"指的是现实生活的无奈，"诗"和"远方"则是理想的生活和情怀。这句话一度成为网络热词，由此可见，人们早已不满足于简单的生存，更想追求高品质的精神文化生活。正如哲学家海德格尔引述的德国诗人荷尔德林（Johann Christian Friedrich Hölderlin）的诗句——"人，诗意地栖居"。

诗歌是最古老的文学样式，它以抒情的方式，高度凝练、集中地反映社会生活，用丰富的想象，富有节奏感、韵律美的语言和分行排列的形式抒发思想情感。中国的诗歌产生于文字发明之前，源于上古的劳动生产、两情相悦、原始宗教等社会生活。《尚书·虞书》："诗言志，歌咏言，声依永，律和声。"《礼记·乐记》："诗，言其志也；歌，咏其声也；舞，动其容也；三者本于心，然后乐器从之。"早期，诗、歌与乐、舞是合为一体的。诗即歌词，在实际歌唱时总是配合音乐、舞蹈，后来诗、歌、乐、舞各自发展，独立成体，诗与歌统称诗歌。

中国素有"诗的国度"之称，诗歌历史源远流长，诗人和作品流派林立、数量众多。其总体发展脉络可分为以下几个阶段：

（一）先秦启蒙。第一部诗歌总集是《诗经》，收诗305篇，分"风""雅""颂"三部分，皆可配乐演唱。《诗经》善用赋、比、兴的表现手法，为后世文学创作奠定了深厚的人文基础和艺术底蕴。孔子曾用一句话概括《诗经》——"思无邪"，即无不出自真性情。战国后期产生了一种独特的新诗体——楚辞，其代表作为屈原的《离骚》，是我国古代文学史上最为宏伟瑰丽的长篇抒情诗，标志着中国诗歌从民间集体歌唱发展到诗人独立创作的更高阶段。

（二）汉代兴起。汉代出现了为配合音乐而歌唱的诗——乐府诗，乐府诗长于叙事，通俗易懂，句式以杂言和五言为主，体现了诗歌艺术的新发展。《陌上桑》与《孔雀东南飞》是其中优秀的代表作。在乐府诗的影响下，以曹操父子为首的文人们发展了五言诗。同时，七言诗也逐步发展起来。

（三）魏晋成熟。魏晋南北朝时期是五言诗的全盛发展时期，形成不同时期和不同风格的诗体，如建安体、正始体、永嘉体等。陶渊明独以其清新的诗风为后世推崇，他开创了中国的田园诗，代表作有《归园田居》《桃花源记》等。这段时期产生了大量的诗歌评论，例如钟嵘《诗品》、刘勰《文心雕龙》、萧统《文选》等，对诗歌的内容、思想、鉴赏产生了巨大作用。

（四）隋唐兴盛。唐代是我国诗歌史上的黄金时代，各体诗歌全面成熟，诗才辈出，作品繁多，题材广泛，风格各异。唐前期以王勃、杨炯、卢照邻、骆宾王、陈子昂为最，盛唐时期田园诗、边塞诗兴起，田园诗以王维、孟浩然为最，边塞诗以岑参、高适为佳。李白、杜甫为盛唐诗歌最好的作者，正如韩愈所说"李杜文章在，光焰万丈长"。中晚唐时期成就最显著的为白居易，代表作有《长恨歌》《琵琶行》等。杜牧、李商隐的诗歌成就也很大，诗歌创作多忧国伤时。

（五）宋元繁荣。宋词是我国诗歌史上的又一高峰。宋词是继唐诗之后的又一种文学体裁，大体可分为豪放派与婉约派，婉约派主要侧重儿女风情，结构深细缜密，重视音律谐婉，语言圆润，清新绮丽，具有柔婉之美。代表词人有柳永、晏殊、李清照、欧阳修等。豪放派创作视野较为广阔，气象恢弘雄放，语词宏博，用典较多，不拘守音律。代表词人有苏轼、辛弃疾、陆游等。元代散曲是继诗词后兴起的一种新体诗，代表作者有白朴、马致远、张养浩等。

（六）明清衰变。明清时期，以诗文为代表的传统文学逐渐让位于以小说、戏曲为代表的通俗文学，诗歌成就相对不高。较有成就的诗人有刘基、高启、于谦、顾炎武、纳兰性德、袁枚等。

（七）现当代革新。新文化运动之后，新诗兴起，即现代诗。现代诗形式自由，意涵丰富，完全突破了古诗"温柔敦厚，哀而不怨"的特点，更加强调自由开放和直率陈述。其中较有影响力有以闻一多、徐志摩、陈梦家等为代表的新月派，以辛笛、穆旦、郑敏等为代表的九叶派，以舒婷、顾城、北岛等为代表的朦胧派。

中国的诗歌历来受到世界的关注，而国外的诗歌同样耀眼夺目，有光辉灿烂的历史。国外诗歌发展历程可分为以下几个阶段：

（一）远古时期（前 40 世纪至前 1 世纪）。古埃及的诗歌是世界上最古老的诗歌之一，其中最重要的是《亡灵书》（*Ancient Egyptian Book of the Dead*），包含歌谣、祷文、颂歌和咒语，广泛描写了当时人们崇拜神灵、热爱生命的思想面貌和社会风貌。古巴比伦的诗歌有箴言诗、格言和史诗，《吉尔伽美什》（*The Epic of Gilgamesh*）是迄今为止发现的世界上最早的英雄史诗，反映人与自然的关系以及对人生奥秘的探索。

（二）古希腊、古罗马时期（前 8 世纪至公元 5 世纪）。古希腊时期产生了规模宏大的荷马史诗《伊利亚特》（*The Iliad*）和《奥德赛》（*The Odyssey*），以扬抑格六音部写成，集古希腊口述文学之大成。古罗马帝国出现了"文人史诗"，即维吉尔的《伊尼特》（*The Aeneid*），使古代史诗趋于定型。

（三）中世纪（5 世纪至 15 世纪）。主要包括宗教诗歌、英雄史诗、骑士诗歌等，最为有名的是但丁的《神曲》（*The Divine Comedy*），这部长达一万四千余行的史诗反映出当时文化领域的成就和一些重大的问题，带有"百科全书"性质，从中也可隐约窥见人文主义思想的曙光。

（四）文艺复兴时期（14 世纪至 16 世纪）。这时期涌现了大批杰出诗人和优秀作品，诗歌的主题围绕时间、爱情展开，作品反映现实，通俗易懂，寓教于乐。意大利的彼特拉克以其《十四行诗》（*Sonnets*）著称于世，为欧洲抒情诗的发展开辟了道路。最为杰出的是英国的莎士比亚，作品有 154 首十四行诗和 2 首叙事长诗。

（五）古典主义时期（17 世纪至 18 世纪）。杰出代表有英国诗人弥尔顿，代表作品长诗《失乐园》（*Paradise Lost*），以亚当、夏娃偷吃禁果被逐出伊甸园和撒旦的叛逆历史为主线。法国诗人伏尔泰的哲理诗说理透彻，讽刺诗机智冷峻，代表作品有史诗《亨利·亚德》（*Henry Adam*）。

（六）浪漫主义时期（18世纪至19世纪）。诗歌群星璀璨，俊采风流。德国歌德的诗剧《浮士德》（*Faust*）是一部闪耀着现实主义和浪漫主义光彩的重要作品。最具代表性的浪漫主义诗人有英国诗人雪莱，代表作《西风颂》（*Ode to the West Wind*）；英国诗人拜伦，代表作诗体小说《唐璜》（*Don Juan*）。此外，德国的海涅、俄国的普希金、美国的惠特曼以及英国的华兹华斯等都是这一时期杰出的浪漫主义诗人。

（七）多元化时期（20世纪至今）。这一时期诗歌主要聚焦于现实生活，各地的诗歌流派呈多元化发展。唯美主义、象征主义、意象派超现实主义、先锋派等各种风格的诗层出不穷，东西方碰撞、交流、融合已近百年，流风所及，以至于今。①

现代诗歌是在优秀的古典诗歌的基础上逐渐发展形成的，现代诗歌按内容性质可分为叙事诗、抒情诗和说理诗；按表达形式可分为格律诗、自由诗、歌谣诗、散文诗；按题材和使用范围可分为童话诗、寓言诗、哲理诗、讽刺诗、科学诗等。随着各国诗人创作交流的日益频繁，艺术风格互相融汇，艺术表现日新月异，诗歌这一古老的艺术，必将永葆美好与魅力。

## 二、诗是心灵之火

诗歌在人类社会生活和文化发展中一向占有特别和显著的地位。在文学的四种现代分类（小说、诗歌、散文、戏剧）中，诗歌具有基础性的地位，是唯一能够将"语言"同时作为本体和载体、直指心性本真的形式②。

我国古代有很多人论述过以《诗经》为代表的诗歌的作用。孔子曾对其独子孔鲤说："不学《诗》，无以言。"足见他对学诗的看重。孔子还曾对他的学生说："《诗》可以兴，可以观，可以群，可以怨；迩之事父，远之事君；多识于鸟兽草

---

① 王琦.阅读指导.上海：上海教育出版社，2013：123.
② 曹霞.读诗，为心智塑形.艺术广角，2015（4）：78–84.

木之名。"学习《诗经》可以激发情志，可以观察社会，可以交往朋友，可以怨刺不平。近可以侍奉父母，远可以侍奉君王，还可以知道不少鸟兽草木的名称。这是对诗歌在社会作用方面最高度的赞颂。

不仅古人重视诗歌的阅读，现代学者也很重视。朱光潜认为，一个人不喜欢诗，文学趣味就低下。为什么呢？他在《谈读诗与趣味的培养》中这样论述：

> 因为一切纯文学都要有诗的特质。一部好小说或是一部好戏剧都要当作一首诗看。诗比别类文学较谨严，较纯粹，较精致。如果对于诗没有兴趣，对于小说戏剧散文等等的佳妙处也终不免有些隔膜。不爱好诗而爱好小说戏剧的人们大半在小说和戏剧中只能见到最粗浅的一部分，就是故事。所以他们看小说和戏剧，不问他们的艺术技巧，只求它们里面有有趣的故事。他们最爱读的小说不是描写内心生活或者社会真相的作品，而是《福尔摩斯侦探案》之类的东西。爱好故事本来不是一件坏事，但是如果要真能欣赏文学，我们一定要超过原始的童稚的好奇心，要超过对于《福尔摩斯侦探案》的爱好，去求艺术家对于人生的深刻的观照以及他们传达这种观照的技巧。第一流小说家不尽是会讲故事的人，第一流小说中的故事大半只像枯树搭成的花架，用处只在撑扶住一园锦绣灿烂生气蓬勃的葛藤花卉。这些故事以外的东西就是小说中的诗。读小说只见到故事而没有见到它的诗，就像看到花架而忘记架上的花。要养成纯正的文学趣味，我们最好从读诗入手。能欣赏诗，自然能欣赏小说戏剧及其他种类文学。①

不仅中国学者重视诗歌的阅读，外国学者也很重视阅读诗歌。英国浪漫主义诗人雪莱评价诗"能使世间最善最美的一切永垂不朽"，是"用永恒的真理表现出来的生活写照"；法国作家雨果（Victor Hugo）说诗人在他的作品里的活动就像上帝在他的作品里活动一样，他"使人感动，使人惊奇，给人鞭挞，扶你起

---

① 朱光潜.朱光潜散文：美是一生的修行.北京：北京联合出版公司，2015：191.

来或把你击倒，经常出乎你的意料，一下子把你的整个灵魂都掏出来"；俄国作家托尔斯泰（Lev Nikolayevich Tolstoy）认为诗是"心灵之火"，这火能"点燃温暖和照亮人"。

古今中外的智者、哲人在各自的思想文化旅程中形成了一个共识：诗歌不仅是文学的重要组成部分，也是文学阅读乃至人类精神生活中不可或缺的重要内容。诗通过潜移默化的作用，对人的心灵进行陶冶，使心灵得以净化、丰润和提升。这便是人们所说的"诗意地栖居"，有诗意的生活。

## 三、诗歌的鉴赏与品读

当置身于天高云淡、山清水秀、鸟语花香的环境之中，我们通常会用"诗意"二字来概括自己的感受。"诗意"对我们而言，是美好的、和谐的和充满爱意的。"诗意"容易感受，但诗的写作程度却不易辨别。

防止读诗"误入歧途"最简捷的办法，就是读已有定评的著名诗人的作品，或者读经典诗歌选本，通过这种途径逐渐养成高尚的审美情趣。对于好的诗歌，也有较为简单的评判标准：第一，好诗总会给读者带来新的感受、新的发现、新的情感或者新的想象，即富有启发性；第二，好诗要有思想情感和表现形式的完整统一，比如与诗的语言、节奏、形式等和谐融合。[①]

衡量一首诗歌好坏的标准还可从诗人的出发点来判断。即中国古典文学研究专家叶嘉莹所认为的，是不是真的"情动于中"。《毛诗诂训传·大序》中说："情动于中而行于言"，要看作诗的人是不是内心真正有一种感动，有要说的话，是不是有他自己真正的思想、感情、意念；还是没话找话，说一些虚伪、夸张的谎话。叶嘉莹进一步阐述：

好的诗人有锐敏的感受能力，有丰富的联想能力，是"民吾同胞，物吾与也"。不只是草木，不只是现在的人事，我所没看见过的，没经历过的人事，都

---

① 王光明.开放诗歌的阅读空间：读诗会品赏录.北京：社会科学文献出版社，2008：7.

可以感动我，这才真正是一个有博大感情、襟抱的诗人。所以古人才会写出很多美好的诗歌。白居易写《长恨歌》，他说："在天愿作比翼鸟，在地愿为连理枝。天长地久有时尽，此恨绵绵无绝期。"他虽不是唐明皇或杨贵妃，但他能够想象唐明皇跟杨贵妃的死生离别的感情。[1]

古往今来，最好的、最能感动人的诗篇永远都是诗人从自己的喜怒哀乐，从自身的经历体验出来的。读者各人的天资不同、背景不同、喜好不同，对诗歌的感受也千差万别。但是趣味是可以培养的，我们有责任自觉选择高品质的诗歌作品，提高审美能力和高尚情趣。

（一）疏通字义，理解词语内涵。诗歌是一种用精练的语言集中反映社会生活的文学样式，用字少而信息量大，常常语尽意不尽，含不尽之意于言外。因此，深刻领会词语的内涵是阅读和鉴赏诗歌的基本要求。由于古今词义的差别及受固定格式和字数的限制，用词生僻，古典诗词读起来不易理解，这就需要借助工具书或注释来疏通字义。如李白《行路难》中"金樽清酒斗十千，玉盘珍羞直万钱"就有两个通假字，"羞"通"馐"，意为美味的食物；"直"通"值"，意为价值。此外，诗人为增强表现力，常常运用比喻、借代、象征等修辞手法，阅读时就需要理解这些修辞手法背后的内在含义。

（二）分析意境，领会作者情感。所谓诗的意境，就是诗人强烈的思想感情（意）和生动的客观事物（境）相结合，创作出来的一种既不同于真实生活，又可感可信，并且情景交融、形神兼备的艺术境界[2]。意境具体表现为情景交融，要使诗中的情与景成为读者自己的情与景，进而产生思想感情上的共鸣。一切优秀诗篇的意境，无不代表着现实生活中的具体物象，如白居易笔下的"卖炭翁"、艾青笔下的"大堰河"、普希金笔下的"多余人"叶甫盖尼·奥涅金……诗歌的阅读要发挥联想、再造性想象和创造性想象，重在感悟体会诗歌的画面、意境和意象，如闻其声，如临其境，从而获得艺术上的审美和思想上的启迪。

---

[1] 叶嘉莹. 迦陵文集（第7卷）. 石家庄：河北教育出版社，1997：72.

[2] 剑君. 怎样欣赏中国现代诗歌. 北京：北京燕山出版社，2006：46.

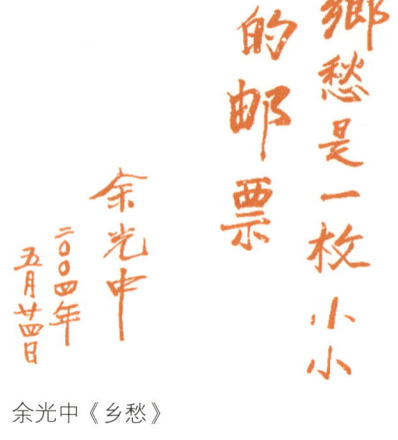

余光中《乡愁》

（三）了解背景，掌握主题寓意。诗歌是一种抒情言志的文学体裁，《毛诗诂训传·大序》记载："诗者，志之所之也。在心为志，发言为诗。"诗歌所展现的思想内容往往体现了作者的人生经历与时代背景。因而我们阅读诗歌时，就要了解作者及其所处的时代，这样才能够把握作者的立意，领会作品的思想感情及社会意义。例如余光中的《乡愁》，其创作背景是诗人20多年没有回过大陆，思乡情切，1972年在台北厦门街的旧居内写下《乡愁》这首诗。借"小小的邮票""窄窄的船票""矮矮的坟墓""浅浅的海峡"这些具体的实物，把抽象的乡愁具体化了，表达作者渴望与亲人团聚，渴望祖国统一的强烈愿望。

（四）反复诵读，领略艺术魅力。与其他文学样式相比，诗歌有一个显著的特点是语言具有韵律和节奏，即音乐性。旧体诗有严格的音韵要求，通常以平仄的交替形式表现节奏。现代诗的格律虽不如旧体诗那样严格，但同样讲究和谐的韵律和鲜明的节奏。不同的诗一定有不同的节奏和韵律，或哀婉，或果决，或沉郁，或豪迈……诵读能将诗歌内在的节奏和韵律通过语音的高低、轻重、缓急、停顿有规律地表达出来，又会加深对诗歌内涵和情感的体悟。阅读诗歌，最好能反复朗诵、吟咏，从而获得更多美的享受。

## 第三节　嗜他文终不如其嗜小说

### 一、小说的起源

"当夜色笼罩着外边的世界，穴居人空闲下来，围火坐定时，小说便诞生了。"[1]

如果说，诗歌起源于劳动与宗教，那么小说则起源于休息，是一种精神休息的产物。小说自身具备文化性、趣味性、休闲性等特质，是大众最喜闻乐见的一种文学样式。走进小说的世界，你可以见到迷人的风景、鲜活的人物、丰富的情感与深刻的思想。徜徉其中，你的心田也会激起万千情愫，悲伤、喜悦、惆怅、兴奋、失望、希望……可以说精彩纷呈。

小说是文学的四大样式之一，它以塑造人物形象为中心，通过完整故事情节的叙述和深刻的环境描写反映社会生活。小说为何要叫"小说"？"小说"一词最早见于先秦《庄子·外物》："饰小说以干县令，其于大达亦远矣。"庄子所谓的"小说"指琐碎的言论、无关政教的小道理，与今日小说观念相差甚远。孔子、荀子所说的"小道""小家珍说"和庄子的"小说"所表达的意思大体一致。东汉桓谭《新论》中语："小说家合残丛小语，近取譬喻，以作短书，治身理家，有可观之辞。"至此"小说"才被认为有值得看的地方。班固《汉书·艺文志》将"小说家"列为十家之后（另九家为法家、道家、墨家、儒家、阴阳家、名家、杂家、农家、纵横家），并下定义为："小说家者流，盖出于稗官，街谈巷语，道听途说之所造也。"稍与今日小说的意义相近。然而小说家虽然自成一家，但被视为不入流者，故有"九流十家"之说。

---

[1] 布鲁克斯，沃伦. 小说鉴赏. 冯亦代等译. 北京：世界图书出版公司，2006：2.

汉末至唐代以前，是小说的初步形成时期，志怪和志人小说兴起，《搜神记》和《世说新语》是其代表作。唐代小说取得了一次质的飞跃，出现了"传奇"，鲁迅评价为"叙述宛转，文辞华艳"，"是时则始有意为小说"。宋代话本的产生，使小说发生了根本性变化。"话本"是讲故事所用的底本，用通俗文字写成，多以历史故事和当时社会生活为题材。话本小说增强了小说的表现力，扩大了读者面，提高了小说的社会功能和社会影响。到明清两代，印刷术发达，各式书籍大量印行，迎来小说发展的高峰，古典小说四大名著皆发于此。清末民初受西方文化影响，"小说"重新按西方文类观念划分。我们今日理解的"小说"一词，意指英文中"Novel"。

西方小说的源头最早可追溯到古希腊时期。之后，欧洲的文学作品、史诗和剧本为后世西方文学发展打下基础。但在当时，还没有形成完整的小说体裁。

14世纪末的"文艺复兴"推翻了教会对文学的限制，15世纪末提倡思想自由和个性解放，出现了以描写现实生活中各阶层人物形象为内容的人文主义小说，薄伽丘的《十日谈》（*Decameron*）、塞万提斯的《堂·吉诃德》（*Don Quijote de la Mancha*）等是其中的代表作。随之出现古典主义小说，主张用典雅的民族规范语言去写作，代表作为高乃依的《熙德》（*El Cid*）。18世纪开始流行以宣传科学知识、启蒙大众意识为目的的启蒙主义小说，其中代表作有歌德的《浮士德》（*Faust*）、笛福的《鲁滨孙漂流记》（*The Adventures of Robinson Crusoe*）、斯威夫特的《格列佛游记》（*Gulliver's Travels*）等。而19世纪末出现的现代主义小说，出现了更多选材角度和标新立异的故事创新。

至此，浪漫主义小说、现实主义小说和批判现实主义小说交替占据小说领域的主导地位。浪漫主义小说如雨果的《巴黎圣母院》（*Notre-Dame de Paris*）、歌德的《少年维特之烦恼》（*The Sorrows of Young Werther*）等，富于想象、构思奇特、语言奔放、感情炽烈。现实小说则着力反映生活的本质，描绘典型人物和典型生活现象，狄更斯、都德是这类小说的代表作家。批判现实主义小说着力暴露封建制度的腐朽没落和资本主义社会的黑暗，深刻批判现实的罪恶，巴尔扎克、夏洛蒂·勃朗特、托尔斯泰、陀思妥耶夫斯基、马克·吐温等一大批作家的作品都属于这一类。时至今日，这三类小说仍是西方文坛最主要的三类小说。

## 二、嗜他文终不如其嗜小说

　　小说就是讲故事。英国作家 E.M. 福斯特（Edward Morgan Forster）说过："故事是小说的基本面，没有故事就没有小说。"与其他文学样式相比，小说主要是通过故事来展现人物性格、表现中心的。它可以更为细致地展现人物命运，表现错综复杂的矛盾冲突，还可以描述人物所处的环境，通过叙述故事的发生、发展、高潮和结局，多侧面、深入细致地展示人物的性格特征和作品所反映的生活本质。小说总是以跌宕起伏、扣人心弦的故事吸引读者，往往出人意料而又在情理之中，激起读者的阅读兴趣，进而引发读者的情感和思索。

　　法国批判现实主义作家莫泊桑（Henri René Albert Guy de Maupassant）的经典短篇小说《项链》，讲述了一个贫穷的女人为了体面地参加宴会，向一个富有的朋友借了一条钻石项链，但是不慎弄丢了。她十分懊恼，只得借钱买了新项链还给朋友。为了偿还债务，她节衣缩食、努力做工，整整劳苦了十年。然而，十年后，朋友却告诉她，当初所借的项链是一串假钻石项链。辛苦十年，故事的结局竟是如此的荒唐。作品到这里戛然而止，留给人们无限的思索。

　　优秀的小说作品总有精彩的故事，但是如果认为小说的精彩仅仅在于故事，那就太小瞧小说的价值了。小说最有价值的不在故事本身，而是故事所折射出的情感、心理与情怀。杰出的小说不仅通过故事情节和人物形象带给读者审美的愉悦，还有阐发观点、传递思想，具有引导读者认识社会、体验生活和思考人生的作用。

　　近代思想家梁启超曾在《论小说与群治之关系》一文中，阐释小说的魅力[①]。第一，"小说者，常导人游于他境界，而变换其常触常受之空气者也。"每个人的

---

① 许建平.二十世纪中国文学史论文精粹：小说戏曲卷.石家庄：河北教育出版社，2001：4–8.

生活空间总是有限的，通过阅读小说可以接触"身外之身""世界外之世界"，满足人类渴望了解未知世界的好奇心理。第二，小说能够产生共鸣，所谓"夫子言之，于我心有戚戚焉"。每个人都存在"哀""乐""怨""怒""恋""骇""忧""惭"等感情，但这种情感盘踞在内心深处，无法解释也无法发泄，小说能够把感情"和盘托出，彻底而发露之"，打动人心，引起共鸣。

此外，梁启超还提出，小说有"熏、浸、刺、提"四种力："熏"力指小说能够在广大受众之间产生影响，"浸"力让读者长时间沉浸于小说带来的思想情绪中而不能自拔，"刺"力能够让读者在阅读小说时瞬间被小说魅力所感染并产生巨大的心理冲击，"提"力能够让读者提升境界、净化心灵。正因为小说具备上述四种力量，并能够满足人类的普遍心理，因此梁启超指出"嗜他文终不如其嗜小说"。

小说里的世界可以纵横数万里，上下几千年。优秀的小说可带领我们穿越时空，感受不同国家、不同地域、不同民族、不同时代的悲欢离合与荣辱兴衰。我们在阅读小说时不能只是停留在故事情节上，还要顺着故事情节的枝叶，寻找人生这棵大树的主干和根须，体味特定时代和社会环境中的人物是如何生活、思考和追求的。

阅读杰克·凯鲁亚克的《在路上》，我们看到美国"垮掉的一代"的那些叛逆与激情，也忍不住呼喊："我还年轻，我渴望上路，带着最初的激情，追寻着最初的梦想，感受着最初的体验，我们上路吧！"

阅读加西亚·马尔克斯的《霍乱时期的爱情》，我们看到了各种爱情的可能性：忠贞的、隐秘的、粗暴的、羞怯的、柏拉图式的、放荡的、转瞬即逝的、生死相依的……长达半个世纪的爱情也让我们思考，爱情能否永恒？

阅读余华的《活着》，我们看到人对苦难的承受能力、对世界的乐观态度。真的勇士敢于直面惨淡的人生，面对不可预知的未来和没有尽头的苦难，不要轻易地沮丧和失落，活着便是最大的勇气，我们都要用力地、拼命地活着。

阅读严歌苓的《小姨多鹤》，我们看到两个女人的命运，一个中国女人，一个日本女人，战争的硝烟让她们走近同一个男人。特殊年代衍生出的畸形爱恋，超越了简单的民族、国家的立场，展现了人性的复杂面……

### 三、小说的鉴赏与品读

小说按照篇幅长短可分为长篇小说、中篇小说、短篇小说、微型小说等，按照题材可分为推理小说、历史小说、言情小说、武侠小说、科幻小说等，按照流派可分为古典主义小说、现实主义小说、浪漫主义小说、魔幻现实主义小说、意识流小说、黑色幽默等。无论何种小说，都是由三要素构成的——人物、情节和环境，小说的阅读与鉴赏也应从这三个方面来审视。

（一）故事情节的阅读。小说的情节展现思想主题或人物性格，一般包括开端、发展、高潮、结局，有的兼有序幕和尾声。阅读小说要理清多种多样的情节结构，有的以时间为线索，有的以空间为线索，有的以时间为经线、地点为纬线，经纬交织，多头并进，层层深入，显出错综复杂之美。优秀的故事情节各有特色，如蒲松龄的《聊斋志异》奇特有趣、引人入胜，卡夫卡的《变形记》异想天开、哲理深邃，路遥的《平凡的世界》规模宏大、前后照应……小说的情节线索又有主线、副线和明线、暗线之分，抓住情节的线索，把握来龙去脉，将有助于统观全局，全面把握作者的意图。同时，在阅读情节时要与人物结合起来，注意人物在故事情节发展中的各种表现，以及情节跌宕起伏与人物的关系。

（二）人物形象的阅读。塑造人物形象是小说反映社会生活的主要手段，任何一部优秀的小说，总有使人难忘的典型人物。社会生活的复杂性决定了小说塑造的人物形象具有多重性，表达的思想具有多元性。如《项链》中的女主人公，是个爱慕虚荣的形象，但我们在看到她可笑的一面之外，也要看到她可敬的一面，即讲诚信、能吃苦。阅读小说时，我们要充分调动自己的情感和经验，去品味、去探究，要多角度地加以分析。如"套中人"别里科夫、"守财奴"葛朗台、多愁善感的林黛玉、刚正不阿的包青天、"精神胜利法"的典型阿 Q 等。这些人物形象深入人心，犹如一面明镜，照射出许多人的面目。

（三）环境描写的阅读。我们在阅读小说时，往往更关注人物与情节，忽略了其中的环境描写，而小说的环境描写和人物的塑造、中心思想有极其重要的关系。在环境描写中，社会环境是重点，它揭示了种种复杂的社会关系，如人物的身份、地位、成长的历史背景等。我们在阅读小说时，要把握故事发生的时代背景和人物生存的社会环境，这样才能理解人物的行为、思想和事件的性质。自然环境对表达人物的心情、渲染环境气氛有着重要作用，如沈从文《边城》中的环境描写，啼声婉转的黄莺、繁密的虫声、美丽的黄昏、如银的月色……展示了湘西特有的清新秀丽的自然风光，又烘托出少女爱情的纯洁和朦胧。

朱丽叶对罗密欧说："我的慷慨像海一样浩渺，我的爱情也像海一样深沉；我给你的越多，我自己也就越富有，因为这两者都是没有穷尽的。"优秀的小说也是这样，给予读者无尽的美感与思绪，也得到读者永远的喜爱。

## 第四节 传记是人生的百科全书

### 一、传记的起源

传记遵循真实性原则，用形象化的多种文学艺术手法，记述人物的生平经历和事迹，展现人物的精神风貌，是刻画其鲜明形象和生动个性的一种文学体裁。对于传记产生的原因，学界有不同的说法。有人认为是人类保存自身实录的愿望，有人认为是满足人类纪念逝者的天性，有人认为传记的产生与氏族崇祀文化有关，总之传记这种文学形式在国内外都有悠久的历史和深远的文化影响力。

中国的传记文学以公元前1世纪司马迁的《史记》诞生为标志。《史记》是古代传记文学的雏形，其纪实人物众多、个性鲜明，叙事据真、文采焕然，历史性与文学性完美结合，思想内容博大精深，具有强大的艺术魅力。书中许多名篇佳作，如《史记·项羽本纪》《史记·孔子世家》《史记·太史公自序》等，都有非同寻常的史鉴作用和育人价值。其后，班固的《汉书》、陈寿的《三国志》、范晔的《后汉书》、欧阳修的《新五代史》等史书中，都包含一些出色的历史传记篇章。此外，韩愈、柳宗元、苏轼、宋濂、李开先、归有光、袁宏道、张岱、全祖望、方苞等也在传记创作上取得重要成就。近代以来，西方现代传记理论传入中国，五四新文化运动洗礼后的中国新生代知识分子开始模仿西方传记体式撰写自传和回忆录，表达自我、展现个性，出现一个自传文学创作的小高潮。其中代表性作品有胡适的《四十自述》、郁达夫的《达夫日记集》《达夫自传》、沈从文的《从文自传》、郭沫若的《沫若自传》等。朱东润的《张居正大传》和吴晗的《朱元璋传》则是现代传记文学的两部名著。改革开放后传记文学蓬勃发展，回忆录和人物传记等文体繁荣，陆续产生了一些有影响的作品，传记文学出现兴盛的趋势。

在西方，传记也是一种具有悠久历史的文化形式。埃及金字塔的石壁图画就记录了法老的生平，犹太教《旧约》（*Tanakh*）开篇《摩西五经》记载民族英雄摩西一生的事迹，从这些故事中都可以看到传记的雏形。西方最早的传记文学名著是罗马帝国时代的希腊作家普鲁塔克的《希腊罗马名人传》（*Parallel Lives*），以体例松散的古代史笔记形式，较为清晰翔实地勾勒出了五十名古希腊政治、军事及文化人物形象，首开西方世界传记文学先河。稍后，《新约》（*New Testament*）开篇《四福音书》是关于耶稣基督的传记，奥古斯丁《忏悔录》（*Confessions*）是第一部长篇自传体回忆录，这些作品标志着古典传记的最高成就。经过文艺复兴和思想解放运动，传记的发展得到新的动力，代表作品有约翰逊的《诗人传》（*Lives of the English poets*）、鲍斯威尔的《约翰逊传》（*The Life of Samuel Johnson*）、卢梭的《忏悔录》（*Les Confessions*）、歌德的《诗与真》（*Truth and Poetry，from My Own Life*）、《富兰克林自传》（*The Autobiography of Benjamin Franklin*）等，标志着现代自传的诞生。传主不再局限于君王和权贵，也出现了具有鲜明个性的中产阶级代表人物，文学水平得到很大提高，真实性和准确性问题也得到了重视。20世纪初，英国传记文学家斯特拉奇的《维多利亚名人传》（*Eminent Victorians*）以生动活泼的口吻，剖析了维多利亚时期4位名人的生命历程，将挖苦和讽刺的笔法塑成了传记的漫画法，改变了传统的道貌岸然的传记肖像法，创造了一种全新的传记形式，评家称之为"新传记"。其他"新传记"作家包括伍尔夫、拉波夫、莫洛亚、茨威格、路德维希等。以后，通俗传记异军突起，拥有广大的读者，代表作有斯通的《凡·高传》（*Lust for Life*）。到1960年以后，西方传记的风格和写作方法更加多样化，传记在文学中的地位日益提高。在亚洲、非洲、拉丁美洲各国，民族英雄和领袖人物的传记流行，甘地、纳赛尔、曼德拉等人的自传和传记都有大量读者，在人民和民族解放运动中发挥了巨大的鼓舞作用。作家和艺术家写作自传也成为一种相当普遍的风气。①

---

① 袁祺.岩石与彩虹：杨正润传记论文选.桂林：广西师范大学出版社，2016：379.

## 二、传记是人生的百科全书与精神指南

在世界上许多国家，传记类读物在图书销售市场一直占有较大的比重，传记出版的总量已超过小说，成为文学中的最大门类。"似乎没有哪种作品能比传记文学更适于起到教化作用，因为没有哪种类型的作品，能比传记更为有趣和有用；没有哪类文学作品，能以不可抗拒的趣味，比传记更可靠地拴住读者的心，或者能在各种不同的情况下，更广泛地起着教育作用。"[①]英国文学理论家塞缪尔·约翰逊（Samuel Johnson）在《关于传记文学》一文中如此阐述它的重要价值。他指出，就读者受教益而论，传记文学胜过了其他任何类型的文学作品。传记类图书所产生的作用是巨大的，它超越时空、地域和语言的界限，使人明智，促人思考，催人奋进，具有恒久的魅力。

### （一）传记读物具有拓展知识背景，提升思辨能力的作用

每个人都生活在一定的历史环境里，传记一定会涉及传主所生存的时代、社会和人际交往。优秀的传记作品不仅仅给读者提供真实的人物，还往往通过个人命运展开了一幅极为广阔丰富的时代画卷。

梁启超的《李鸿章传》通过李鸿章的人生轨迹记述了近现代史上的风云际会，再现了晚清政局的动荡不安与当时社会的变革；顾维钧的《顾维钧回忆录》以"口述历史"的手法记述了从事外交工作五十多年的经历，是中国近代外交史的珍贵参考资料；江平的《沉浮与枯荣：八十自述》不仅是江平人生历程和治学过程的记录，更是一部中国法治进程发展的缩影和历史写照；齐邦媛的《巨流河》不仅记录了齐邦媛个人的求学经历、爱恨情仇、教育成就和社交生活，更反映出剧烈的时代变迁，包括政界风云、社会百态、名人风采、国际环境、女性境遇等多个方面……

传记将人物和历史用文学的笔法予以展现，因而能吸引读者，使读者在与传

---

① 张国佐，黄绍鑫.英国十八世纪散文选.长沙：湖南人民出版社，1986：101.

主的人生命运同悲共欢的过程中，也了解了某一段历史，丰富了历史知识，拓展了文化背景。

同时，每个人由于所处的时代和环境各异，所受的社会影响不同，不可能不带有某些偏见或局限性。了解了传主的身世和生平事迹后，就会明确思考问题，要全面辩证客观地评判传主的行为，这就有利于培养探究能力，提升思考问题的深度和广度。比如冰心、丁玲、萧红、张爱玲等，都是现代中国文学史上同时期的著名女作家，但她们的作品风格、思想行为和人生命运截然不同，这就可以从她们的传记中探究其家庭环境、人际关系、生活方式、生命思想等多方面因素，对比分析并思考个人命运与社会环境的相互作用，对她们的不足甚至错误作实事求是和历史的分析及评价。

### （二）传记读物具有培养坚韧意志，提升人格境界的作用

爱因斯坦在悼念居里夫人时曾说："第一流人物对于时代和历史进程的意义，在其道德品质方面，也许比单纯的才智成就方面还要大。即使是后者，它取决于品格的程度，也远超过通常所认为的那样。"正因为如此，有卓识远见的人们都十分强调传记作品的感染和教化功能。十月革命前夕，高尔基想为遭受战争和愚昧蹂躏的俄罗斯青少年编辑出版一套世界名人传记丛书，并写信约请文学大师罗曼·罗兰（Romain Rolland）撰写《贝多芬传》（*Vie de Beethoven*）。罗曼·罗兰在回信中颇为感慨地说：

> 我们成年人不久将离开这个世界，我们将留给我们子孙的，是一份可怜的遗产，我们将留给他们十分忧郁的生活。这场荒谬的战争（指第一次世界大战）便是我们道德衰竭、文化没落的明证。我们应当提醒我们的后代，各民族都曾经有过——而且现在也有——伟大的人物，高尚的心灵。①

---

① 中国中外传记文学研究会. 传记文学研究. 长沙：湖南文艺出版社，1997：323.

这套丛书囊括了近千位世界名人的生平和奋斗史，其中有文学家、科学家、政治家、教育家、音乐家、美术家等，滋养着无数读者。而罗曼·罗兰的《贝多芬传》也成为传世之作，这本书描写了贝多芬的狂放不羁，刚烈坚毅。耳聋、病魔、贫穷、孤独完全打不倒他，他一步一步坚强地与命运抗争，谁也无法阻挡他的天才横溢，纵横音乐海洋。罗曼·罗兰在解释他为什么要写《贝多芬传》的时候说，因为传主是"正直与真诚的大师，教导我们如何生、如何死的大师"①。

《贝多芬传》

其中文版译者、翻译家傅雷专程在译者序中满怀深情地讲述《贝多芬传》对他的启示：

> 唯有真实的苦难，才能驱除浪漫底克的幻想的苦难；唯有看到克服苦难的壮烈的悲剧，才能够帮助我们承担残酷的命运；唯有抱着"我不入地狱谁入地狱"的精神才能挽救一个萎靡而自私的民族：这是我十五年前初次读到本书时所得的教训。不经过战斗的舍弃是虚伪的，不经劫难磨炼的超脱是轻佻的，逃避现实的明哲是卑怯的；中庸，苟且，小智小慧，是我们的致命伤：这是我十五年来与日俱增的信念。而这一切都由于贝多芬的启示……②

贝多芬的勇敢在于，他始终与生活的困苦和命运的压迫相抗争，却依旧深深热爱着人类和世界，从心底保持着乐观的态度。出身的低微、童年的不幸、身体的残疾、爱情的坎坷，并不能阻碍他成长为一个伟大的音乐家。贝多芬晚年的

---

① 罗曼·罗兰.名人传.傅雷译.南京：译林出版社，2010：9.

② 傅敏.傅雷谈艺录.北京：生活·读书·新知三联书店，2010：268–269.

时候，耳朵已经全聋，但他写出了人类音乐史上不朽的传奇——《第九交响曲》。他的一句豪言壮语："我要扼住命运的咽喉，决不能让命运使我屈服！"这句话已经成为一切勇敢心灵的箴言。

生活不会总是一帆风顺，挫折与忧患是需要我们直面的人生课题。品读《贝多芬传》，我们认识到，即使出身卑微，如果努力奋斗，也能成就精彩人生；即使身体残疾，如果意志坚定，也能到达成功彼岸；即使身处逆境，如果顽强拼搏，也能创造人生辉煌。

传记作品提供了人类伟大品格的实例，表明了人不可能逃避命运，却可以选择对待命运的态度，通过与命运的抗争，改变自己的命运。优秀的传记传递的是高尚的情操、纯净的灵魂和积极的人生观，使读者从中受到人生的启迪，改变消极的处世态度，树立积极的人生理想和信仰，在潜移默化中提升世界观、人生观和价值观。为那些处在人生十字路口上的读者，点亮一盏盏人生的导航灯。

### （三）传记读物具有树立人生信念，追求远大理想的作用

《论语·里仁》曰："见贤思齐焉，见不贤而内自省也。"人生不能没有抱负，正确的理想和信念是人生的精神支柱。传记文学作品反映的是真人实事，向读者提供了丰富繁多的榜样力量。

诺贝尔化学奖获得者李远哲曾在公开演讲中说，对他的科学生涯影响最深远的书，首推《居里夫人传》（*Madame Curie*）。他在中学时代就读了《居里夫人传》，当时，他的画家父亲希望他不要学习绘画，而是向理科发展，将来最好当一名医生，于是推荐他读一读《居里夫人传》。这本书对李远哲选择自己的理想起了重大作用，不过父亲没料到的是，李远哲选择了居里夫人所从事的事业——化学。

《居里夫人传》里有个故事，当时人们问居里夫人，镭分离技术的专利是否已经使她成为巨富，居里

《居里夫人传》

夫人平静地回答："知识是属于全人类的。"美国和其他工业国家为创建制镭工业而求助居里夫妇时，许诺诸多优渥的条件。居里夫人说："我们不能这么办，这是违反科学精神的。科学家总是把研究全部发表的。我们的发现不过偶然有商业上的用途，我们不能从中取利。再说，镭在治疗疾病上有大用处，我不能借此求利。"

对此，李远哲曾激动地说："我第一次感到当科学家不仅能从事很有意义的科学研究工作，而且能够享有非常美好的人生。"从他的回忆和演讲中可以看出，"非常美好的人生"就是拒绝利用发明谋求私利的那种忠诚于科学精神的人生道路。此外，居里夫人在一次世界大战期间，冒着生命危险担任前线护士的举动，也让他深刻地体会到这位伟大的科学家对人类生命充满了热爱。居里夫人美丽的、充满理想与热爱人类的科学立场，是李远哲一生中最大的启示与追求的目标。他立志救国救世，想竭尽己力，期望对人类社会有所贡献。正如后来他在一次演讲中所说的：

> 一个人的生活态度，一个人的世界观、人生观，往往会影响到一个人做科学的结果和成绩。在日常生活里很认真，对是非善恶分得很清楚的人，有严谨生活态度的人，往往是科学上做得比较好的。这就是科学的态度。如果日常生活里，很多事情都妥协了，是也好，不是也好，老师说什么就是什么，抱这样态度的人，往往不能成为很好的科学家。我觉得生活得严谨、生活得认真，这是成为优秀科学家的一个主要的因素。①

正是因为李远哲自己阅读传记汲取了精神力量，他也多次鼓励他人多阅读名人传记和文学名著，他曾经写信给他的弟弟说："如果你不多读些正经的书，也许你对事物的看法想法，都会永远很幼稚，精神年龄永不会增长。我希望你通过

---

① 杨建邺，肖明编.瞧，他们是民族的骄傲！华裔诺贝尔奖获得者成功的故事.武汉：华中科技大学出版社，2012：5-7.

阅读书籍，能够找到自己的理想，找出人生最正确的途径。"

优秀的传记作品往往记载了为人类作出重大贡献的人物，也展示了他们伟大的人格精神，为我们打开人生理想和信念的另一扇窗户。阅读此类传记有利于帮助培养健康和高尚的人生理想，获得更强的学习动力。

## 三、提升人生悟性的中国知识女性自传[①]

"夫天地者，万物之逆旅也；光阴者，百代之过客也。而浮生若梦，为欢几何……"生活是写作的源泉，而每一个人独有的生活，其实都是一部丰厚的自传，点点滴滴，枝微末节，无不生动。因而每个人在这个世界上的人生经历，都是独一无二、不易复制的。2008年，余华在聂华苓自传《三生影像》首发式上笑称，"读这种特别好、特别棒的人物传记，会让小说家们怀疑自己虚构小说意义何在。"

全民阅读推广名师、南京大学徐雁教授认为，所谓"人生悟性"，是指一个人在自己的生命历程中，对于所遭遇的社会人物和事物的分析、理解能力，包括判断、推论、比较、鉴别和领悟的一系列具体能力。阅读传记，尤其是自传，可以让读者获得鉴古知今、明史识时、感恩知福、励志惜时、知书达理等知识、学识和见识上的收获。

毛彦文《往事》

美国密歇根大学历史系教授罗久华在为毛彦文《往事》所写序言中指出：传统中国是一个以男性为中心的社会，绝大多数妇女深处闺中，过着与外界隔绝的生活，留传下来的女性传记或回忆录可谓凤毛麟角。这种情形一直持续到19世纪末，才逐渐起了变化……作者在自序中说，《往事》所书皆平凡之事，即使偶有几件"突出的记载"，事过境迁之后，也变得平凡无奇了，这指的应是"反缠足"行动、接受新

---

① 徐雁.秋禾行旅记.南京：南京师范大学出版社，2009：300.

式教育、反抗父亲安排的婚姻、选择自己的婚姻对象这几件事情。时至今日，大多数中国人早已把这些先人奋斗争取来的权利视为理所当然，然而在乐享成功的同时，大家也当饮水思源；正因为有毛彦文这些先辈们披荆斩棘、开创新猷，后人方得享庇荫，受惠无穷。

倡读知识女性的自传类作品，足以让人在阅读中获得感动——感时、感缘和感恩，从而增进人性的体会，提高知性的自觉，并将之升华为理性的智慧，在惜时、惜缘和惜福之中，不辜负家庭的哺育、人生的责任和时代的使命。

1. 杨步伟回忆录《杂记赵家》。杨步伟，1889 年生于江苏南京。作者个性务实而开通，通过质朴明白的语言、谈笑风生的议论，可见其爽直泼辣的性情。而20 世纪前叶，文教界的新风气、北平的老风貌和清华园的旧风情，也通过其惟妙惟肖的笔触跃然纸上。

2.《苏雪林自传》。苏雪林，1897 年生于浙江瑞安。作为一代才女，集作家、教授与学者标签于一身，却"思想很新，行为则旧"，因遵从父母之命嫁非所爱而抱憾终身。一生"都在与生命打苦仗"，更由于当年与鲁迅的纠葛而离开大陆，终老台岛。自称"是一个弱者，一个充满矛盾性的人物"。

3. 毛彦文回忆录《往事》。毛彦文，1898 年生于浙江江山。本书从母亲写起，又写到求学与就业、逃婚与奇缘、香山慈幼院、海外漂萍、返台定居、悼亡伤逝等重大人生事件。记录了作者跌宕多姿的人生、丰沛曲折的感情世界，也勾勒出百年来中国社会的坎坷。

4. 任桐君《一个女教师的自述》。任桐君，1899 年生于江苏宜兴。作者少小失去双亲，其人生理念是"替孩子找一个好学校，为自己谋一个小学教师位置"，为此"一直坚持工作，不轻易放下教鞭"。本书写出了"那个年代，那个社会，那一时的教育。这才是真正的当得起'人师'、为人师表的老师"的社会面貌和理想。

5.《我与悲鸿：蒋碧微回忆录》。蒋碧微，1899 年生于江苏宜兴。本书以翔实的史料，细致的笔触，真实展示了蒋碧微、徐悲鸿、张道藩三人间的情感纠葛。少女时代的勇敢私奔，盛年时代的长袖善舞，中年时代的怅惘无端，晚年时代的凄清独处，其人生经历令人唏嘘不已。

6.董竹君回忆录《我的一个世纪》。董竹君，1900年生于上海洋泾浜贫民区。13岁为替家庭还债被迫沦为青楼卖唱女子，29岁因不满夫权统治以及封建家庭桎梏，毅然抛却荣华富贵出走，独立抚养四个女儿，35岁创建锦江饭店。她的人生体会是："人生几十年，酸甜苦辣，什么样的事情，大大小小都会遇到的，看你怎么去对付它。随心所欲做不到，随遇而安不会做不到的。"

7.《冰心自传》。冰心，1900年生于福建福州。她于1979年开始动笔撰写自传，但文字比较简略，且仅写到执教燕京大学为止。本书编者钱理群、谢茂松为此从传主文章中选取材料，重新组织成书，分为"自传""我的故乡""我的童年""北京的生活""在美留学的三年""回国后""在大后方""北京—东京""归来以后"九个单元。

8.《丁玲自传》。丁玲，1904年生于湖南临澧。其一生富于传奇色彩，早期追求个性解放，后来加入中国共产党领导的革命队伍。其文学创作也由最初的单纯抒写个人苦闷逐步转向描写广阔的社会生活。本自传描述了其曲折坎坷人生的历程。

9.《王映霞自传》。王映霞，1908年生于杭州。1928年与郁达夫结为伉俪，12年后离异，这段生活历程和情感历程也是当时社会生活的一种真实而细致的再现。书中对同时代的文化名人的介绍，更是现代文学史上的一份珍贵史料。

10.陈学昭回忆录《天涯归客》《浮沉杂忆》《如水年华》。陈学昭，1906年生于浙江海宁。早年到处流浪，为摆脱弱女子的地位寻找真理，为不愿做亡国奴参加抗战，从故乡到上海、巴黎、延安，最终投身到民族和人民的解放事业中。三部回忆录翔实记录了她所经历的时代、事件和生命留下的脚印。

11.吴似鸿回忆录《浪迹文坛艺海间》。吴似鸿，1907年生于浙江绍兴。她一面演戏，一面学画，一面在《新女性》上开始发表作品。本书从作者出生"又是一个囡"，写到自己73岁时获得政治资格上的"平反"，重新回到文艺界为止，可以说她是历尽沧桑、颠沛流离，但精神上却是积极上进的。

12.《黄慕兰自传》。黄慕兰，1907年生于湖南浏阳。本书记述其在抗战期间以学生、职员身份从事抗日救亡工作，20世纪50年代因错案受审查，及平反后与晚年的工作与生活等，将自己矢志革命，虽九死而无悔的传奇经历诉诸笔墨。

13.《萧红自传》。萧红，1911年生于黑龙江呼兰县。八岁时母亲病逝，其父对她冷漠无情，促使她最终走上背叛家庭之路。本书内容涉及其在家庭中的早年生活、求学经历，结识萧军之后走上文学之路，东京和北平的生活、与鲁迅的交往、有关文学创作和社会活动等经历。

14.杨绛回忆录《我们仨》。杨绛，1911年生于江苏无锡。本书中的"仨"除作者外，还有夫君钱锺书和女儿钱瑗。在人生的伴侣钱锺书去世四年后，她决心"一个人思念我们仨"，用深情之墨记录她所思念的亲人，记录他们这个家庭63年间的风风雨雨。

15.黄哲渊回忆录《离乱十年（1937—1946）》。黄哲渊，1911年生于湖北广济。作者在抗战初期，任职中华基督教会北平女青年会，新婚后即随夫入鲁抗战。全书记录了大学毕业后，自武昌流亡始，颠沛于香港、上海、北平、重庆、青岛的流离生活，表达"患难知朋友，乱离识爱情"的体会。

16.刘德伟回忆录《一粒珍珠的故事》。刘德伟，1912年生于湖北武汉。95岁高龄时，她以一份心灵的宁静和对生活的热情，记录了自己的青少年时代，以及出国与归国、在上海从事社会救济工作和以后坎坷的人生经历，文笔流畅朴素，故事真实感人。

17.张若冰回忆录《我的岁月我的歌》。张若冰，银川九中退休教师，青少年时期曾投身爱国运动，参加过"一二·九"学生运动，创办过进步刊物和书店，还因此被捕入狱，最后随丈夫来到银川任中学老师。退休后，她拿起笔回忆自己饱经沧桑又不懈追求进步的一生。

18.范小梵回忆录《风雨流亡路：一位知识女性的抗战岁月》。范小梵，1918年生于安徽桐城。作者高中期间与东北流亡学生朱锡侯自由恋爱，私奔成婚。"卢沟桥事变"后回到丈夫的老家绍兴，随后朱锡侯赴法留学，遂两地分离并失去联系长达八年。为了让身在海外的丈夫回国之后，"知道我是怎么生活、怎么走过来的"而坚持写作日记。

19. 高诵芬回忆录《山居杂忆》。高诵芬，1918 年生于浙江杭州。18 岁时依父母之命、媒妁之言嫁于同邑徐定戡，从此相夫教子，1994 年定居于澳大利亚。作者生活在相当特殊的社会、家庭环境中，她笔下所写的平常事对于现代读者来说，也就显得不那么寻常了。

20. 林海音回忆录《城南旧事》。林海音，1918 年生于日本大阪。1921 年随父母回台湾，1923 年又随全家迁居北平，并在城南定居。本书以其 7 岁到 13 岁的生活为背景创作，展现了北京城南一座四合院里一家普通人的生活，反映了当时北京的历史面貌。

21. 罗兰自传"岁月沉沙三部曲"《蓟运河畔》《苍茫云海》《风雨归舟》。罗兰，1919 年生于河北宁河县。《蓟运河畔》回忆自己家世历程，《苍茫云海》回顾自己 29 岁时独自飘零到达台湾的奋斗心路，《风雨归舟》记述自己回大陆，并寻觅故乡的情思。融个人身世与时代脉动于笔端，娓娓道来，引人入胜。

22. 苑茵回忆录《往事重温：叶君健和苑茵的人生曲》。苑茵，1919 年生于辽宁本溪。抗战期间，结识高大偁傥的年轻教授叶君健，并结为伴侣。本书不仅展示了一个中国现代女性的个人身世和遭际，也折射一个时代的坎坷脚步，其间饱含着众多的历史教益和人生启示。

23. 杨静远《让庐日记》。杨静远，1923 年生于湖南长沙，毕业于武汉大学和密歇根大学，父亲杨端六、母亲袁昌英都是武汉大学的教授。本书描写了抗日战争时期，武大知识分子纷纭杂沓的生存状态和心理情势。

24. 李茵回忆录《永州旧事》。李茵，1923 年生于湖南永州，作家残雪和学者邓晓芒的母亲。她没有上过一天学，但靠自学学会了阅读。70 岁起开始写作乡土生活的回忆性散文，旧民俗、旧人物、旧性情，构成了一幅幅鲜活的二十世纪三十年代湖南小城的生动风俗画。

25. 柳溪回忆录《我的人生苦旅》（重印时更名为《往事如烟》）。柳溪，1924 年生于天津。她降生时，母亲就因胎衣不下而撒手人寰，从此被家人视作"灾星"，饱受侮辱、虐待、冻寒和饥饿。本书包括苦难之始、憧憬壮丽、神秘使命、走向混沌、度过浩劫、落乡和曙光升上地平线等十章。

26.《陈香梅自传》。陈香梅，1925 年生于北京，从既漂亮又个性独立的名媛成长为战地记者、将军夫人。本书记叙了家世来历、师长教诲和个人成长经过，尤其生动地记述了与美国"飞虎将军"陈纳德不平凡的婚恋故事，及在美国白人世界里独自"开创一片天"的悲欢。

27. 聂华苓回忆录《三生影像》。聂华苓，1925 年生于湖北汉口。以其在大陆求学、台湾写作却遭政治迫害，最后在美主持作家工作坊的经历，讲述了自己丰富传奇的人生经历和思路历程；尤其是在主持作家工作坊期间，对一大批重要作家思想和交流的记录，生动深刻、富有情趣。

28. 新凤霞回忆录四部曲《童年纪事》《梨园旧影》《艺海博览》《人世琐忆》。新凤霞，1927 年生于苏州，6 岁学京剧，13 岁学评剧，15 岁任主演。叙述粉墨生涯里的人情世故，更表达了艺人发自本能的对舞台与角色的疯魔、对一天都不离开一个"戏"字的自傲和欣慰。

29. 董冰回忆录《老家旧事：李凖夫人自述》。董冰，1928 年生于河南洛阳。自幼家境贫困，由父母做主许配给邻村一个大家族的长孙，即后来成为作家的李凖。从贫家女到地主家孙媳妇，再到作家夫人和六个孩子的母亲，一生起伏跌宕，其细密的纪实文字，足以把读者带到旧中国农村的真实世界里。

30. 张珑回忆录《水流云在：张元济孙女的自述》。张珑，1929 年生于上海，出版家张元济之孙女。她在书中怀着感恩之心，回忆祖父对她的教诲，在讲述自己的人生故事时，对当时社会、时政、人际、风俗、建筑、家饰、生活习惯等，都能够以个人视角，点点滴滴写得细致入微。

31. 杨小燕回忆录《我在中国的十九年：世界桥牌皇后自述》。杨小燕，1930 年生于北京，父亲杨开道。18 岁离家独自到美国闯天下，学习医学。曾任纽约一家医院院长，从医 20 余年。世界桥牌冠军，美籍华人企业家。本书以其十九岁前的生活经历为线索，描写了她所处的家庭和社会，反映了旧中国知识分子的生活及思想状况。

32. 乐黛云回忆录《四院·沙滩·未名湖：60 年北大生涯（1948—2008）》。乐黛云，1931 年生于贵阳，丈夫汤一介。回忆了这位曾在新中国成立后第一个五四青年节被组织委以向刘少奇献花的青年骄子，先后做过猪倌、伙夫、赶驴人、打砖手，最后终于返回大学从事教学和科研整个过程。

33.《人在旅途：於梨华自传》。於梨华，1931年生于上海。少女时代，随父母迁居福建南平、四川成都等地，抗战中随家人流落到桂林和柳州。这是其追寻少女时代家乡宁波的第一部长篇小说，旨在揭露封建旧式家庭对女子的迫害。

34.方蕤回忆录《凡生琐记：我与先生王蒙》。方蕤，1933年生于北京，1950年在北京女子二中读书期间，被借调到“三反五反”运动办公室做文书助理，报到当天即与时年18岁的作家王蒙结识。本书记录了作者与王蒙半个多世纪来的生活细节。

35.杨勋回忆录《心路：良知的命运》。杨勋，1932年生于山东寿光县。参加过抗日战争和解放战争，1951年至1956年在中国人民大学农经系读书，毕业后分配到北京大学经济系任教。本书是其人生追忆，讲述了一个革命者到知识分子的成长历程。

36.郁黎民自传《我这一生》。郁黎民，1925年生于浙江富阳，郁达夫长女。作者以饱蘸感情的笔触，追忆了父亲郁达夫、母亲孙荃、大伯父郁华、二伯父郁浩、丈夫邹陔笙、弟弟郁天民……追忆了自己曲折、磨难不断而最终仍有欢笑的人生历程。

37.张戎自传《鸿：三代中国女人的故事》。张戎，1952年生于四川宜宾，当过红卫兵、农民、赤脚医生、翻砂工和电工，是中国1949年以来获英国博士学位的第一人。本书叙述张戎与母亲、外祖母三代女性在动乱的社会里挣扎奋斗的故事，是二十世纪中国社会的缩影。

## 第五节　文学阅读推荐

　　文学会潜移默化地影响着我们的人生观，优秀的文学作品可以提升你的精神，提供有价值的人生指导和借鉴。反之，格调低下的文学作品对人的成长会产生负面作用。中外文学书林良莠不齐、好坏杂陈，辨别选择优秀的文学作品是非常重要的。

### 一、中外文学奖

　　中外各类文学奖是普通读者选择文学作品时的重要向导。参加评奖的作品往往代表了最优秀的作品，而它们也往往要经过各种严苛的评奖程序和标准之后才能脱颖而出。世界著名的文学奖主要有以下几种：

　　诺贝尔文学奖（Nobel Prize in Literature）：
1901 年设立，授予"近年来创作的"或"近年来
才显示出其意义的"作品，"不仅是纯文学"，"而
且是因其形式和风格而具有文学价值的其它文字
作品"。被认为是世界上最著名、最权威、最有影
响的文学奖项。比较著名的获奖者有加西亚·马
尔克斯、泰戈尔、罗曼·罗兰、海明威、加缪、
川端康成、大江健三郎等。他们的作品有《百年
孤独》《霍乱时期的爱情》《雪国　古都　千只鹤》《局外人》《鼠疫》《老人与海》
《我的名字叫红》等。

诺贝尔文学奖奖牌

　　龚古尔文学奖（Le Prix Goncourt）：1903 年设立，是法国久负盛名的文学
大奖，奖励"每年最佳的用法语书写的想象性散文作品"，获奖作品代表有《在

少女们身旁》《名士风流》《情人》等。

普利策小说奖（Pulitzer Prize for Fiction）：1917 年设立，美国最悠久和最著名的文学奖项之一，只颁给美国国籍的作家。获奖作品包括《纯真年代》《飘》《老人与海》《愤怒的葡萄》《杀死一只知更鸟》等经典名著。

芥川奖和直木奖：1935 年设立，芥川奖是纯文学奖的代表奖项，以鼓励新人作家为宗旨；直木奖则是大众文学的代表奖项，对已出书的大众文学作家给予肯定。

埃德加·爱伦·坡奖（Edgar Allan Poe Awards）：1946 年设立，全世界最具权威的优秀侦探小说奖项，奖励一年来在美国以英语出版的世界作家的优秀长篇侦探推理小说。获奖作品代表有雷蒙德·钱德勒的《漫长的告别》。

美国国家图书奖（National Book Awards）：1950 年设立，下设最佳小说奖、最佳非小说奖、最佳诗歌奖和最佳青少年文学奖四大奖项，并且设特别荣誉奖章，是美国最重要的文学奖。

雨果奖（Hugo Award）：1953 年设立，正式名称为"科幻成就奖"，给科幻或奇幻小说颁发奖项。刘慈欣凭借科幻小说《三体》，获第 73 届雨果奖最佳长篇小说奖，郝景芳凭借《北京折叠》摘得第 74 届雨果奖最佳中短篇小说奖。

布克奖（The Man Booker Prize）：1969 年设立，英语小说界的最高奖项，分别选出小说、非小说、诗歌和青年文学四类奖的入围者。评选目标是奖励优秀作品，提高公众对严肃小说的关注，同时力求文化和商业效益的双赢，使很多作品的市场潜力得到开发。获奖代表作品有《辛德勒的名单》《英国病人》《少年派的奇幻漂流》等。

塞万提斯奖（Premio Miguel de Cervantes）：1975 年设立，被誉为"西语世界的诺贝尔文学奖"，旨在表彰在西语文学界做出突出贡献的西班牙和拉丁美洲作家。获奖代表作家有豪尔赫·路易斯·博尔赫斯、奥克塔维奥·帕斯、费尔南多·德尔·帕索、爱德华多·门多萨等。

国际 IMPAC 都柏林文学奖（The International IMPAC Dublin Literary Award）：1996 年设立，目前世界上评选范围最广的文学奖项，其参选的图书由各国首都或主要城市的图书馆推荐。只要是英语小说或任何语言的英译本小说皆可角逐这个奖项。

卡夫卡文学奖（Franz Kafka Prize）：2001年设立，主要颁给作品具人文主义关怀的作家，获奖者不存在国界限制，只要作家有一部作品被译成捷克文，就可成为提名对象。2014年阎连科成为第一个获此奖的中国籍作家。

在国内，最为知名的有四大文学奖——茅盾文学奖、鲁迅文学奖、老舍文学奖和曹禺戏剧文学奖。

茅盾文学奖：1981年设立，根据茅盾先生遗愿，为鼓励优秀长篇小说创作、推动中国社会主义文学的繁荣而设立的，是中国最重要的文学奖项。约每四年评选一次，参评作品需为字数在13万以上的长篇小说。

茅盾文学奖奖牌

## ✦ 附录：茅盾文学奖历届获奖篇目

第一届茅盾文学奖获奖篇目（1977—1981）：周克芹《许茂和他的女儿们》，魏巍《东方》，莫应丰《将军吟》，姚雪垠《李自成》（第二卷），古华《芙蓉镇》，李国文《冬天里的春天》

第二届茅盾文学奖获奖篇目（1982—1984）：李準《黄河东流去》，张洁《沉重的翅膀》，刘心武《钟鼓楼》

第三届茅盾文学奖获奖篇目（1985—1988）：路遥《平凡的世界》，凌力《少年天子》，孙力、余小惠《都市风流》，刘白羽《第二个太阳》，霍达《穆斯林的葬礼》以及荣誉奖（萧克《浴血罗霄》、徐兴业《金瓯缺》）

第四届茅盾文学奖获奖篇目（1989—1994）：王火《战争和人》，陈忠实《白鹿原》，刘斯奋《白门柳》，刘玉民《骚动之秋》

第五届茅盾文学奖获奖篇目（1995—1998）：张平《抉择》，阿来《尘埃落定》，王安忆《长恨歌》，王旭烽《茶人三部曲》

第六届茅盾文学奖获奖篇目（1999—2002）：熊召政《张居正》，张洁

《无字》，徐贵祥《历史的天空》，柳建伟《英雄时代》，宗璞《东藏记》

第七届茅盾文学奖获奖篇目（2003—2006）：贾平凹《秦腔》，迟子建《额尔古纳河右岸》，周大新《湖光山色》，麦家《暗算》

第八届茅盾文学奖获奖篇目（2007—2010）：张炜《你在高原》，刘醒龙《天行者》，莫言《蛙》，毕飞宇《推拿》，刘震云《一句顶一万句》

第九届茅盾文学奖获奖篇目（2011—2014）：格非《江南三部曲》，王蒙《这边风景》，李佩甫《生命册》，金宇澄《繁花》，苏童《黄雀记》

第十届茅盾文学将获奖篇目（2015—2018）：梁晓声《人世间》，徐怀中《牵风记》，徐则臣《北上》，陈彦《主角》，李洱《应物兄》

老舍文学奖：1999 年设立，主要奖励北京作者的创作和在京出版／发表的优秀作品，每两年至三年评选一次。奖项有长篇小说、中篇小说、戏剧剧本、电影电视剧和广播剧等。

鲁迅文学奖：1986 年设立，为鼓励优秀中篇小说、短篇小说、报告文学、诗歌、散文、杂文、文学理论和评论作品的创作，鼓励优秀外国文学作品的翻译，推动社会主义文学事业的繁荣与发展。首次评奖从 1997 年开始，每三年评选一次。

曹禺戏剧文学奖：1994 年设立，前身是创办于 1980 年的全国优秀剧本奖，是专门就优秀的剧本创作所进行的全国性评奖，代表我国戏剧创作最高水准。每年评选一次，每届评出 10 个正式奖和 10 个提名奖。

## 二、文学好书榜

推荐书目是指导阅读的重要工具，各种"文学好书榜"足可为读者阅读提供首选佳作。全民阅读推广名师、南京大学徐雁教授在《阅读的人文与人文的

阅读》①一书中，就介绍文学门类的专门书目，有吴虞编《中国文学选读书目》
（1923年）、王浣溪编《中国文学精要书目》（1930年）、傅熊湘编《中学适用之
文学书目》、王熙元编《中国文学基本书目》、汪辟疆编《十部中国国文源头书书
目》（1942年），以及季羡林主编《中外文学书目答问》（1986年）、南开大学中
文系编《中国语言文学系学生阅读书目》（1986年）等。

在西方，则有英国小说家、剧作家、文学评论家毛姆（William Somerset
Maugham）开列的为其个人所喜读的"欧美文学书目"，美国作家海明威
（Ernest Miller Hemingway）开列的"为提高艺术水平"的文学阅读书目，美
国专栏作家费迪曼和梅杰在《一生的读书计划》中提出的"西洋名著百种"，以
及美国国家人文科学促进委员会公布推荐的《中学生必读文学著作书目》等。

徐雁教授更详细推介了近三十年（1980—2010）的"文学好书榜"，更切合
当代读者的现实阅读需求：

### （一）"中学生当代小说、散文、诗歌类必读好书"

1980年，台湾教育部门认可并推荐了台中明道中学图书馆针对高中学生编选
的《好书书目》。其中当代小说类依次为：《张爱玲小说集》、林海音《城南旧事》、
司马中原《荒原》、朱西甯《铁浆》、白先勇《台北人》、黄春明《锣》、张系国
《游子魂组曲》、鹿桥《未央歌》、萧丽红《千江有水千江月》、钟晓阳《停车暂借
问》、廖辉英《油麻菜籽》、钱锺书《围城》、沈从文《边城》、古华《芙蓉镇》、
阿城《棋王 树王 孩子王》、张大春《公寓导游》、黄凡《慈悲的滋味》、小野《蛹
之生》、吴念真《特别的一天》、朱天心《我记得……》、保真《森林三部曲》、纪
刚《滚滚辽河》和尔雅出版社编辑的"年度小说选"。散文类依次为：《朱自清全
集》、《徐志摩全集》、梁实秋《雅舍小品》、琦君《三更有梦书当枕》、王鼎钧《碎
玻璃》和《左心房漩涡》、子敏《小太阳》、《陈之藩散文集》、余光中《记忆像铁
轨一样长》、杨牧《叶珊散文集》、三毛《撒哈拉的故事》、张晓风《我在》、蒋勋

---

① 徐雁.阅读的人文与人文的阅读.北京：科学出版社，2014：170–173.

《今宵酒醒何处》、吴晟《农妇》、喻丽清《蝴蝶树》、杏林子《杏林小记》、陈幸蕙《把爱还诸天地》、张曼娟《缘起不灭》、西西《花木栏》、陈义芝《在温暖的土地上》、古蒙仁《黑色的部落》和林清玄《宝瓶菩提》。此外，有纪弦《晚景》、郑愁予《郑愁予诗集》、余光中《白玉苦瓜》等十四种当代新诗集。

### （二）"中学生中外文学名著必读书目"

1990 年，国家教育部修订并颁布的初、高中语文教学大纲中，指定了"中学生必读中外文学书目"。其中初中阶段为十种，依次为：吴承恩《西游记》、施耐庵《水浒传》、鲁迅《朝花夕拾》、冰心《繁星·春水》、笛福《鲁滨孙漂流记》、斯威夫特《格列佛游记》、罗曼·罗兰《名人传》、高尔基《童年》、奥斯特洛夫斯基《钢铁是怎样炼成的》。高中阶段为二十种，依次为：《论语》、罗贯中《三国演义》、曹雪芹《红楼梦》、鲁迅《呐喊》、郭沫若《女神》、茅盾《子夜》、巴金《家》、曹禺《雷雨》、钱锺书《围城》、朱光潜《谈美书简》、莎士比亚《哈姆莱特》、塞万提斯《堂吉诃德》、爱克曼《歌德谈话录》、雨果《巴黎圣母院》、巴尔扎克《欧也尼·葛朗台》、狄更斯《匹克威克外传》、列夫·托尔斯泰《复活》、普希金《普希金诗选》、海明威《老人与海》、泰戈尔《泰戈尔诗选》。

### （三）"1949—1989四十年来影响我们最深的书籍"

1990 年，台湾《中国时报》"开卷专刊"组织读者票选成榜，共计四十种。依次为：郑丰喜《汪洋中的一条船》、邓克保《异域》、鹿桥《未央歌》、三浦绫子《冰点》、李察·巴哈《天地一沙鸥》、金庸作品、三毛作品、王蓝《蓝与黑》、张曼娟《海水正蓝》、李奥·巴士卡力《爱、生活与学习》、罗兰《罗兰小语》、蒋经国《风雨中的宁静》、梁实秋《雅舍小品》、朱秀娟《女强人》、琼瑶作品、藤子·F.不二雄《小叮当》、王鼎钧《开放的人生》、小野《蛹之生》、倪匡"卫斯理"系列、徐志摩作品、廖辉英《不归路》、朱自清作品集、林语堂《生活的艺术》、萧丽红《桂花巷》、叶宏甲《诸葛四郎》、敖幼祥《乌龙院》、罗家伦《新人生观》、蒋梦麟《西潮》、吴静吉《青年的四个大梦》、王尚义《野鸽子的黄昏》、林清玄"菩提"系列、艾科卡《反败为胜》、白先勇《台北人》、席慕蓉《无怨的青春》、鲁迅《阿 Q 正传》、林语堂《京华烟云》、皮尔《人生光明面》等。

## （四）"二十世纪中文小说一百强排行榜"

1999 年，香港《亚洲周刊》编辑部组织来自全球的 14 位文学名家评选出"二十世纪中文小说一百强排行榜"，依次为：鲁迅《呐喊》、沈从文《边城》、老舍《骆驼祥子》、张爱玲《传奇》、钱锺书《围城》、茅盾《子夜》、白先勇《台北人》、巴金《家》、萧红《呼兰河传》、刘鹗《老残游记》、巴金《寒夜》、鲁迅《彷徨》、李伯元《官场现形记》、路翎《财主底儿女们》、陈映真《将军族》、郁达夫《沉沦》、李劼人《死水微澜》、莫言《红高粱》、赵树理《小二黑结婚》、阿城《棋王》、王文兴《家变》、韩少功《马桥辞典》、吴浊流《亚细亚的孤儿》、张爱玲《半生缘》、老舍《四世同堂》、高阳《胡雪岩》、张恨水《啼笑因缘》、黄春明《儿子的大玩偶》、金庸《射雕英雄传》、丁玲《莎菲女士的日记》、金庸《鹿鼎记》、曾朴《孽海花》、赖和《惹事》、王祯和《嫁妆一牛车》、柏杨《异域》、唐浩明《曾国藩》、钟理和《原乡人》、陈忠实《白鹿原》、王安忆《长恨歌》、李永平《吉陵春秋》、司马中原《狂风沙》、浩然《艳阳天》、穆时英《公墓》、李锐《旧址》、徐速《星星·月亮·太阳》、钟肇政《台湾人三部曲》、杨绛《洗澡》、姜贵《旋风》、孙犁《荷花淀》、西西《我城》、汪曾祺《受戒》、朱西甯《铁浆》、朱天文《世纪末的华丽》、还珠楼主《蜀山剑侠传》、於梨华《又见棕榈，又见棕榈》、贾平凹《浮躁》、王蒙《组织部来了个年轻人》、徐枕亚《玉梨魂》、施叔青《香港三部曲》、林语堂《京华烟云》、叶圣陶《倪焕之》、许地山《春桃》、聂华苓《桑青与桃红》、王蓝《蓝与黑》、柔石《二月》、徐訏《风萧萧》、古华《芙蓉镇》、台静农《地之子》、林海音《城南旧事》、张炜《古船》、刘以鬯《酒徒》、鹿桥《未央歌》、张洁《沉重的翅膀》、师陀《果园城记》、戴厚英《人啊，人！》、王小波《黄金时代》、刘恒《狗日的粮食》、张系国《棋王》、黄凡《赖索》、苏童《妻妾成群》、李碧华《霸王别姬》、李昂《杀夫》、古龙《楚留香》、琼瑶《窗外》、苏伟贞《沉默之岛》、梁羽生《白发魔女传》、朱天心《古都》、陈若曦《尹县长》、张大春《四喜忧国》、亦舒《喜宝》、张贤亮《男人的一半是女人》、施蛰存《将军底头》、倪匡《蓝血人》、吴趼人《二十年目睹之怪现状》、余华《活着》、马原《冈底斯的诱惑》、林斤澜《十年十癔》、二月河《雍正皇帝》等。

## （五）"百年百种优秀中国文学图书评选"

1999 年，由人民文学出版社和北京图书大厦联合发起，邀请社会知名文学研究专家，开展评选"百年百种优秀中国文学图书"活动，并在《当代》杂志 1999 年第 5 期上公布，其中包括：李伯元《官场现形记》、曾朴《孽海花》、吴趼人《二十年目睹之怪现状》、刘鹗《老残游记》、郁达夫《沉沦》、叶圣陶《倪焕之》、张恨水《啼笑因缘》、茅盾《子夜》、老舍《骆驼祥子》《四世同堂》、巴金《家》、萧红《呼兰河传》、杨沫《青春之歌》、沈从文《边城》、钱锺书《围城》、张爱玲《传奇》、柳青《创业史》、孙犁《白洋淀纪事》、路翎《财主底儿女们》、茹志鹃《百合花》、林海音《城南旧事》、白先勇《台北人》、陈映真《将军族》、金庸《射雕英雄传》、张贤亮《男人的一半是女人》、古华《芙蓉镇》、阿城《棋王》、张承志《北方的河》、路遥《平凡的世界》、莫言《红高粱家族》、张炜《古船》、宗璞《南渡记》、汪曾祺《蒲桥集》、陈忠实《白鹿原》、王蒙《活动变人形》等 52 部小说；《南社丛刻》、黄遵宪《人境庐诗草》、郭沫若《女神》、《志摩的诗》、《望舒草》、闻一多《死水》、陈梦家编《新月诗选》、辛笛等《九叶集》、臧克家《烙印》、查良铮《穆旦诗集（1939—1945）》、冯至《十四行集》、田间《给战斗者》、光未然《黄河大合唱》（组诗）、《郭小川诗选》、《北岛诗选》、《余光中诗选》和舒婷诗歌等诗作；冰心《寄小读者》《繁星》、鲁迅《呐喊》《彷徨》《野草》《鲁迅杂感选集》、胡适《尝试集》、周作人《雨天的书》、朱自清《背影》、丰子恺《缘缘堂随笔》、沈从文《湘行散记》、何其芳《画梦录》、艾芜《南行记》、师陀《果园城记》、邹韬奋《萍踪忆语》、梁实秋《雅舍小品》、萧乾《人生采访》、巴金《随想录》、《傅雷家书》、杨绛《干校六记》等散文；夏衍《包身工》《上海屋檐下》、郭沫若《屈原》、吴祖光《风雪夜归人》、曹禺《曹禺剧本选》、老舍《茶馆》、田汉《关汉卿》、《阿诗玛》（李广田、公刘整理）等戏剧。

## （六）"1979—2009三十年间最好的长篇小说"书目

2010 年，江苏省作家协会及《钟山》杂志编辑部组织十二位作家、学者投票选出"1979—2009 三十年间最好的长篇小说"书目，依次是：陈忠实《白鹿原》、王安忆《长恨歌》、阿来《尘埃落定》、张承志《心灵史》、余华《许三观卖血记》、刘醒龙《圣天门口》、贾平凹《废都》和《秦腔》、莫言《生死疲劳》、王蒙《活动变人形》、李洱《花腔》。该书目公布后，网上读者集中提名路遥的《平凡的世界》。

## 三、文学名著导读读物

导读，即引导阅读。古今中外文学名著百花齐放，琳琅满目，导读书籍则是打开文学大门的钥匙，引导读者自己去挖掘无穷尽的文学宝藏。导读书籍能给读者一个入门的捷径和对该主题的总体印象，为进一步深入的阅读打下基础。但要特别注意的是，导读只能是读原著的参考，是为读原著服务的，决不能代替读原著。

**1.《中国读者理想藏书》王余光编，光明日报出版社 1999 年版**

本书将中外近现代著名学者、文化名人开过的共 80 个经典书目做了一个统计，排列出《中外名著排行榜》。以这个《中外名著排行榜》为依据，推荐理想的藏书，涉及文、史、哲、政、经、法、科技等多个领域，侧重传统经典和近代名著。既可作为家庭藏书的参考读物，又可一窥中外经典名著大略。

**2.《中国古典文学名著导读》孟宪堂、魏静主编，天津大学出版社 2002 年版**

本书以介绍中国古典文学知识、引导学生欣赏历代佳作、提高文学素养为宗旨，既注重五千年文学之源流，又举要详析历代名著（包括诗、词、戏曲、小说、散文等）。

**3.《中国文学名著导读》殷涵主编，北京燕山出版社 2002 年版**

本书以导读形式帮助读者理解中国文学名著，以体裁为纲，以作品为目；以历史为经，以作者为纬。具体到每篇作品，又突出作品档案、时代背景、故事梗概、人物欣赏和精彩片断等细节，平面展开，纵向点击，使读者身心受益。

4.《永远的乌托邦：西方文学名著导读》曹莉主编，清华大学出版社 2004 年版

本书是国内著名外国文学研究专家郭宏安、叶廷芳、张隆溪等在清华大学做关于"世界文学名著导读"的演讲精选。演讲者结合各自的阅读经验，从不同的切入点对一系列世界文学名著进行重新诠释和剖析。

5.《欧美文学名著导读》郑克鲁主编，复旦大学出版社 2009 年版

全书包括 39 位重要作家的代表作，囊括欧美文学史的重要流派，同时也不忽略在我国读者中有广泛影响的通俗作品。每编均有一篇概述，介绍文学发展概貌。导读分析十分详尽，并重视对艺术特点的讲解。

6.《一生的读书计划》[美]克里夫顿·费迪曼、约翰·S.梅杰著，马骏娥译，译林出版社 2012 年版

作者根据多年的读书经验，精选并评介了 130 多种古今中外名著，用诙谐而简洁的语言勾勒出作品或作者的轮廓，有时强调作者的生平及人品，有时概述作品内容，有时援引权威人士的意见，有时劝告读者别为一般见解所迷惑，对一些书目和作者作出新的评价。

7.《文学回忆录》木心著，广西师范大学出版社 2013 年版

1989 年至 1994 年，木心先生在纽约为一群中国艺术家们讲述世界文学史。本书是根据陈丹青的五本听课笔记所编撰而成的。从古希腊神话、新旧约，到《诗经》《楚辞》，从中世纪欧洲文学，到二十世纪文学面貌，东方西方通讲，知识灵感并蓄。

8.《蒋勋说文学之美》（全 5 册，修订版）蒋勋著，中信出版社 2015 年版

本系列书是由蒋勋"中国文学之美"的主题系列讲座录音整理而成，分为《蒋勋说文学：从〈诗经〉到陶渊明》《蒋勋说文学：从唐宋散文到现代文学》《蒋勋说唐诗》《蒋勋说宋词》《美，看不见的竞争力》五册。将中国文学史上的经典作品详细解读，使文学内在的力量呈现于世人面前，古典情怀与现代感悟彼此映照，为读者带来美的感动。

9.《给孩子的古诗词》（讲诵版）叶嘉莹编著，中信出版社 2016 年版

古典诗词大家叶嘉莹先生为孩子们选编、讲解、吟诵了 218 首经典古诗词。包括作者生平、具体诗句解读、单字发音，以及诗词内涵。内容丰富、知识性强，文字浅白易懂、亲切自然，展现了古典诗词中生生不已的生命力。

《给孩子的古诗词》

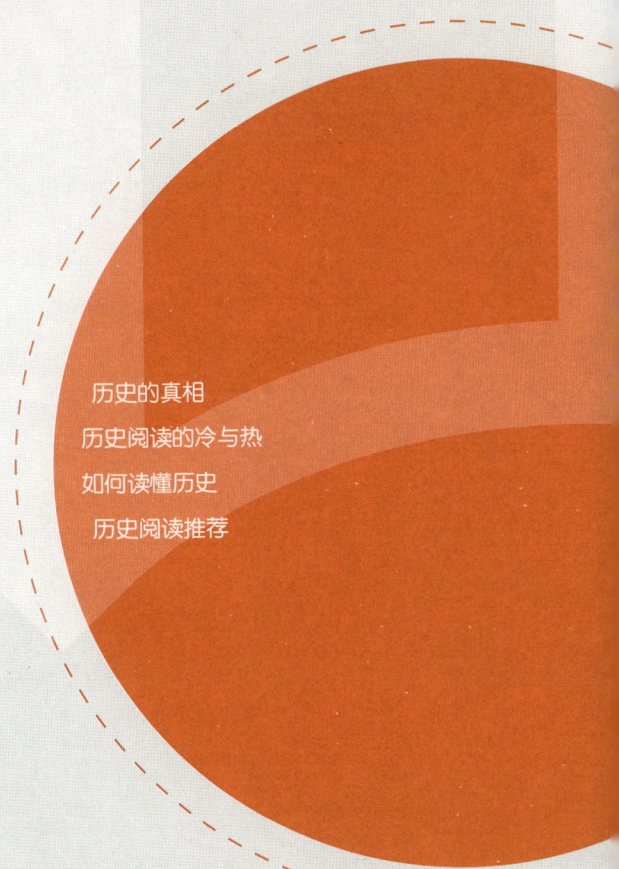

第三章

# 历史阅读：
# 能看见多远的过去，
# 就能看见多远的未来

## 一、何为"历史"？

要说有什么学科，受到社会的普遍关注，无论专业还是非专业人士，都能说上几句，甚至争辩起来的，历史一定是其中之一。我们总是津津乐道不同地域、国家、群体、时段的历史，也热爱用各种各样的理论去分析历史，但是历史究竟是什么，却极少有人深思过。

我们都知道历史的英文是 history，近年来有人简单拆分为 his story，只是想当然的臆造。那么它的实际词源是什么呢？公元前 5 世纪中叶，古希腊作家、历史学家希罗多德游历地中海周边，考察了埃及、巴比伦、叙利亚、波斯等地的历史文化、地理环境、风土人情以及各种民间故事，编写了数卷书籍。希罗多德被誉为西方的"历史之父"，此后的历史类书籍多沿用类似书名，罗马人将之转写为 historia，后又被英语定义为 history。

汉语词汇"历史"的源头又是什么呢？历，甲骨文字形"𣓀"看，上半部分为林，意为山野，下半部分是一只脚的形状，表示人穿过丛林。金文在甲骨文上加"厂"，代表石崖，表示攀崖过岭。汉代许慎所著《说文解字》中说："历，过也。"清代学者段玉裁的《说文解字注》则补充得更为完整："过也，传也。"意思是"历"不仅是空间上的移动，也代表着时间流逝。史，甲骨文字形为上"中"下"又"，一说"中"字甲骨文字形像一根旗杆，代指中心，所以《说文解字》将其释为"史，记事者也。从又持中。中，正也"。意为秉承中正的态度记事。而王国维则考证，"中"在甲骨文、金文中本义为盛放简书的容器，后引申为"薄书"，"史"的字形就如同一个手持书简的人，正是史官的形象刻画。①

历、史二字连用的"历史"一词，最早见于《三国志·吴主传》裴松之注引用《吴书》，"吴王浮江万艘……虽有余闲，博览书传、历史，籍采奇异，不效书生寻章摘句而已。"葛剑雄教授认为此处的"历史"是偏正结构的名词，"历"字仅做"史"的定语。②事实上中国的传统学术一般也只用"史"来表示今天我们所说的历史学科。现代汉语中常用的名词以及作为现代学科分类名称的"历史"，则来自于日本。明治维新后，日本首先用"历史"来翻译英语 history，之后传入中国。

## 二、历史的真相

从历史一词的本义我们可以轻而易举地得出结论，历史就是过去发生的一切事情，是故事，故去之事。这些故去之事能被今天的我们所知道，都仰赖各种各样的记录，而记录者毕竟是人，有各自的立场、情感和手段，因此我们现在所感知到的历史，带有记录者主观选择和叙述角度，同时，稀松平常的细枝末节，不太具有记录价值的事也会在记录时被筛选掉。故而，过去发生之所有事的历史事实上是不存在的。正如年鉴学派创始人之一、法国历史学家马克·布洛赫（Marc Bloch）所言，过去的现象如果完全没有与当代相通之处，未经事先筛选，不可能成为有条理的知识。③

那么，历史学的对象是什么呢？英国哲学家、历史学家 R.G. 柯林武德（Robin George Collingwood）将其定义为活动事迹（resgestae），人类的活动轨迹。而人类的作为，都是由他自身理性或非理性的思维来指导，因此究其本质，历史

---

① 王国维. 观堂集林·卷六·释史. 北京：中华书局，1959：263.

② 葛剑雄，周筱赟. 历史学是什么. 北京：北京大学出版社，2005：8-9.

③ 马克·布洛赫. 为历史学辩护. 张和声，程郁译. 北京：中国人民大学出版社，2006：18.

学的对象是人类，历史学是人性的科学。这样的解释似乎看起来与心理学有重合之处，但实际上，心理学更关注的是心灵，包括感觉、情绪等，研究的内容是人类的心理现象及其影响下的精神功能和行为活动。而历史学研究的，是"认知能力、思想、理解力或理性的知识"，总而言之是关注思想的轨迹。①这个探究的过程，就是人类自我认知的过程，表面上历史学研究的是过去是什么、为什么、如何影响现在，但其本质上探究的是起源和去向，正是哲学的基本问题：我是谁，我从哪里来，要到哪里去。

抛开颇显深沉的哲学气质，我们仍然可以尝试给历史下一个一目了然、容易理解的定义。葛剑雄认为，历史是有取舍的，"历史不仅指过去的事实本身，更是指人们对过去事实的有意识、有选择的记录。而对于历史的专门性研究，就是历史学，简称为史学，也可以称之为历史科学。它不仅包括历史本身，还应该包括在历史事实的基础上研究和总结历史发展的规律。"②也就是说，过去发生之事是历史，人类对它的记载、整理、分析，以及形成的研究理论，都是历史。

但这其中仍然有值得商榷的部分。我们总是试图在历史事实中寻找规律，企图用一种或多种范式去解释历史，揭示历史。然而这个规律真的存在吗？

葛剑雄曾以史书所载"玄武门之变"内容，说明真实历史是否存在的问题。玄武门之变是我们非常熟悉的一场政变，根据《新唐书》《旧唐书》《资治通鉴》的记载，大致经过是太子李建成嫉妒秦王李世民功勋卓著，意图刺杀，反被李世民识破。李世民本不忍手足相残，最终是在手下众谋士的劝说下发动兵变，杀太子李建成与齐王李元吉，夺权上位。中间还有李建成企图用毒酒谋害的插曲。这一番记载，似乎很吻合李世民登基后开明纳谏、勤政爱民的形象。但是据《唐会要》《资治通鉴》等记载，李世民曾三次要求观看记录起居言行的《高祖实录》和《太宗实录》，监修国史的房玄龄无奈只得呈上删改后的实录。那么根据删改

---

① 柯林武德.历史的观念.何兆武，张文杰，陈新译.北京：北京大学出版社，2010：203.

② 葛剑雄，周筱赟.历史学是什么.北京：北京大学出版社，2005：73.

后的实录编纂的新旧唐书和《资治通鉴》，这一段"史实"的可信度可想而知。根据后世史学家的研究比照，玄武门之变的真相可能远比官方记载要残酷得多。葛剑雄指出，一般书写者出于以下几个目的故意不实记录：一是为了达到某种目的；二是为了迎合某种主义或理论；三是为政治服务，维护"国家利益"。坦白地说，任何有实权的政治团体都可以对历史造成影响。[①]人们常说历史是由胜利者书写的，确实如此。因此那些历史上发生过的重大事件，离真相相去几何，有些我们能够还原，有些则永远无法得知。

除去可能被修正删改的官方史料，各种历史著述、报道、回忆录以及私人的日记、信件、自编年谱，还有墓志、碑铭等，都是我们能够研究的历史材料。公开发行的著作、报道一般被认为带有作者的意图，企图左右后世的视听，而私人信物则被认为是"无意"的，相对可靠。比如一个人的日记，会被认为是记录他真实的生活和内心想法。但事实上果真如此吗？有些留名青史的人物，他们的日记、年谱虽然给后人提供了许多研究依据，但有些日记主要就是写给别人看的，多少带着修饰、塑造自我的基因。即便是自用的日记，具有相当高的可信度，也总会有些当事人讳莫如深的内容。

晚清著名史学家、经学家王先谦曾任国子监祭酒、江苏学政、湖南岳麓书院和城南书院山长。他忧国忧民，思想徘徊于洋务和保守之间，治学主张趋重实务。但在其自编年谱中，仍因个人原因对当时的重大事件有所回避。例如光绪二十年（1894年），他只写了一条"主讲岳麓书院"，没有提及中日甲午战争。他主张中体西用，反对变法，抨击康有为志在谋逆，但光绪三十三年（1907年），清政府"特允廷臣之请，仿照外洋办理立宪，期以十年成立。令各省设咨议局为自治基础，先立筹办处于会城"，主动搞起维新、宪政，面对此情，王先谦年谱中又未提及预备立宪之事，只说因病"从此闭门谢客，不敢出户庭一步矣"。通篇未提"咨议局"字样，或许是心里抗拒，故刻意为之。在年谱光绪三十四年（1908年）的末尾，才提及去年谕设咨议局一事。到了宣统一年（1909年），溥仪登基，其

---

① 葛剑雄，周筱赟.历史学是什么.北京：北京大学出版社，2005：194-209.

父载沣摄政，重申立宪组阁。在这一年的年谱里，他又对立宪只字不提，仍只说了捐让地方自治筹办处（咨议局改）会办的夫马银。而《庄子集解》的刊印及其序则是该年记事中的主要内容。①

也正如杨天石教授评价蒋介石日记的可信度时，说道："不看，会是很大的损失，但是看了，什么都相信，也会上当。"②即使假设留存下来的史料没有受到人为篡改，或者说记录者尽量客观、忠于现实地记录，是不是我们就能还原客观事实，并探究出其中的内在逻辑呢？初版于 1940 年，1972 年大幅增订修改，后又再版数次的畅销书《如何阅读一本书》，虽然并不是史学理论的专业书籍，但它在《如何阅读历史》这一章节中，道出了不少人的疑惑和争论。正如前文所述，受限于记录者自身的立场、情感、目的等因素，即便他尽最大努力摒除这些影响，史实本身和记录中的史实仍然是有差别的。因此有些学者认为，历史学的本质是叙事，由于叙述的逻辑要求，历史学家必定用自己的理解去填补史实的空白。犹如面对一幅残缺的拼图，我们会根据自身的理解做出猜测，修补空缺处，而不同的人所做的修补可能是不同的。这种观念认为历史学家在假设自己知道事件原因和行为动机，再用这一套逻辑去叙述和解释史实。这套逻辑也就是通常所说的范式或框架。

出于知其所以然的求知欲驱动，人们总想尽可能理性地理解一件事的发生和结局。在我们多年所受的各学科教育中，各种范式、框架、理论，屡见不鲜。持实证主义的涂尔干学派认为，一个学科的研究价值应以能否促进行动为标准，并且认为任何事务都可以被理性地理解和分析。为了达到这个目标，他们将随机、非理性行为和事件排除在历史之外。③这是一种自以为理性的做法。然而人总是理性的吗？答案显然是否定的。经济学假设人类行为的固有出发点是收益原则，

---

① 王云五．清王葵园先生先谦自定年谱．台北：台湾商务印书馆，1978.

② 杨天石．找寻真实的蒋介石：蒋介石日记解读（上）．太原：山西人民出版社，2008：11.

③ 马克·布洛赫．为历史学辩护．张和声，程郁译．北京：中国人民大学出版社，2006：6-11.

将人的理性、自利，完全信息、效用最大化及偏好一起作为理论基础。但是在现实生活中，存在着大量不符合经济学原理的事实。为了解释这些现象，行为经济学将行为分析理论与经济运行规律、心理学与经济科学结合起来，以弥补主流经济学理论和模型的错漏。在美国杜克大学心理和行为经济学教授丹·艾瑞里（Dan Ariely）所著的畅销书《怪诞行为学》中，我们可以看到大量人群非理性行为的实例。显而易见，非理性不仅体现在经济行为中，生活的方方面面都存在着非理性的痕迹。回到历史上来，由于人类的部分行为本身就是非理性的，那么成功地用理性分析历史，在历史事实中发现颠扑不破的真理，也就是一个伪命题。再加上记录者无意的修饰甚至故意为之的篡改，客观的历史事实就愈发不可能为我们所知。因此有一些西方后现代主义史学家索性认为，历史事实只是历史学家头脑中的想象。此说法全盘否定客观事实的存在以及我们通过各种方法接近史实的可能，未免偏激，反倒落入了虚无主义的陷阱。

对于历史事件中存在因果关系的看法，古已有之。古希腊历史学家修昔底德以严格、准确采集史料，客观分析因果关系而著称，这一治史特征在其著作《伯罗奔尼撒战争史》中体现得十分突出。他是第一个尝试揭示历史因果关系的历史学家，从多种方面对伯罗奔尼撒战争的原因进行了深刻分析。对比同时代希罗多德对于希波战争的记叙，可以看出不同的历史学家对于历史学的解读有多么不同。希罗多德忠于记述史实但并不加以评判分析，他笔下的历史仿佛是一串随机因素的结合。他说自己只是把人们传说的写下来，无论他自己相信与否。希罗多德对于史料的运用是不加批判和筛选的。修昔底德则主张考证、分析。[1]

尽管将历史框于某种规律之内，多多少少违背客观现实，但我们仍然需要一种或多种理论来理解历史，或者说如果没有任何理论，理解历史也就无从谈起。美国当代著名的国际政治理论家塞缪尔·亨廷顿（Samuel P. Huntington）在谈到国际政治理论时，明确指出"40年来，国际关系的研究者和实践者都是根据非常简化，但也是非常有用的关于世界事务的冷战范式来思考和行动。这一范

---

[1] 修昔底德.伯罗奔尼撒战争史.谢德风译.北京：商务印书馆，1985：22.

式不能说明世界政治中发生的一切事情……然而作为全球政治的简单模式，它比其他任何竞争对手都更能说明更重要的现象"①。为了有效地理解，简化是必不可少的，范式有它的局限性，也有它的实用性。美国科学史家、科学哲学家托马斯·库恩（Thomas Samuel Kuhn）也指明一种理论想要被接受成为一种范式，只需要强于竞争对手，而不必解释所有事实。历史学亦然。由于认知的局限性、记录中的偏差和分析的困难程度，实际上我们不可能知道任何事情发生的原因，甚至不可能完美而正确地述说一件事。但是历史学家秉持的理论，虽然带有他自身的意图，若在竭力接近客观事实的前提下，对于我们理解过去、预测未来，仍然是非常有用的。

### 三、为什么读历史

为什么要读历史？读历史有什么用？历史的意义是什么？

历史可以说是群众基础非常广泛的学科，无论男女老少、专业或业余人士，只要感兴趣，都可以说道一二。很多人读历史，也就是因为历史有趣。不必否认，历史具有娱乐的价值，是一种有趣的消遣。一段史实在发生时或许有不尽的曲折、伤痛与苦难，但千百年后作为看客的我们，仿佛也不过是在观看一出精彩的戏剧。

毛泽东主席一生酷爱读史，尤以《资治通鉴》为最。1996年中国档案出版社曾用中央档案馆珍藏的毛泽东读过的原书珍本，影印出版《毛泽东评点二十四史》，海量的批注可见主席读史之用心。他曾数次道出自己酷爱读史的原因。一是1920年12月给蔡和森等人的信中说的，"读历史是智慧的事"；二是1958年1月在最高国务会议上说的，"读历史的人不等于是守旧的人"；三是1961年6月在中央工作会议上说的，"只有讲历史才能说服人"；四是1964年1月会见外宾说的，"马克思主义者是善于学习历史的"；五是1964年7月会见外宾说，"看

---

① 塞缪尔·亨廷顿.文明的冲突与世界秩序的重建.周琪，刘绯，张立平，王圆译.北京：新华出版社，2002：9–10.

历史，就会看到前途"。①

　　历史有什么意义，用中国的古话来说，四个字足以概括：经世致用。历史也曾经是过去的未来，因此研读历史，可以作为一个参照，有助于我们预测和选择未来。梁启超曾说，"度量心物两方面可能性之极限"，通过主观力量与客观力量的强弱对比来预测历史前途之歧向，而使人能知所择②。钱穆将之总结为把握历史个性，然后来判断此历史的前途，并且指导历史，使其更理想，更前进。③

　　当然，不是每个人都有机会做出重大决策，多数人只希望平安平凡地过完一生，历史在政治上的指导意义对他们来说好像并不那么重要。对于个人而言，历史阅读的意义主要有提升公民意识、提升内在修养和提升能力素质。④前文已述，历史是人性的学科，是人类自我认知的途径，是关于人类思维的知识。因此阅读历史能够让我们了解并理解人类在各时各地的行为，有助于我们建立自我认知。这可以分为三个层次，一是认识作为人的本性；二是我所在群体的特征；三是我的特征。这些必定要通过曾经的历史作为来认知。⑤所以历史学的价值就是告诉我们，人类做过什么，人类是什么。历史对于人群有更为广泛普遍的影响。近代民族主义兴起以后，历史在塑造民族共同情感、加强民族认同方面起到重要作用。"民族"是什么呢？美国著名政治学家、东南亚地区研究专家本尼迪克特·理查德·奥格曼·安德森（Benedict Richard O'Gorman Anderson）将它定义为一种想象的政治共同体——并且，它是被想象为本质上是有限的、同时也享有主权的共同体。该定义的核心是集体认同，"想象"是形成任何群体认同的必要认知

① 毛泽东读一辈子《资治通鉴》，到底读出了什么？［2016-08-23］https：//www.
　　sohu.com/a/111584977_125459.

② 梁启超.中国历史研究法.南京：江苏文艺出版社，2008：127-128.

③ 钱穆.中国历史研究法.北京：生活·读书·新知三联书店，2008：5-6.

④ 刘志刚.历史阅读提升大学生素质教育的三个维度.常熟理工学院学报（哲学社会科
　　学），2016（3）：121-124.

⑤ 柯林武德.历史的观念.何兆武，张文杰，陈新译.北京：北京大学出版社，2010：
　　11.

过程。"想象的共同体"是一种社会心理学上的"社会事实"。而历史为这个"想象"提供了材料,是集体认同心理形成的推手。①

历史对于群体意识的塑造,已经成为诸多学者的共识。德国存在主义哲学家卡尔·西奥多·雅斯贝尔斯(Karl Theodor Jaspers)说:教育要培养一代人的精神,必须先使历史进驻个人,使个人从历史中汲取养分。法国历史学家、年鉴学派的第二代代表人费尔南·布罗代尔(Fernand Braudel)在《文明的文法》序言中说,"历史学不应当热衷于民族主义的编造(民族主义是常常应当受到谴责的),也不应当只沉缅于人文主义(尽管人文主义是我所偏好的),重要的问题在于,如果历史学消失,国民意识也将因此不能存续,而如果丧失了这种国民意识,法国也好,意大利也好,都不可能存在有独立的文化和真正的文明"②。指明了历史学对于培养和维系国民意识的重要作用。

复旦大学文史研究院院长葛兆光教授将历史著作解释为一种历史记忆,不同时代、不同立场和不同思路造就的往事回忆,往往呈现出不同的叙述,表现出不同的意识形态和文化取向。他认为历史给人们提供着关于"故乡"的回忆,不一定是具体事物,而是一种乡情,使得互不相识的人们滋生"同乡"甚至"同根"的感觉。历史的价值,就是创造共同的眷恋,而这种眷恋,又造就了我们,将"我们"与"他们"区分开来。实际上就是历史孕育了我们的性格,决定了我们的样子。

著名历史学家、思想家、教育家钱穆也在《国史大纲》开篇写道:"凡读本书请先具下列诸信念:一、当信任何一国之国民,尤其是自称知识水平线以上之国民,对其本国以往历史,应该略有所知。二、所谓对其本国以往历史略有所知者,尤必附随有一种对其本国以往历史之温情与敬意。三、所谓对其本国以往历史有一种温情与敬意者,至少不会对其本国以往历史抱有一种偏激的虚无主义,

---

① 本尼迪克特·安德森.想象的共同体:民族主义的起源与散布.吴叡人译.上海:上海人民出版社,2005:9.

② 葛兆光.看澜集.上海:复旦大学出版社,2018:176.

而将我们当身种种罪恶与弱点，一切诿卸与古人。四、当信每一国家必待其国民具备以上诸条件者比较渐多，其国家乃再有向前发展之希望。"①

历史阅读的对象，自然是各种历史文献。因此在谈如何阅读历史之前，需要先明确一下历史文献的定义。一般主流有三种释义：一是认为历史文献指历史上的文献，并非历史学方面的文献。该观点持有者以陕西师范大学古籍整理研究所原所长黄永年为代表。②二是北京大学王余光教授等为代表，认为"历史文献作为文献的一部分，是关于历史方面的文字资料和言论资料"③。三是目前最广受认可的说法，认为历史文献具有广义和狭义之分。"广义而言，所有对过去的历史知识和信息的记录都属于历史文献范围，包含了古往今来的所有著作和所有文献。狭义而言，一切有关历史的记载和编纂就是历史文献"④。

由于大多数读者不是专业出身，也没有立志成为一名历史学家，因此本书谈论的历史阅读主要是针对历史学相关研究成果的论著或其他阅读材料，原始史料的阅读方法不在此做介绍。

---

① 钱穆.国史大纲.北京：商务印书馆，2013.

② 黄永年.中国古典文献学和历史文献学概念和文史分合问题.古籍整理与研究.北京：中华书局，1987（2）.

③ 王余光.中国历史文献学.武汉：武汉大学出版社，1988：1.

④ 黄爱平.历史文献学学科基础理论与教材编写的思考.文献，2013（1）：3–10.

## 一、走向大众的历史

历史是一门很奇妙的学科，有时门槛很高，居于庙堂之上艰深难懂，有时却又平易近人，街头巷尾都能说道一二。中国的史学非常发达，发端极早，源远流长，早在夏商时期就已正式设立史官，记录时事。而另一方面，史学走向大众也具有悠久的历史。据学者研究，早在先秦时就有面向大众的通俗性讲史活动，将专业精深的史学普惠众人。[①]到了商业发达的宋代，通俗讲史活动的商业化水平也大幅发展，可以说形成了一门产业。[②]直到今天，历史与大众的交流从未间断。

在谈大众历史阅读之前，需要先厘清几个概念，即通俗史学、大众史学和公共史学。粗略看来，这几个概念的涵义有些相近，都是与学院派史学相对的概念。通俗史学即"各个历史时期民间的或人民群众的史学"，并且"带有很大的原生性质，和俗文学分不开。……常常保留许多古代和近现代的民间传说，以及民间对历史、对刚过去的现实的看法或评议"[③]。通俗史学的优缺点都很明显，优点是有趣易懂，缺点则是范畴较小，立意不够高远，"有强调史学的娱乐作用而忽略史学对社会建设高层次功能之倾向"。如果不加以注意，容易被"香艳""八卦"等因素占据。[④]

---

① 李小树.先秦两汉讲史活动初探.贵州社会科学，1998（2）：98–103.

② 李小树.宋代商业性讲史的兴起与通俗史学的发展.史学月刊，2000（1）：116–122.

③ 舒焚.两宋说话人讲史的史学意义.历史研究，1987（4）：98–110.

④ 姜萌.通俗史学、大众史学和公共史学.史学理论研究，2010（4）：130–136.

卡尔·贝克尔

美国著名历史学家、历史学会会长卡尔·贝克尔（Carl Becker）曾说道："把历史看作对曾经存在的现实的一种节略的、不完美的再现，看作一种为满足那些以史为鉴的人的需求而对不稳定的记忆模型所做的重新设计和粉饰，既无损于历史的价值，也无损于历史的尊严。我们所能完成的目标是有限的，我们的贡献也只具有偶然的、暂时的意义，但这并不影响对我们的劳动做出高度的评价。"因此他在 1931 年的美国历史学会主席就职演说中，提出"人人都是史家"（Everyman his own historian）的观念，强调每个人皆有其对历史的主观。①1973 年，加州大学圣塔芭芭拉分校创办杂志 *Public Historian*，"public history"的观念逐渐发展起来。2003 年，台湾中兴大学周梁楷教授将"public history"的观念引进中国，将其翻译并扩充为"大众史学"。它包括大众的历史（history of the public）、写给大众阅读的历史（history for the public）和由大众来书写的历史（history by the public）。鼓励人人"书写"历史，并"书写"大众的历史供给大众阅读。②大众史学突出了"大众"的主体地位，体现了"自下而上的历史"观念，缺点则与通俗史学类似，难以体现历史学的高度和对社会的规划作用。

"公共史学"是对"public history"的另一种翻译，美国学界对"public history"的定义也存在争论。20 世纪 90 年代，学界综合各方给出了一个定义，即："公共史学通常指的是史学家在学界以外从事的与历史相关的工作，特别是

① 卡尔·贝克尔.人人都是他自己的历史学家：论历史与政治.马万利译.北京：北京大学出版社，2013.
② 周梁楷.大众史学的定义和意义.人人都是史家：大众史学论集（第一册）.台中：采玉出版社，2004：36.

通过各种方式向公众或与公众一起再释和重现历史的工作。"公共史学可以说是一个比较折中的形式，既面向大众，又注重历史观念和意义的构建，科普与专业价值兼具。"真正体现了'人人都是史学家'的观念，模糊了职业史学家与非职业史学家、学者和公众的界限；在和学院派史学的关系上，既较为清晰地将彼此分野，又显示出二者的紧密关系。"①

总而言之，史学一直在探索发掘走向大众的路径，另一方面也希望能保证原本的社会价值。从现实情况看，史学贴近大众的探索一直没有中断，但是如何保证史学的专业性，在轻松阅读的同时构建史学观念与意识，寓教于乐，却实实在在是个难题。

## 二、大众历史阅读

近年来，历史类书籍再度成为大众阅读的新宠儿。虽然曾经历过低迷时期，但历史类书籍基本长期在畅销书榜上占有一席之地。

2006 年，随着《百家讲坛》节目的大热，《易中天品三国》一书首印一举推出了 55 万册。同年，《明朝那些事儿》在天涯论坛连载并创下近 2000 万的点击率，一下将史学带进了大众视野。此后，梅毅《华丽血时代：两晋南北朝的另类历史》、曹昇《流血的仕途：李斯与秦帝国》等通俗史学书籍层出不穷。大众历史阅读的取向以"有趣""通俗"为主，呈现娱乐化、"轻学术"的特点。

---

① 姜萌.通俗史学、大众史学和公共史学.史学理论研究，2010（4）：130-136.

## 互动出版网历史类畅销书排行榜

（数据来源：互动出版网 http：//www.china-pub.com/，2017 年数据缺失）

| | 2015 年 | 2016 年 | 2018 年第二季度 |
|---|---|---|---|
| 1 | 《战国策》 | 《你一定爱读的极简欧洲史（新）》 | 《你一定爱读的极简欧洲史（新）》 |
| 2 | 《你一定爱读的极简欧洲史（新）》 | 《东周列国是怎样一锅粥》 | 《东周列国是怎样一锅粥》 |
| 3 | 《二战简史：黑暗时代》 | 《疯狂年代：法国大革命前后的欧洲（上）》 | 《文明之光（第一册，2014 年）》 |
| 4 | 《文明之光（第三册，2015 年）》 | 《二战简史：黑暗时代》 | 《太平天国》 |
| 5 | 《文明之光（全三册，2014 年）》 | 《全球通史：从史前史到21 世纪（上）》 | 《文明之光（第二册，2014 年）》 |
| 6 | 《罗马人的故事1：罗马不是一天建成的》 | 《耶鲁文学小历史》 | 《全球通史：从史前史到21 世纪（上）》 |
| 7 | 《三国史话》 | 《全球通史：从史前史到21 世纪（下）》 | 《全球通史：从史前史到21 世纪（下）》 |
| 8 | 《三国名将：一个历史学家的排行榜》 | 《最长的一天：1944 诺曼底登陆》 | 《青山一发：从孙文崛起看大清日落》 |
| 9 | 《万历十五年》 | 《文艺复兴是什么》 | 《1525 年革命：对德国农民战争的新透视》 |
| 10 | 《光荣与梦想》 | 《文明之光（第三册，2015 年）》 | 《唐太宗》 |
| 11 | 《柑橘与柠檬啊（青少版）》 | 《文明之光（第一册，2014 年）》 | 《康熙：重构一位中国皇帝的内心世界》 |
| 12 | 《贞观政要》 | 《光荣与梦想》 | 《王氏之死》 |
| 13 | 《历史的惯性：未来十年的中国与世界》 | 《明朝那些事儿》 | 《王立群读〈史记〉：秦始皇（上）》 |
| 14 | 《罗马人的故事精编体验本：与盐野七生同走罗马路》 | 《文明之光（第二册，2014 年）》 | 《1947 年春：延安》 |
| 15 | 《全球通史：从史前史到21 世纪（上）》 | 《图说故宫》 | 《一个大国的崛起与崩溃：苏联历史专题研究（1917—1991）》 |

## 亚马逊畅销书排行榜

（数据来源：https://www.amazon.cn/）

| | 2015 年社科榜 | 2016 年社科榜 | 2017 年历史榜 |
|---|---|---|---|
| 1 | 《蔡康永的说话之道（套装）》 | 《这么慢，那么美》 | 《未来简史》 |
| 2 | 《白岩松：行走在爱与恨之间》 | 《习近平总书记系列重要讲话读本（2016 年)》 | 《人类简史：从动物到上帝》 |
| 3 | 《人类简史：从动物到上帝》 | 《人类简史：从动物到上帝》 | 《人类简史＋未来简史》 |
| 4 | 《耶路撒冷三千年》 | 《曾国藩家书：“慢读”系列》 | 《晓松奇谈（世界卷）》 |
| 5 | 《习近平谈治国理政(中文版)》 | 《蔡康永的说话之道》 | 《晓松奇谈（人文卷）》 |
| 6 | 《失控：全人类的最终命运和结局》 | 《走到人生边上：自问自答》 | 《半小时漫画中国史（修订本)》 |
| 7 | 《全球通史：从史前史到21世纪（附书签)》 | 《全球通史：从史前史到21世纪》 | 《中华帝国的衰落》 |
| 8 | 《蔡康永的说话之道》 | 《王国维：一个人的书房》 | 《你一定爱读的极简中国史》 |
| 9 | 《全球通史：从史前史到21世纪》 | 《逻辑思维:有种·有趣·有料》 | 《大国的崩溃：苏联解体的台前幕后》 |
| 10 | 《文化苦旅》 | 《沟通的艺术：看入人里，看出人外》 | 《美第奇家族的兴衰》 |
| 11 | 《万历十五年（增订本)》 | 《最好的告别：关于衰老与死亡，你必须知道的常识》 | 《黎明破晓的世界：中世纪思潮与文艺复兴》 |
| 12 | 《沟通的艺术：看入人里，看出人外》 | 《山海经（白话全译彩图珍藏本)》 | 《中古中国门阀大族的消亡》 |
| 13 | 《中国哲学简史》 | 《知行合一王阳明》 | 《海洋与文明》 |
| 14 | 《高效演讲：斯坦福最受欢迎的沟通课》 | 《中国通史：“慢读”系列》 | 《艾希曼在耶路撒冷：一份关于平庸的恶的报告》 |
| 15 | —— | 《万历十五年（增订本)》 | 《米开朗琪罗与教皇的天花板》 |

从几大网站历年历史类畅销书排行榜可以看出，早几年的大众历史阅读"通俗化"程度非常高。无论是易中天等知名学者，还是以当年明月为代表的民间写手，其推出的作品都力求通俗、亲民、趣味，意图用一种大众感兴趣的方式来讲述历史。这种"趣"说历史的风格对后来的历史类书籍影响不小。这类历史图书叙事性强，阅读起来轻松愉快，在保证引用史料客观真实的前提下，也能正确了解不少历史知识，受到读者推崇。但缺点也十分明显。即便不考虑史学的社会价值，部分图书本身的质量也堪忧。热潮掀起后，出版社争相跟风出版通俗历史读物，难免鱼目混珠，内容同质化、粗制滥造的弊端实在难被掩盖。对于非历史专业的普通读者来讲，由于甄别能力欠缺或者不佳，阅读者的史观势必受到影响，有所偏差。由于出版的是非学术类书籍不需要学术界评判，即使科班出身的作者，也可能在专业和严谨程度上自我放松，甚至忽视历史的尊严，造成了历史类图书一度淡出畅销行列。

可喜的是，史学阅读重回大众视野，通俗历史读物仍然广受欢迎。2013年森林鹿《唐朝穿越指南》出版以后，又掀起了一波穿越体叙史的热潮。《先秦穿越生存手册》《秦朝穿越指南》《清朝穿越指南》等类似书籍层见叠出。从特征看，穿越体可以说与当年《明朝那些事儿》的风格有异曲同工之处。均是以史料为基础，用小说的笔法，重构古代人物生平、经济政治、社会生活等方方面面的图景。其次是漫画类历史图书开始流行。比如"半小时漫画中国史"系列、"半小时漫画世界史"系列、《如果历史是一群喵》等作品，以漫画的形式讲述简史，画面可爱，内容精练，阅读起来十分轻松，阅读时间又短，能有效利用碎片化时间娱教兼收，很快成为大众新宠。另一方面，史学本身的沉稳、专业气质也在逐渐回归。许多出版社的策划也不再一味追求"趣"说以求畅销，而是精选专业历史书籍，选出一批既不失学术性，又不至于具有太高门槛的史学著作，给予推广策划，从市场反响看，效果不错。这一转变过程甚至可以在同一作者身上看到。熊逸，一位通晓中西方历史并且对中外政治、哲学、社会学颇有研究的作者，2006年推出《周易江湖》和《孟子他说》系列丛书，便是用小说、大话的写法讲述思想史，研究扎实，文风趣味横生。此后他又陆续出版了数本关于思想史的书籍，虽然也不乏《八戒说禅：〈六祖坛经〉新释》这样仍然比较诙谐幽默的作品，但是《春秋大义》系列已经回归严肃史学的行列，学术气息大幅增加，全书所述内容翔实，史料丰富，思辨内容较多，对于一般读者来说，已存在阅读难度。著名历史学家的著作也被大众青睐，国外的有《人类简史：从动物到上帝》《全球通史：从史前史到 21 世纪》《耶路撒冷三千年》《你一定爱读的极简欧洲史》；国内有吕思勉《中国通史》、钱穆《国史大纲》、蒋廷黻《中国近代史》、黄仁宇《万历十五年》……尤其是钱穆和黄仁宇两位著名学者，非常受普通读者欢迎。

有学者总结该趋势为"轻学术"，既有学术专业性，又不至于太高冷，令人难以亲近。中国社会科学院近代史研究所研究员雷颐曾指出，近年的"历史热"是思想解放在历史领域的表现。对于大众而言，通俗历史读物使历史事件和历史人物活了起来，令读者有代入感。而 2013 年前后学术书籍的回归，说明公众历史素养有所提升。同时，从畅销书榜可以看出，大众历史阅读的内容从中国史学扩展到了西方史学，西方史学的内容一般为世界史、文明史和西方历史学家眼中的中国，表明"国人的全球意识愈来愈强，'外效'与'自视'成为阅读需求的重要心理因素"①。

也有不少学者对"历史热"表达忧虑之情，将通俗历史读物的畅行评价为"时尚史学"，提出要警惕庸俗化的趋势。主要因为通俗历史读物以及相关影视剧题材中充斥着大量"戏说""恶搞""八卦"成分，动不动就"颠覆"思维模式，加上部分媒体炒作，难免有损历史学本身的威信。一开始，民间写手作为写作通俗历史读物的主要群体，确实被打上了不少与官方书史对立的标签：官方是专业的，民间是业余的；官方是正说，民间是娱乐；官方重教育，民间只是为了娱乐；官方的是死历史，民间的才鲜活。民间写手被认为缺乏历史学专业训练，在专业写作上有所欠缺，内容质量上先天"低人一等"。客观来看，也确实存在一些不足。一是史实讹误；二是内容庸俗、猎奇；三是史观错误，过分强调帝王将相等

---

① 杜筱芦."轻学术"：大众历史阅读的新取向.北京日报，2017-04-24（16）.

阶层。①迎合市场、内容碎片化、降低史学价值，部分作品内容庸俗、曲解历史，都需要警惕。②这样的作品大行其道，不仅无助教化，反而会误导读者，建立错误观念，贻害无穷。因此学界认为，低劣的通俗史学反而妨害大众史学、公共史学的发展。要避免这一点，就需要严格的学术规范、严肃的学术评价和必要的社会监督。③

其实无论通俗史学、大众史学还是公共史学或者别的概念定义，"public history"就是历史知识社会化的过程，而专业与普及从来就存在着矛盾。任何专业的知识或内容，一旦走向大众，其面貌必然有所改变，不可能维持原样。这不是任何一个人能控制的，而是一种无法避免的适应结果。那么，专业与普及，或者说史学社会化与严肃的学院史学是不是就完全是对立的呢？从前文所举"公众史学"的概念看，并不一定。历史学家参与面向公众的历史相关工作，或者对非专业历史爱好者加以训练和监督，都可以有效提升通俗历史读物的质量，提高大众历史阅读的品位与素养。从现实看，也的确有越来越多的专业学者参与到史学社会化的工作中来。例如百家讲坛等各种由专业学者主讲的文化类节目以及相关书籍。民间写手也可能被纳入学院派。例如《明朝那些事儿》的作者当年明月已经加入中国明史学会，在明史专家、中国人民大学历史系毛佩琦教授的指导下研究明史。

历史知识社会化的趋势已经不可避免，或者说从来没有停止，史学走向大众也自有其重要意义。中国社会科学院近代史研究所研究员马勇教授认为，大众史学实际上是中国历史学的主流。大众史学的优点是文学性与阅读性，学术研究是它的根基。好的史学必须经受良心和学术史的考验。北京师范大学历史学院汪高鑫教授则提出了历史知识社会化的五项基本原则："一是准确性，要向社会大众

---

① 杜筱芦. 历史的品位与口味: 近年来历史类畅销书的文化解读. 法制与社会, 2017 (6): 170–171, 199.

② 王记录. 警惕"历史热"庸俗化. 中国社会科学报, 2011–03–24 (4).

③ 许海云. 评所谓"时尚史学". 北京日报, 2007–03–12 (19).

普及准确的历史知识；二是通俗性，要用当代人喜闻乐见的通俗易懂的语言普及历史知识；三是教育性，要重视所普及历史知识内涵的教育价值；四是蓄德性，既要重视提高大众的道德水平，又要重视以史开启民智；五是多途性，这是从普及方式而言的，包括历史知识社会化具体方式、方法的多样性和普及主体的多类性。"[1]

---

[1] 汪高鑫.论历史知识社会化的基本原则——以中国历史知识社会化为例.河北学刊，
2011（4）：85-55.

# 第三节　如何读懂历史

## 一、普适性阅读方法

如何读懂历史？前文已叙，历史著作相当于不同的历史记忆，因记录者的身份、立场、意图而各有不同，千差万别。因此阅读历史，更重要的是领会"历史的精神"，建立正确的历史观念和思维模式。在正式阅读之前，我们应当明确两点，一是立场，二是阅读目的。所谓立场，由于不同历史学家（或作者）秉持的史观和史学理论不同，或立场有异，他们对同一件事的描述和阐释可能有所不同，那么我们必须先明确他的研究方法和预设立场，例如认为历史是遵照某种理论，或者无模式可循。为了尽量客观公正，在有余力的情况下，可以阅读不同历史学家的著作和不同描述。我们阅读历史的目的不仅仅是了解基本史实，更期望了解人类的行为模式，做出预测。

广义的阅读可以分为四个层次，一是基础阅读，要求也很基本，就是读懂。二是检视性阅读，强调时间和效率，快速浏览。三是分析性阅读，全盘完整地、优质地进行分析性理解和评论。四是主题式阅读，就同一主题进行比较式阅读，加深对该主题的系统化理解。具体到历史阅读，参照王松泉《阅读教育学》中对语文阅读能力的分层——认读能力、理解能力、评赏能力和借鉴能力，将历史阅读能力由低到高定义为知道、理解和评价。知道是指知道基本史实；理解是指理解事情缘由和经过等；评价则比较广泛，可以是评价历史事件的意义和影响，也可以是评价作者的写作论述水平。

首先，抛开理论上关于历史究竟能否还原的一些争辩，历史知识的基本结构可以分解为五要素：时间、地点、人物、事情经过、意义（性质、作用、影响、经验教训、成败原因、评价等），实际上与根据美国政治学家哈罗德·拉斯韦尔

（Harold Lasswell）理论发展而成的 5W1H 分析法是对应的，即何时（when）、何地（where）、何人（who）、何事（what）、何因（why）、何法（how）。《如何阅读一本书》中，"如何阅读历史"部分提出阅读历史，应当把它当做诠释性作品，并明确它的选题范围。叙述的时间和空间上下限在哪里，写了什么和没写什么。但没写一件事，并不代表它不存在。其次是结构性的判断，作者的叙述方法是什么，划分方式是什么，着重点又是什么。[①]这对于我们了解基本历史知识是很有效的。

那么如何理解历史呢？理解一件看上去按照因果关系叙述的事情，并不难，但是有时候这因果顺序是按照历史学家的逻辑排列的，而不是客观的，也不是我们自己的。要真正理解历史，还需要更深入的思考。美国著名历史理论和文学批评理论学者多米尼克·拉卡普拉（Dominick LaCapra）总结了西方史学界进行历史阅读的五种方法。一是对阅读的否认或压抑（The Denial or Repression of Reading）。这实际上是针对考据型的研究著作，这类著作中所有的文本和文献作用都是单一的，即确证某些史料。它的缺点很明显，其对历史的理解局限于实证分析的模式。阅读此类作品，我们事实上并不需要太多的阅读方法。二是概要式阅读（Synoptic Reading），通常侧重于内容或主题，纵观全局，是思想史、文化史等题材的重要阅读方法。能够快速获取可靠信息，落脚点是理解历史的意义。可以说与陶渊明的"读书不求甚解"有类似之处。三是解构式阅读（Deconstructive Reading）。解构主义是由法国后结构主义哲学家雅克·德里达（Jacques Derrida）提出的批评理论。在解构式阅读中，意义成为消解的对象，不认同文本只被解读为一种单一讯息，而是多方观念的冲突。其优点是发现那些被压抑的可能性和观点，缺点是过度解读，容易陷入虚无主义的陷阱。四是补救式阅读（Redemptive Reading）。它是在阅读中以现在的价值观对文本内容的意义进行补充。也就是我们对文本意义的感知，实际上是我们自身观念的投射。

① 阿德勒，范多伦.如何阅读一本书.蔡咏春，周成刚译.上海：上海译文出版社，1991：223.

五是对话式阅读（Dialogic Reading），包括两个方面，重构研究对象与针对同一对象的不同研究方法之间的交流。可以不完全地简化为两个问题：别人怎么讲的？我（们）应当如何回应？可以说是兼听各种"声音"（观点）。①这五种阅读方法对于普通读者来说，无疑显得有些佶屈聱牙、艰涩难懂，但它们确实反映了不同的阅读思维。如果仔细对照思索，就会发现我们中大多数人的阅读理解方式，多多少少包含着以上阅读方法提到的思维特征。

具体应该怎么阅读历史呢？ 1961 年，钱穆先生应邀在香港做了八次关于历史研究的演讲，从通史和文化史的总题及政治史、社会史、经济史、学术史、历史人物、历史地理六个分题，言简意赅地论述了中国历史研究的大意与方法。后来这八次演讲汇集成书，即《中国历史研究法》。此外，梁启超也著有同名书籍一本。两位大家提出的史学研究方法对于普通读者而言，也十分具有参考意义。

理解历史需要有正确的史观。中国历史绵长悠久，史料浩繁，足以为傲，另一方面却也为研究者带来种种困难。要研究中国历史，应当清楚中国史与西方史的不同之处。钱穆认为，研究历史首当注意"变"。②近代以来评价中国历史，常批其腐朽迟滞，但其实中国历史的变动在内部，不易察觉，其特点是有浑涵一气的延续性。日本中国学著名学者内藤湖南评价中国文化"间歇有如波浪起伏"，中国历史的特征是"潜运默移"。这也正是钱穆在《中国历史研究法》一书中反复强调的中国历史的内在延续性。他认为，把握历史个性十分重要，要从长处及大处着眼。③黄仁宇在《为什么威尼斯？》中谈中国近代历史时，所说的"历史性格""体会历史长期合理性"也是同样的史观。④

尊重历史个性是阅读历史的根本态度，这一态度直接影响到个人对历史的看

---

① 宋耕，多米尼克·拉卡普拉 . 历史、阅读与批评理论 . 史学理论研究，1999（03）：104–113.
② 钱穆 . 中国历史研究法 . 北京：生活·读书·新知三联书店，2008：3–7.
③ 钱穆 . 中国历史研究法 . 北京：生活·读书·新知三联书店，2008：116–122.
④ 黄仁宇 . 地北天南叙古今 . 北京：生活·读书·新知三联书店，2007：171–182.

法以及研究中的思考方向。近代中国多灾多难，人们通常会将此归结于近代自然科学在中国的缺失，由此产生自然科学为何没有在中国产生的问题。事实上，此类问题包含着一种预设逻辑，认为"应当如何"的逻辑，但我们阅读历史、研究历史，要说明的是历史为何如此发生，而不是为什么不这样发生。历史的发展并不是按照"应当"来的。近代以来国人对中国历史常存批评态度，对传统学派持鄙夷态度，其实已是以欧美的一套为标准，再反过来看本国历史所致。倘若能先尊重中国的历史个性，就不会也不该心怀"应当"的成见。同理，常有人说中国历史无非是一部帝王将相史，是政治、中枢史，少见经济、技术的叙述。这都和中国历史的个性有关。

其次，切忌标签化地片面理解历史。前文已经反复强调过，历史由不同的记录者、叙述者、研究者经手，具有多元性及一定的模糊性。因此阅读历史也应当留一分弹性和模糊，过分简化及系统化反而可能偏离真实状态。黄仁宇在谈及欧洲国家衍化进程时便谈到，马克思认为欧洲从中古发展到近代的历史，不过是由封建社会进入资本主义社会，此理论虽有一定合理性，但却过于简单，重点全在阶级斗争上，而忽略了其他因素，例如地理要素和政治格局。①因此，标签式历史尽管一目了然，浅显易懂，但其过于偏重某一点而舍弃太多，未免让历史的探索变得狭隘。

在阅读并理解之后，我们自然会形成自己的看法。评价历史书籍可以从以下两个维度入手。第一是史料的运用。梁启超在《中国历史研究法》中谈到研究旧史的两个问题，一是范围太滥，卷帙浩繁；二是范围太狭，事实阙略。②其一对应的是如何甄选、鉴别材料，其二则是如何搜寻、组织材料的问题。评价一本书中史料的运用也可以从这两个方面来进行。该书是否注意先事实后理论，而非根据固有理论筛选材料？尽管实际操作中肯定是先有假设，但假设应当根据材料进行不断修正，尤其是关注那些否定假设的材料，才能最大限度可保证客观性。辨

---

① 黄仁宇.地北天南叙古今.北京：生活·读书·新知三联书店，2007：215–216.

② 梁启超.中国历史研究法.南京：江苏文艺出版社，2008：9.

伪是史料利用的重要步骤。"考辨真伪，目的本在于得到某人思想或某事始末之真相，与善恶是非全无关系。"①

第二是对作者研究方法和文本反映出的作者立场及意图进行评价。历史研究重在还原真相，尤忌将其作为手段工具，否则势必如戴有色眼镜，而不能还原本真。譬如康有为《新学伪经考》《孔子改制考》二书，因要为其政治主张鸣锣开道，所以是从利己立场来考证历史，其客观与公正性难以保障。钱玄同在给顾颉刚的《论近人辨伪见解书》中说，康有为在《孔子改制考》中以纬书攻击刘歆所说孔子作六经之旨，实乃为伪事所蔽，其"考订伪书之识见不为不精""荒唐难信"，而顾颉刚的回复则认为康氏等人未必不知谶纬为伪造，只因其"今文学家的成见横梗胸中，不能不硬摆架子"。②这正是因为研究的政治性目的及门派之见而贬低了学术价值，值得读者警惕反思。

## 二、课外补充阅读

除了大众阅读，学生也是历史阅读的主要群体之一。由于处于学习阶段，一般是老师要求或推荐阅读书目，部分学生根据自己的兴趣补充阅读。从一线执教老师的反馈看，目前学生的历史阅读（教学）中存在几个问题。

传统的历史阅读教学有两种方式：课堂阅读和课外阅读。第一，课堂阅读上，由于时间受限，史观的讲解不透彻，学生不一定完全理解。第二，学生在课堂阅读教学上很难把所学知识有效串联。而课外阅读时，又只看不思，难以培养良好的时空观。第三，课堂上学生只是被动地进行史料研读，鲜少质疑真假。课外阅读中，对于史料也缺乏审视态度。总而言之，缺乏质疑反思的精神。第四，常有

① 顾颉刚等.古史辨·第一册.海口：海南出版社，2005：33-35.
② 顾颉刚等.古史辨·第一册.海口：海南出版社，2005：33-35.

用史料附会观点的情况。第五，家国情怀的培养不到位。[①]

　　复旦大学附属中学的历史老师反映，学生在文本阅读上欠缺"整合与解释""反思与评价"的能力。同时"碎片化"和"应试性"阅读倾向在教师身上也存在。他们曾带领课题团队做过一个问卷调研，内容是关于高中历史教师和高中生的历史阅读和写作。据统计，参与调查的全市253位高中历史教师中，近47%的阅读资源来源于网站，近45%教师没有对学生阅读提出明确的、有针对性的要求，近50%教师未对学生阅读进行跟踪指导。在指导学生阅读的教师中，近52%选择片段式"关键词提炼"的阅读方法，超过70%教师选择在"解读材料时"和"分析试题时"进行阅读方法指导。参与调研的全市4825位高中学生中，近36%在校读书期间几乎没时间阅读除教材、教辅之外的历史书籍或杂志；即便在寒暑假，近22%的学生没有阅读一本历史书籍或杂志；近60%的学生因为作业太多，没有时间阅读历史书籍或杂志，近45%的学生从来没有写过历史文章（含历史小论文、历史课本剧等），近94%的学生希望历史老师在推荐历史课外阅读书籍的同时，进行阅读方法的指导。[②]可以看出，教师和学生都在历史阅读方面存在一定问题，学生对阅读方法的指导需求度其实很高。

　　针对以上问题，大体上要注意两点，一是宏观阅读，把握历史整体脉络；二是注意微观分析，对具体历史事件的结构心中有数。下面介绍几种便于操作的阅读方法。

　　（一）目录阅读法。顾名思义，目录阅读法就是阅读一本书的目录，其目的是了解这本书的思路，建立该书的总体框架，对于脉络的把握比较清晰，不会迷失在大量细节里。因此无论是课堂学习还是课外阅读，可以先阅读一本书的目录，从目录了解一段历史的发展和特征。

---

① 王苇.在"师生共读"中培育学生的历史学科核心素养——以梁启超《中国近三百年学术史》片段阅读为例.教育教学论坛，2018（21）：257-259.

② 李峻.欲人文他人，必先人文自己.文汇报，2015-11-27（7）.

（二）问题阅读法。根据一线教师的教学实践，发现学生进行阅读理解时，其思维过程是提出问题—分析问题—解决问题。因此，阅读之前可以先提出一些问题，带着问题去阅读，既更有针对性，也更利于理解和记忆。不仅要由教师提出问题，更要引导学生自己发现问题、提出问题，从而培养自主学习、思考的能力，拓展阅读的宽度和深度。

（三）比较阅读法。比较法是常用的方法，无论阅读、研究还是评价等各种形式，都有打开思路、加深理解的效用。比较阅读最主要的作用是找出不同点，使人明白该事件与其他事件的区别，从而把握该事件的特殊性和本质特征。也可以通过找出相同点，建立起该事件同其他事件的联系，从而发现一些规律。

（四）专题阅读法。围绕一个主题，有计划地进行阅读。可以是同一历史事件的不同著作，不同的作者从不同的角度叙述，会呈现历史的多面性。也可以是一类主题的相关书籍阅读，能对该主题问题形成系统性的认识。专题阅读法和比较阅读法实际上既有联系，也有区分。比较阅读法比较的对象通常是有相似点的不同主题或历史事件，比如日本君主立宪与英国君主立宪的比较。如果运用主题阅读法，我们可能会阅读关于英国君主立宪的相关书籍，也可能阅读其他国家的君主立宪的相关论著。后者可能会自然而然地发展出比较的阅读思维。[1]

（五）补充阅读法。该阅读法主要是由教师根据课堂阅读内容，指定或推荐书目，对课堂内容进行补充。因为课堂时间有限，教师对一个历史事件的介绍和讲解也十分有限，学生可能有加深了解的兴趣和需求，但是史料浩繁、著述其多，容易不知从何处下手，这时候就需要教师根据自身专业素养和教学需求，推荐适合的书目。

（六）学科渗透阅读法。历史是过去发生之一切事，一个历史事件也许是政治，是经济，是文化，是科技，是天文，是地理……它不会拘泥于任何单一学科。因此在阅读中，可以有计划有选择地引入其他学科知识，使故纸陈文变得鲜活起来。例如读到三国，可以结合地理形胜分析大小战役；读到宋代商业，可以引入

---

① 朱丽昕.如何培养学生的历史阅读能力.太原科技，2007（3）：88-89.

一些经济学和文化史方面的内容，加深对宋代商业发达的理解。[①]

### 三、亲子阅读中的历史教育

幼儿时期是一个人身心发展的关键时期，如果在早期增加历史阅读，大有益处。《国家中长期教育改革和发展规划纲要（2010—2020 年）》把加快发展学前教育作为国家战略性任务提出。该纲要明确表示："基本普及学前教育。学前教育对幼儿身心健康、习惯养成、智力发展具有重要意义。遵循幼儿身心发展规律，坚持科学保教方法，保障幼儿快乐健康成长。积极发展学前教育，到 2020 年，普及学前一年教育，基本普及学前两年教育，有条件的地区普及学前三年教育。重视 0 岁至 3 岁婴幼儿教育。"近年来，国家、社会、家庭以及越来越多专家学者都在关注幼儿教育，其中历史教育是非常重要的一环。

阅读历史能够开拓心胸，开阔视野，启发心智，锻炼思维逻辑，帮助形成正确的人生观、世界观和价值观。同时，能够培养孩子的民族自信和自豪感，使孩子们对我们的民族与国家产生归属感。历史阅读能让孩子对一个历史事件形成自己的观点或者看法，从而培养出自己的价值标准。好的历史读物会把某段历史的相关人物以及背景告诉孩子，让孩子自行判断，想明白相关道理，站在更理性的立场来思考问题。经过这种独立思考并形成个人想法的过程，才能培养出独立、自主、有担当的人格。古人说过，以铜为鉴，可正衣冠；以人为鉴，可明得失；以史为鉴，可知兴替。读历史并不一定要成为历史学家，但是阅读历史培养出的理性思维却可以令孩子受益终生。

随着经济发展与社会观念的进步，亲子阅读的家庭越来越多，亲子共读已经成为非常普遍的早期教育方式。绘本类图画书、文字类童书、播放视频音频资料等，都是家长青睐的方式。但是根据调查，认同历史教育的重要性，并在亲子阅读时与孩子共读历史的家长，却非常少。几乎没有家长会给孩子买适龄历史读物。

---

[①] 刘金贵."拓宽、挖深"：历史阅读引导之我见.福建教育学院院报，2002（8）：70–71.

小朋友们对历史知识其实是有兴趣的，目前他们历史知识的来源主要是幼儿园教育。就目前的情况来看，一是家长意识不到历史教育的重要性，本身也缺乏一定的历史学素养，导致家长无法有针对性、有计划地与孩子共同进行历史阅读。二是幼儿的理解能力还比较差，思维简单，不同的孩子对历史的认识和接受能力不一样，是非观和世界观还没形成，需要耐心引导，增加了历史教育的难度。三是幼儿阶段的历史读物匮乏，质量良莠不齐。目前，针对幼儿教育的历史读物普遍缺乏针对性和系统性，许多历史故事绘本编写较为混乱，影响幼儿接受和理解。[①]这几点也导致历史阅读在亲子阅读中非常不受重视。

应对以上问题，可以树立正确的历史阅读观念，形成良性互动阅读模式，创造良好的阅读环境。湖南师范大学吴远辉在其硕士论文《家庭亲子阅读中的历史教育初探》[②]中，总结了亲子历史教育的四种具体方式，十分具有参考性。

（一）图读法。根据幼儿的生理和心理特点，家长选购书籍时应以图画类历史启蒙读物为主，要注意画面色彩是否鲜明，内容是否生动活泼，富有感染力。家长可根据自己孩子的智力发展情况尽早开始启蒙阅读，按照单幅图片认物—家长讲解绘本等无文字图画书—幼儿自己阅读有文字的绘本、连环画等历史书籍的顺序，循序渐进。

（二）诵读法。家长将历史故事朗读给幼儿听，诵读法可以吸引幼儿的注意力，丰富幼儿的词汇，提高幼儿的朗读水平和口语表达能力，还要在诵读的过程中加强互动，引导幼儿进行思考。首先，选择符合幼儿认知发展水平的历史书籍。历史故事应当短小精练，切忌过长，以便幼儿记忆；其次，要注意读物的语言表达，应当优美上口；最后是历史故事要富于意义，能启发思考。诵读时家长要注意吐字和语速，恰当的语调和情绪表达是激发幼儿兴趣的重要因素。

---

① 龙伟坚.历史教育与幼儿多元文化意识培养初探.中国校外教育，2017（22）：145–146.

② 吴辉远.家庭亲子阅读中的历史教育初探.长沙：湖南师范大学，2016.

（三）点读法。两岁至三岁左右就可以进行点读式阅读，家长指导幼儿用手点着书本文字跟读。点读能刺激幼儿大脑皮层，对图形和文字形成初步记忆。最开始幼儿会觉得只是一种符号，当其语言理解能力达到一定程度后，就能理解符号所代表的意义，从而对汉字这种抽象符号产生兴趣，逐渐学会识文断句，为以后独立阅读奠定基础。因幼儿注意力有限，手指点读法能够有效改善阅读时幼儿"口到心不到""人在心不在"的问题。应注意选择字少、字大、多图的读物，以免造成幼儿疲劳。

（四）讲读法。对于篇幅较长的历史故事家长可以采用讲读方式。讲读历史故事时根据实际情况有所侧重，可以部分依据原文朗读，部分情节自讲自演，尽量做到生动活泼。家长还可以和幼儿分角色进行讲述，将幼儿带入情境，帮助理解和记忆历史知识。

## 第四节　历史阅读推荐

历史是一个永远探索不尽的谜题。由于历史本身和史学相关研究著述存在巨大体量，想要全面完善地介绍历史学书籍是一个不可能完成的任务。因此，仅向各位读者推介部分经典历史学术著作，包括历史研究方法及通史类、断代史、专门史等史学著作，期待能为大家构建基本史观，领进史学研究的大门。在具备初步的阅读和判断能力之后，读者可自行挑选其他学术和非专业通俗史学书籍。

### 一、历史研究类读物

**1.《中国历史研究法》钱穆著，生活·读书·新知三联书店 2005 年版**

1961 年，钱穆先生应邀在香港做了八次关于历史研究的演讲，从通史和文化史的总题及政治史、社会史、经济史、学术史、历史人物、历史地理六个分题，言简意赅地论述了中国历史研究的大意与方法。可视为钱穆先生对中国史学大纲要义的简要叙述，也是他此后三十年史学见解的本源所在。后来这八次演讲汇集成书，即《中国历史研究法》。读者可以参考梁启超同名书《中国历史研究法》的内容，从中国历史特点、史料的甄选、组织及研究历史的意义等方面了解一些关于中国历史研究的心得。

**2.《中国历史研究法》梁启超著，上海古籍出版社 1998 年版**

本书原是梁启超 1921 年秋在天津南开大学的演讲稿，体现他二十多年史学研究的积累。书中先论述历史的定义、意义和范围，接着评价中国的旧史学，谈及如何改造旧史学、建立新史学，最后专谈史料的来源、搜集与鉴别，并阐述了怎样发现史实纵横方面的联系。这部中国近代史学名著的许多治史经验，至今仍具有指引历史研究门径、启迪后学的价值。

3.《治史三书》严耕望著，上海人民出版社 2011 年版

本书汇集了严耕望先生的三本小书《治史经验谈》《治史答问》《钱穆宾四先生与我》，系著者数十年从师问学与研治国史的实际经验总结，对历史学研究的基本方法、具体规律、论题选择、论著标准、论文体式、引用材料与注释方式、论文撰写及改订，以及努力途径与生活修养等诸多问题，皆以质朴流畅的语言娓娓道来。

4.《论历史》[法]费尔南·布罗代尔著，刘北成、周立红译，北京大学出版社 2008 年版

《论历史》是法国史学家费尔南·布罗代尔有关历史学本性的思考的总结，这本文集凝结了他多年治史经验的思想精华。全书分为三个部分，也是详述了布罗代尔最关心的三个问题：一是历史的时间；二是历史学和其他人文科学的对话；三是历史写作与现实的关系。

5.《历史的观念》[英]柯林武德著，何兆武、张文杰、陈新译，北京大学出版社 2010 年版

本书被誉为 20 世纪最有影响力的历史哲学著作之一。这部理论性的学术著作之所以能够成为畅销书，几十年来一直受到读者重视，原因如下：一、梳理了西方人的历史观念的演变，从古希腊到现代，各阶段的特征一目了然；二、作者兼有历史学和哲学两方面的思维，所论问题切中历史学的核心，不给人隔膜之感；三、作者思路明晰，语言简练，将深刻的哲学思想用平白晓畅的语言娓娓道来。

《历史的观念》

## 二、中国通史类读物

1.《吕著中国通史》吕思勉著，中国社会科学出版社 2013 年版

本书是吕思勉先生史学论著之一，完成于 1939 年，分上、下两册。该书为

当时上海大学文科学生教材，上册分门别类地叙述社
会经济制度、政治制度和文化学术的发展情况，内容
包括婚姻、族制、政体、阶级、财产、官制、选举、
赋税、兵制、刑法、实业、货币、衣食、住行、教育、
语文、学术、宗教十八类；下册按历史顺序叙述了政
治历史的变革。堪称其代表作。能够帮助读者初步又
不乏系统地了解中国社会经济、政治制度、学术文化
等方面的历史知识。《吕著中国通史》是吕氏治学后
期的成熟作品，是大纲性的著作，文字精练，比《国
史大纲》细密翔实，但趣味性较少，适合有一定阅读习惯的普通读者。

《吕著中国通史》

**2.《白话本国史》吕思勉著，上海古籍出版社 2005 年版**

1923 年本书初版，是第一部用白话文写成的中国通史。原名《自修适用白话
本国史》，曾作为大学教材和青年"自修适用"读物，影响甚剧。由绪论和五篇
构成，详细叙述了从远古时代到民国十一年华盛顿会议期间的中国历史。其历史
分期十分具有特色：周以前上古史，秦朝统一到唐朝全盛为中古史，从唐朝安史
之乱至南宋为近古史，元朝至清朝中叶为近世史，西力东渐至清朝灭亡为最近世
史，辛亥革命以后为现代史。除了一般通史必讲的历代政治制度、经济组织、宗
教文化、社会情形等内容，该书还关注东南亚、西亚各国、各民族与中国的往来
关系，横向铺开，视野开阔，大气而多面。吕氏的早期作品已经体现出卓越史识，
适合稍高一点层次的读者阅读。

**3.《国史大纲》钱穆著，商务印书馆 2013 年版**

《国史大纲》是一部中国通史，用大学教科书体例写成，比较简要。以政治、
经济、文化为切入点，归纳总结了各代的治乱盛衰。但本书最为与众不同之处在
于其写于 1939 年，正值日寇嚣张、民族危亡关头，钱氏期望以这本中国通史，
提振青年学生对中华文化的信心，塑造民族凝聚力，共同度过危难时刻。因此本
书有比较明显的民族主义情绪，这也是序言强调对本国历史当有"温情与敬意"
的缘由。因钱氏遗嘱，至今只有繁体竖排版，书中多异体字，一般普通读者阅读

稍有难度。

**4.《中国史纲》张荫麟著，上海古籍出版社 1999 年版**

本书作为当时的历史教材读本，文采斐然，易读易解，富思想内涵和理论深度，显示出张氏深邃敏锐的见识和渊博厚实的学养，非常适合普通读者阅读。

钱穆《国史大纲》

**5.《中国近代史》蒋廷黻著，上海古籍出版社 2001 年版**

《中国近代史》写于 1938 年，全书共分总论和四个部分，从鸦片战争到抗日战争前夕，将近百年的史事深入浅出地娓娓道来。内容上不拘泥于历史事件的过程和细节，不作史料堆砌，重在总体把握演变趋势，可谓融会贯通之言。

**6.《简明中国历史读本》中国社会科学出版社 2012 年版**

本书由中国社会科学院历史研究所编写，从中国的原始社会与文明起源直到清王朝覆灭、辛亥革命，按年代顺序，简明扼要地叙述了朝代更替以及各个时期的经济、科技、文化、民族关系、对外往来等情况。参考书目有范文澜、郭沫若、翦伯赞、白寿彝、蔡美彪等史学名家的通史著作。

**7.《剑桥中国史》[美]费正清、[英]崔瑞德主编，中国社会科学出版社 2012 年版**

剑桥中国史（*The Cambridge History of China*）是一部世界上极具影响力的国外研究中国历史的权威著作，由英国剑桥大学出版社出版，费正清、崔瑞德任全书主编。该套丛书完全由西方学者撰写，作者都是一流的汉学家，广泛引用文献材料，注重文献的辨伪和考订。缺点有几处，一是翻译后的文字仍有润色余地；二是各章节间相互割裂，体例不一致；三是薄古厚今，

《剑桥中国史》

年代越近篇幅越长。虽然争议较多，但以西方文化的视角提出了许多新观点和质疑，有助于我们站在另一立场看中国，开拓视野，深入思考。

## 三、世界史类读物

**1.《全球通史：从史前史到 21 世纪》**［美］斯塔夫里阿诺斯著，董书慧、王昶、徐正源译，北京大学出版社 2005 年版

本书分八个部分，四十四个章节，主要讲述了世界历史的进化，世界文明的发展及其对现代社会的影响。其中包括原始社会、欧亚大陆的古代文明、欧亚大陆的原始文明、欧亚以外的世界、地区分割后的世界、西方世界的崛起、西方人统治的世界、西方的衰落与成功八个主要部分。本书虽然没有完全脱离西方中心论的影响，但是其以卓越的理性与想象力将不同史迹串联，为读者提供了不一样的通史阅读体验。这部作品自 1970 年初版问世以来，赞誉如潮，被译成多种语言流传于世。第 7 版在保留原文精华的基础上，添加了新的研究成果，新增了数百幅生动珍贵的图片和脉络清晰的地图。

**2.《新全球史》**［美］杰里·本特利、［美］赫伯特·齐格勒著，魏凤莲译，北京大学出版社 2007 年版

本书是一本全球史教科书。本特利在本书中提出了一种新的全球史观，认为"传统"和"交流"是人类历史中的两个主题。作者把世界历史的整体框架解析为七个大的时段，在每个时段，既展现社会的整体变迁，也描绘作为社会纹理的个人命运，兼顾文明传承与相互交流，致力于刻画多种文化交流背景下所有社会的共同经历。《新全球史》自从 2000 年在美国问世以来，被超过 1000 所学校采用为世界通史教科书，受教育的学生有 100 多万，成为最畅销的世界历史读物之一。中译本依据的是修订第三版（2005 年）。完整梳理了 15 世纪前的世界历史，比《全球通史》《世界史纲》可读性更强。

3.《**丝绸之路：一部全新的世界史**》［**英**］**彼得·弗兰科潘著，邵旭东、孙芳译，浙江大学出版社** 2016 **年版**

两千年来，丝绸之路始终主宰着人类文明的进程。不同种族、不同信仰、不同文化背景的人们往来在这条道路上，创造并传递着财富、智慧、宗教、艺术、战争、疾病和灾难。翻开这部包罗万象的史诗巨著，您将发现，丝绸之路的历史就是一部浓缩的世界史，丝绸之路就是人类文明最耀眼的舞台。它不仅塑造了人类的过去，更将主宰世界的未来。

4.《**海洋与文明**》［**美**］**林肯·佩恩著，陈建军、罗燚英译，天津人民出版社** 2017 **年版**

本书从海洋的视角出发，重新讲述世界历史，揭示人们如何通过海洋、河流与湖泊进行交流与互动，以及交换和传播商品、物产与文化。旨在揭示，各个人群、民族、国家与文明通过全球范围的水路通道，在塑造自身文明的同时也在塑造着历史。作者展现了文明的兴衰与海洋之间的联系，引人入胜地叙述了人类航海事业的发展历程，谱写出一部关于航海者的史诗。

## 四、其他类历史读物

1.《**中国历代政治得失**》**钱穆著，生活·读书·新知三联书店** 2001 **年版**

1952 年三四月间，钱穆先生应邀对中国历代政治得失作了专题演讲，此后在讲稿基础上稍加修改校正，编辑成《中国历代政治得失》一书。在书中，钱穆先生从政府组织、选举（考试）、兵役、赋税制度等方面论述了汉、唐、宋、明、清五代之政治制度，对中国古代政治制度作了概观与比照，高屋建瓴地总括了中国历史与政治的精要大义，实为一部简明的"中国政治制度史"。书中观点读者不一定悉数赞同，但读来很有裨益。

2.《**万历十五年**》［**美**］**黄仁宇著，生活·读书·新知三联书店** 1997 **年版**

《万历十五年》是黄仁宇的成名之作，也是他的代表作之一。英文原本推出后，被美国多所大学采用为教科书，并两次获得美国书卷奖历史类好书的提名。

这本书细心推敲叙事结构和描述手法，是一本叙事史佳作。黄仁宇本人则将之称为"大历史观"（macro-history），强调背景和事件发生的众多原因的联系和因果关系，通过叙事来剖析其中的关联。同时，历史存在着长期的合理性，黄仁宇对于历史演变的切入点，便是财政税收。想要详细了解"大历史观"，可以参阅他的《中国大历史》《地北天南叙古今》等著作。

3.《简明中国历史地图集》谭其骧主编，中国地图出版社 1991 年版

本书由序图《中华人民共和国全图》以及上自原始社会下迄中华民国的各历史时期的 36 幅地图组成，并有包括序图在内的约 7 万字的图说及地名索引。读者从中可以了解到我国各历史时期疆域设置、部族分布的概貌和我国历代疆域沿革的情况，阅读中国通史时对照对应历史地图，便于加深理解和记忆。

4.《枪炮、病菌与钢铁》[美]贾雷德·戴蒙德著，上海译文出版社 2000 年版

本书着重说明人类在欧亚大陆的进化过程，结合地理、生态、生计模式、医学、制度、文化和技术等多方面的长链条给出了一个解释。本书在研究方法上吸收了自然科学的长处，用自然科学方法去考察人类的"大历史"，是一本开创性著作，展现了历史学研究的全新视角。

5.《人类简史：从动物到上帝》[以色列]尤瓦尔·赫拉利著，林俊宏译，中信出版社 2014 年版

本书为 2014 年度最佳历史通俗读物，不仅是人类历史著作，更是出色的博物学作品。从生物学的人类演化，到历史学的社会理论，到心理学的幸福感，用不到 40 万字回顾人类发展的关键进程，当代几乎所有学科的基本理论和观点都被信手拈来，读来大有裨益。

《人类简史》

✦ **延伸阅读**

1.《历史学是什么》葛剑雄、周筱赟著,北京大学出版社2002年版

2.《为历史学辩护》[法]马克·布洛赫著,张和声、程郁译,中国人民大学出版社2006年版

3.《读史阅世六十年》何炳棣著,广西师范大学出版社2005年版

4.《蒙文通学记》蒙文通著,生活·读书·新知三联书店2006年版

5.《中国史学史》蒙文通著,上海人民出版社2006年版

6.《国史要义》柳诒徵著,上海古籍出版社2007年版

7.《中国近代思想与学术的系谱》王汎森著,河北教育出版社2001年版

8.《中国思想史》葛兆光著,复旦大学出版社2001年版

9.《上学记》何兆武口述,文婧撰写,生活·读书·新知三联书店2008年版

10.《中国文明起源新探》苏秉琦著,生活·读书·新知三联书店1999年版

11.《中国封建社会》瞿同祖著,上海人民出版社2003年版

12.《古史甄微》蒙文通著,巴蜀书社1999年版

13.《从爵本位到官本位:秦汉官僚品位结构研究》阎步克著,生活·读书·新知三联书店2009年版

14.《开放的帝国:1600年前的中国历史》[美]芮乐伟·韩森著,梁侃、邹劲风译,江苏人民出版社2007年版

15.《东晋门阀政治》田余庆著,北京大学出版社1989年版

16.《历史社会学的兴起》[英]丹尼斯·史密斯著,周辉荣等译,上海人民出版社2000年版

17.《再造文明的尝试:胡适传(1891—1929)》罗志田著,中华书局2006年版

18.《马丁·盖尔归来》[美]娜塔莉·泽蒙·戴维斯著,刘永华译,北

京大学出版社2009版

19.《蒙塔尤：1294—1324年奥克西坦尼的一个山村》[法]埃马纽埃尔·勒华拉杜里著，许明龙、马胜利译，商务印书馆2007版

20.《蒙元入侵前夜的中国日常生活（插图本）》[法]谢和耐，刘东译，北京大学出版社2008年版

# 第四章

# 艺术阅读：生活的奥秘存在于艺术之中

艺术，不可定义？

艺术素养与美育

艺术教育"活起来"

艺术阅读推荐

## 一、什么是艺术

什么是艺术？几千年来，无论是文学理论家、美学家，还是哲学家对此一直争论不休，至今也没有令所有人都信服的权威答案。

在中国，从词源上讲"艺"，其实是指一种劳动技能。之后，"艺"字逐渐又有"技艺""技巧"的意思。古代儒家的"艺"特指相关"课程"，意思是指学生应该掌握的基本技艺。如《周礼·保氏》里面就有关于"六艺"的说法：礼、乐、射、御、书、数。[①]

在西方，"艺术"（art）一词源于拉丁语的"ars"，意为"技巧"。从古希腊时期就开始流行"艺术模仿自然"的观点。古希腊唯物主义哲学家德谟克利特指出，人们通过"天鹅和黄莺等歌唱的鸟学会了唱歌"。亚里士多德更是指出，所有的文艺都是模仿，不管是何种样式和种类的艺术，"这一切实际上是在模仿，只是有三点差别，即模仿所用的媒介不同，所采取的对象不同，所采用的方式不同"[②]。显然，这种定义并不能定义所有的艺术，它只适合绘画、雕塑等模仿性的艺术形式，而且无法解释原始抽象图像的神秘暗喻。18 世纪末，近代浪漫主义文艺运动兴起，"表现说"逐渐取代"模仿说"。持这一理论的主要有英国诗人雪莱、俄国文学家列夫·托尔斯泰等，如列夫·托尔斯泰认为："艺术起源于一个人为了要把自己体验过的感情传达给别人，于是在自己心里重新唤起这种感情，并用某种外在的标志表达出来。"也就是人们通过各种艺术来表达他们的情感，

---

① 赖蒂. 浅谈培养青少年的艺术修养及重要性. 明日风尚，2017（22）：45.

② 伍蠡甫. 西方文论选（上卷）. 上海：上海译文出版社，1979：5.

从而促进了艺术的发生和发展。但实际上，艺术家的主观因素不足以成为一切艺术的根本性特征。如杜尚的《泉》和沃霍尔的《布里洛包装盒》这类昂贵的现当代艺术作品，很明显不是客观现实的模仿，也不是艺术家个人情感的表达，如果按照上述传统的艺术定义理论，始终是无法把它们看成艺术品的。因此急需开拓新的理论来化解当代艺术的定义

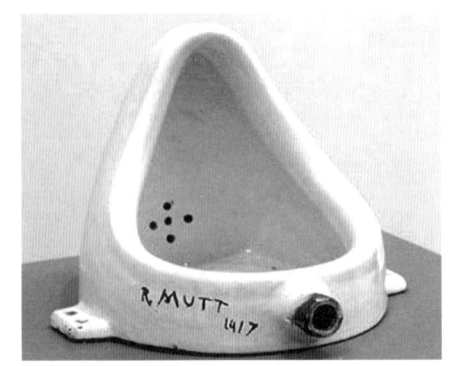

杜尚《泉》

危机。20世纪后半期以来出现了几种有代表性的艺术定义。

### （一）韦兹：艺术不可定义①

当代美学关于艺术定义的理论可以追溯到莫里斯·韦兹（M.Weitz）等新维特根斯坦主义者。韦兹认为将一个东西归为艺术作品，不是根据充分和必要的条件，而是根据"家族相似"，艺术是一个开放概念，各艺术成员之间不存在任何共同的本质，因此对艺术的定义是不可能的。而对维特根斯坦"家族相似"观念的反驳影响极为深远的曼德鲍姆认为，艺术的定义特征不是我们从艺术作品中能够直观看到的某些外显特征，而是隐藏在艺术作品背后的某些非外显特征，这一点得到了当代艺术定义理论的普遍认可，它构成了当代艺术理论与传统艺术定义理论的显著区别。曼德鲍姆认为新维特根斯坦主义理论取消了艺术定义的可能性，实际上是一种懒惰的做法，而无助于艺术理论的进步。

### （二）阿瑟·丹托的"艺术界"理论

1964年，在哥伦比亚大学任教的阿瑟·丹托（Arthur C.Danto）向美国哲学协会第61届东部年会提交了一篇论文《艺术世界》（*The Art world*），这篇文章

---

① 刘茂平，李珊.美学导论.武汉：湖北美术出版社，2014：68—69.

认为"把某物看作是艺术需要某种眼睛无法看到的东西——一种艺术理论的氛围，一种艺术史的知识：一个艺术界。"他告诉我们必须深入到艺术史和艺术理论领域，才能判断它是不是艺术品，才能识别艺术品在艺术界的地位。

### （三）迪基的体制理论

迪基将艺术定义分为功能性和程序性。包括丹托艺术界理论在内的以往所有艺术定义都是从艺术功能角度定义的。在他看来，一个物品要变成艺术作品就必须经过这样一些程序：首先，它必须是某人有艺术意图地制造出来的；其次，它必须为艺术界所接受。迪基这里所说的艺术界跟丹托所说的艺术界不同。丹托的艺术界指一种理论氛围，由艺术理论、艺术史、艺术批评构成；迪基的艺术界是一种艺术体制，由艺术家、艺术公众、艺术媒体、艺术机构等构成。换句话说，是由人、物、制度等构成的一个社会组织。[①]

### （四）列文森的历史性艺术定义

列文森提出要以历史性的艺术定义来替代迪基的艺术体制理论。他提出"一个艺术品是以先于它存在的艺术品被正确地对待的方式，被有意当做艺术作品的东西。"现在的艺术之所以是艺术，是因为它们通过艺术家的意向联系了过去的艺术，并且可以一直回溯到最先的、最初的艺术。[②]

### （五）古德曼的符号理论

古德曼认为，最首要的问题是"什么时候是艺术"而不是"什么是艺术"。一方面，因为没有东西必然就是艺术，只有当以某种方式起象征作用时才是艺术品；另一方面，当艺术品被用作其他用途时，也不再是艺术，例如用绘画作品来

---

[①] 刘伟冬. 艺术管理学研究. 第3卷. 南京：东南大学出版社，2015：71.

[②] 徐陶. 走入哲学之境. 北京：世界图书出版公司，2013：93.

补窗户。①

从上述五种当代艺术理论看，艺术并不是孤立存在的，而是处于种种联系中的，特别是当代艺术实践更强调这一点。但对于艺术，我们还是无法得到统一精确的定义。这些定义理论在揭示艺术某方面特征的同时，又遮蔽了另一方面特征。因此，用开放性的研究视角和态度看待艺术将进一步丰富我们自身对艺术的认知和理解。

## 二、艺术的分类

在漫长的历史发展中，艺术经过不断的分化和综合，艺术种类更趋于多样复杂。依不同的审美视角和认知角度，艺术有多种分类方法。虽然迄今还没有一个公认的艺术定义，但比较流行的艺术分类法主要有以下几种：

以艺术形象的感知方式作为分类标准，把艺术分为视觉艺术、听觉艺术和想象艺术。视觉艺术有绘画、雕塑等；听觉艺术有音乐；想象艺术有文学。

以艺术形象的存在方式作为分类标准，把艺术分为空间艺术、时间艺术和时空艺术三类。空间艺术有绘画、雕塑等；时间艺术有音乐、文学等；时空艺术有舞蹈、戏剧、电影等。

以艺术形象的展开方式作为分类标准，把艺术分为静态艺术和动态艺术两类。静态艺术有绘画、雕刻、摄影等；动态艺术有音乐、舞蹈、戏剧、文学等。

按照艺术反映生活的表现手段作为分类标准，把艺术分为表演艺术（音乐、舞蹈、曲艺、杂技）、造型艺术（绘画、雕塑、建筑、摄影、工艺美术、书法、篆刻等）、语言艺术（文学）和综合艺术（戏剧、影视）。这也是我国目前通常采用的艺术划分方式。

目前世界上公认的八大艺术形式包括文学、绘画、雕塑、建筑、音乐、舞蹈、戏剧、电影。随着艺术外延的不断扩展，艺术种类不断丰富。以下是我国 14 种

---

① 徐陶.走入哲学之境.北京：世界图书出版公司，2013：97.

主要的艺术形式，有助于对艺术范畴有个更全面的了解。

（1）文学：可分为叙事文学、抒情文学和戏剧文学三种，或分为诗歌、散文、小说、戏剧、寓言、童话等体裁。

（2）绘画：按照使用工具材料不同，可分为中国画、油画、版画、水彩画、水粉画、色粉笔画等画种。按照表现对象不同，分为肖像画、风俗画、风景画、静物画、历史画等体裁。

（3）雕塑：按照材料可分为木雕、石雕、泥雕、冰雕、沙雕、金属雕刻、陶艺等。雕塑的体裁有纪念性雕塑、建筑装饰雕塑、园林雕塑等。

（4）建筑：一般分为民用建筑、公共建筑、纪念性建筑。中式建筑包括宫殿、陵园、寺院、宫观、园林、桥梁、塔刹等。

（5）音乐：按照发声媒介，音乐可分为声乐和器乐两个类型。声乐以人声分类，分为男声、女声和童声以及高音、中音和低音。器乐以乐器分类，可分为弦乐、管乐、键盘乐器、打击乐等。

（6）舞蹈：按不同风格特点可分为民族民间舞、古典舞、现代舞、当代舞蹈、芭蕾舞等。

（7）戏剧：按照表演形式可分为话剧、歌剧、舞剧、音乐剧、木偶戏等。按体裁可分为历史剧、现代剧、儿童剧、童话剧等。

（8）影视：包含电影、电视剧、节目等内容。

（9）工艺美术：以手工艺技巧制成的与实用相结合并有欣赏价值的工艺品。品种繁多，有陶瓷、染织、刺绣、编织、家具、漆器、镶贴画、金属工艺，以及商业美术、工业美术、建筑装饰、室内设计、装饰绘画、装饰雕塑、书籍装帧等品种。

（10）摄影：可分为静物摄影、人像摄影、记录摄影、艺术摄影、画意摄影、商业摄影、水墨摄影、全息摄影等。

（11）书法：按风格分类，可分为行书、草书、隶书、篆书、楷书五大类。

（12）篆刻：按刀法分为阴刻和阳刻。按字体分为大篆和小篆。

（13）曲艺：按脚本特点、演出形式和音乐曲式，可分为评书、相声、快板、鼓曲、说唱大书等。

（14）杂技：指柔功、车技、口技、顶碗、走钢丝、变戏法、舞狮子等技艺。

## 三、全新艺术形式：新媒体艺术

在传统的艺术形式中，有基于纸、布、木或墙、地等平面媒介所呈现的如绘画、书法等二维艺术创作，也有土、石、瓷等立体媒介创作的雕塑、建筑等三维艺术形式。但随着信息技术的飞速发展，以数码为媒介、网络为平台的全新艺术形式"新媒体艺术"，正日新月异地在全球范围兴起。

中国当代艺术对于新媒体艺术的媒介属性定位是比较宽泛的，更多地是相对于国画、油画、版画、雕塑等传统艺术媒介而言的，因此在对媒体之"新"进行定位时也时常包括电子艺术、灯管艺术、动态艺术等边界模糊的"新"媒体，甚至于时而包括了行为艺术。严格来说，按照美国新媒体艺术理论家马诺维奇（Lev Manovich）在《新媒体语言》一书中对新媒体技术所下的定义：所有现存媒体通过电脑转换成数字化的数据、照片、动态形象、声音、形态空间和文本，且都可以计算，构成一套电脑数据的，这就是新媒体。同时，美国艺术批评家迈克尔·拉什（Michael Rush）所著《新媒体艺术》一书实际上把新媒体艺术的文脉追溯于 20 世纪 60 年代的西方多媒体表演和录像艺术。以此观之，在中国当代艺术的语境下，新媒体艺术的创作渊源应该从 1990 年前后的录像艺术开始。1988 年，张培力作为中国新媒体艺术第一代艺术家中的代表性人物，以录像的形式录制了一部时长达 180 分钟的作品——《30×30》，记录了一片玻璃被反复摔碎又粘合的过程。

时至今日，从单纯的录像艺术到形式丰富的新媒体艺术，中国新媒体艺术创作在形式语言层面实现了不断更新乃至叠加的效果。达成这一效果的原因有二：其一，从技术发展的客观角度看，媒体技术的更新换代为新媒体艺术创作提供了新的技术可能；其二，从创作主体的主观愿望看，当代艺术家，尤其是青年艺术家也乐于尝试多种媒体，以求在艺术形式上实现突围。前者追求媒体技术在纵深维度上的艺术表达。以技术之新拓展艺术之新，虚拟现实的、交互的、可穿戴的、沉浸化的、赛博空间的，甚至是增强现实的一系列作品陆陆续续出现在中国当代艺术的文脉现场。后者在横向的广度上追求媒介的综合性。这也成为艺术家们常见的一种创作策略，既表现为对新媒体的运用，也表现为多种媒介的混搭，使一件作品在运用新媒体的同时还可能拥有雕塑、装置、绘画、行为等语言形式中的两种甚至多种，从而形成"新媒体＋"的媒介特征，构成一种复调式的艺术媒介形式，建构起所谓跨媒介和全媒介的艺术创作倾向。①

新媒体艺术的先驱罗伊·阿斯科特说：新媒体艺术最鲜明的特质为连结性与互动性。首先必须连结，沉浸其中，并全身融入（而非仅仅在远距离观看），与系统和他人产生互动，以触摸、空间移动、发声等方式，参与改变作品的影像、造型，甚至意义，这将导致作品与意识转化，最后出现全新的影像、关系、思维与体验。

随着计算机网络技术的发展与普及，新媒体艺术的艺术家将信息技术与艺术相结合，开创和发展了门类众多的新媒体艺术形式。北京电影学院教授、当代艺术家宫林认为新媒体艺术可分为数字艺术类（数字图像、数字影像、数字动画）、网络互动类（网络艺术、游戏艺术、虚拟现实）、融合跨界类（影像装置、实验动画、实验电影）。②徐修玲认为目前新媒体艺术主要分为三大类型：观念摄影、录像艺术和网络多媒体艺术。③无论新媒体艺术如何分类，可以肯定的是随着科学技术的发展，其门类也将越发多姿百态。

---

① 石冠哲.何以为"新"——新媒体艺术的形式、意识及当代思考.[2018-02-11] http://art.china.cn/exclusive/2018-02/11/content_40225057.htm.

② 宫林.新媒体艺术.北京：清华大学出版社，2014：35-60.

③ 徐修玲.中国新媒体艺术的类型分析.艺术百家，2006（01）：136-140.

## 一、艺术的价值

艺术有什么用？从现实利益角度看，艺术虽不能果腹，但艺术作为自我精神与情感的抒发与表达，以"无用之用"影响了人类社会文化的发展与繁荣。

关于艺术的价值，中西美学都注重艺术的真、善、美统一，侧重点稍有不同。孔子从"仁学"出发理解美和艺术；柏拉图明确主张艺术要为统治阶级的利益服务，把是否符合政治和道德规范看作鉴别艺术好坏的标准；贺拉斯提出"寓教于乐"的著名观点，成为后人对艺术功能的基本要求；车尔尼雪夫斯基则指出，艺术的功能是再现生活、说明生活和判断生活，做生活的教科书。[①]

艺术功能也是多元化，有机统一的。斯托洛维奇从艺术价值的多种表现出发，将艺术的社会功能归类为八大方面共十四个具体内容，它们分别是：启迪、交际、社会组织、使人社会化、教育、启蒙、认识、预测、评价、劝导、净化、补偿、享乐、娱乐。[②]20世纪后半叶的中国美学界，也多谈艺术的认识作用、教育作用、审美作用和娱乐作用。

（一）艺术的认识作用。艺术的认识作用体现在优秀的艺术作品上面，能让艺术欣赏者感悟、认知到不同时代、社会、地区、民族、阶层的具体生活情境、文化模式、心理性格，从而认知历史和现实，把握事物的本质和社会发展规律。列宁把托尔斯泰的作品比作"俄国革命的镜子"，深刻反映了千万农奴对沙皇制度的激烈反抗。恩格斯说，他从巴尔扎克作品中学到了许多有关经济方面的知

---

[①] 朱立元. 艺术美学辞典. 上海：上海辞书出版社，2012：206.

[②] 斯托洛维奇. 审美价值的本质. 凌继尧译. 北京：中国社会科学出版社，2007.

识。如此这般由感性认知上升到理性认知，正是印证了"生活的奥秘存在于艺术之中"。

（二）艺术的教育作用。艺术的教育作用体现在艺术家在作品中表达出来的人生理想、艺术追求、价值判断、伦理态度等多方面内容，会使欣赏者的思想境界和道德水平得到提升。艺术的教育作用，为古今中外的理论家所重视。如十八世纪的启蒙运动者莱辛在他所写的《汉堡剧评》中，就特别重视戏剧的教育意义。他说，戏剧应该教会我们应当做什么和不应当做什么，锻炼我们的识别能力，去同情应该同情的对象，去厌恶应该厌恶的对象。他认为"剧院应当成为道德世界的学校"。贝多芬也总爱把音乐和道德联系在一起，强调音乐的道德力量。①鲁迅指出艺术是"引导国民精神的前途的灯火"。值得注意的是，艺术的教育作用须建立在正确反映生活的基础上，即艺术家对生活的评价和看法是符合客观实际的。

（三）艺术的审美作用。艺术审美作用即是艺术家按照自己对美丑的判断（审美理想），在作品中塑造出种种艺术形象，并告诉人们什么是美的（对社会有价值的东西，社会的理想），值得颂扬；什么是丑的（对社会有害的东西，阻碍社会前进），需要鞭挞，从而达到陶冶人的性情，增强人们对美和丑的判断能力（审美能力）。②艺术让我们在学会欣赏美、发现美的同时，培养人的完美人格。艺术的审美作用是艺术最主要和最基本的功能特征，被众多理论家提及。孔子认为艺术在人格的升华方面具有不可替代的作用，曾言："兴于诗，立于礼，成于乐。"美学家尤·鲍列夫也曾说："如果说社会意识的其它形式的教育具有局部性质的话，那么艺术则对智慧和心灵产生综合影响，艺术的影响可以触及人的精神任何一个角落，艺术造就完整的个性。"③

---

① 高等艺术院校《艺术概论》编著组. 艺术概论. 北京：文化艺术出版社，1983：73.
② 高等艺术院校《艺术概论》编著组. 艺术概论. 北京：文化艺术出版社，1983：80.
③ 转引自：余佳，喻秋兰. 大学生审美素养形成与累积的理论透视——基于艺术教育维度. 艺海，2016（01）：128–130.

（四）艺术的娱乐作用。艺术的娱乐作用体现在艺术具有强烈的吸引力，可让欣赏者放下紧张疲惫的情绪，以达到身心愉悦、休息解压的目的。艺术给人们的愉悦感受本来就是人类生活不可或缺的。《乐记》明确提出："夫乐者，乐也，人情之所不能免也。"这直接说明音乐的本质离不开人的需求。西方也有众多美学家、哲学家持此观点，古罗马的美学家贺拉斯明确提出"寓教于乐"，在愉悦身心、欣赏艺术的过程中获得教益。亚里士多德也认同艺术应当使人得到快感。他说："消遣是为了休息，休息当然是愉快的，因为它可以消除劳苦工作所产生的困倦。精神方面的享受是大家公认为不仅含有美的因素，而且含有愉快的因素，幸福正在于这两个因素的结合，人们都承认音乐是一种最愉快的东西……人们聚会娱乐时，总是要弄音乐，这是很有道理的，它的确使人心畅神怡。"[①]当然，我们要正视艺术的娱乐功能，也要谨防艺术过度娱乐化的倾向。

## 二、艺术素养与美育

法国杰出雕塑家奥古斯特·罗丹说："世界上并不缺少美，缺少的是发现美的眼睛。"马克思说："对于没有音乐感的耳朵来说，最美的音乐也毫无意义，不是对象。"他认为如果一个人想得到艺术的享受，他本身就必须是一个有艺术素养的人。那到底什么是艺术素养？

艺术素养亦称"艺术修养"。指人对艺术的感受、体验、评价和能动创造的能力。它是"审美修养"或"美学修养"的主要内容，包括对艺术理论、艺术史知识的掌握，对艺术创造、艺术鉴赏、艺术发展规律的理解，以及对艺术的感受力、想象力、判断力、理解力、创造力等。因此不具备艺术素养的人，就不具备欣赏艺术的能力，艺术对其也将毫无价值。

艺术素养对一个人的成长也同样起到举足轻重的作用。我国物理学家钱学森就成功印证了艺术素养对于开拓视野、培养创新思维的作用。他曾经说："一个

---

① 姚杰.艺术概论.北京：中国传媒大学出版社，2015：73.

有科学创新能力的人不但要有科学知识，还要有文化艺术修养。没有这些是不行的。小时候，我父亲就是这样对我进行教育和培养的。他让我学理科，同时又送我去学绘画和音乐，就是把科学和文化艺术结合起来。我觉得艺术上的修养对我后来的科学工作很重要，它开拓了科学创新思维。"[1]

从社会层面看，一个国家具备良好艺术素养的人越多，社会就会越加健康繁荣，人际关系越和谐，人格发展愈加全面，一个社会整体的综合素质和软实力就越强。梁启超曾言："盖欲改造国民之品质，则诗歌、音乐为精神教育之一要件。"因此，如今西方文明与中国文明的差异，与其说是物质的，不如说是精神的，是关于艺术素养的。据《中国公民艺术素养调查（2015）》显示，当前中国公民艺术素养有所提升，主要表现在：艺术参与度、艺术消费能力不断增强，公民艺术素养的地区差异不断缩小，公民参与的艺术门类多种多样。在从事艺术活动的人员中，51.44% 的被调查公民"感兴趣并参与"。从公民参与艺术活动的目的性看，有 67.27% 的公民参与艺术活动的目的是艺术欣赏与学习，主动参与艺术活动提升自我的人越来越多，而且学历越高，以"艺术欣赏与学习"为目的的比例越高，硕士研究生及以上更是达到 78.38%。[2]可见，大部分公众都渴望提高自身艺术欣赏能力和学习能力，以不断提升自身艺术素养。

既然艺术素养对于个人和社会发展至关重要，到底应如何提升个人的艺术素养呢？

要回答这个问题，首先需要了解"美育"这个概念。

"美育"概念的出现，是在 18 世纪 50 年代鲍姆嘉通建立"美学"学科体系之后，由 18 世纪德国诗人、美学家席勒提出来的。其实，中国和西方的奴隶社会都已经产生了美育意识、美育实践。在中国西周时期，便有周公"制礼作乐"，春秋末期的孔子，创立了古代教育体系。他以"六艺"——礼、乐、书、数、射、御教授弟子。乐，实际上就是专门的美育课。古希腊的哲学家苏格拉底、柏拉图、

---

① 李斌 . 亲切的交谈：温家宝看望季羡林、钱学森侧记 . 人民日报，2005-07-31（001）.
② 祁艳 . 中国公民艺术素养调查（2015）. 北京：文化艺术出版社，2016：38-44.

亚里士多德等，都规定教育的内容不仅要有哲学、科学、道德、体育，而且要有美育，必须成为必修课。

《美育书简》

席勒在其重要美学著作《美育书简》中，已经不限于教育的角度，而是从变革社会、实现人性复归这样更广阔的范围论述美育。他看到资本主义物质文明所带来的人性偏枯的事实，提出通过审美自由活动，培养全面发展的完全的人。他说，"从感觉的被动状态到思想和意志的主动状态这一转变过程，只有通过审美自由这个中间状态才能实现"，"要把感性的人变成理性的人，唯一的路径是使他们先成为审美的人"。

在中国近代，最早引进"美育"概念的是王国维，而真正倡导美育并建立中国近代美育教育体系的是蔡元培。蔡元培把康德、席勒美育思想与中国"礼乐相济"的传统融会贯通，提出"以美育代宗教"说。他在1912年2月所著《对于新教育之意见》中，将美育列为五种教育之一，他认为"美感者，合美丽与尊严而言之，介乎现象世界与实体世界之间，而为之津梁"。通过美育，可以提升人们的趣味和情操，树立美好的人生观和世界观。该思想后被列入当时的教育宗旨之一。不仅如此，在"五四"激荡的社会风潮中，蔡元培大力提倡美育，提醒人们"文化运动不要忘了美育"。

现今，美育的定义有狭义和广义之分。美育即"美感教育""审美教育""审美观和美学素养教育"等，狭义美育一般指专门的"艺术教育"，可以认为是一种"形式化美育"。广义的美育，则是将美学原则渗透于各科教学后形成的教育，也就是一种"实质性美育"，帮助受教育者树立正确的审美观念，培养健康的审美情趣，提高受教育者对于美的欣赏力与创造力的教育。而"实质性美育"追求美育的精神实质：人生的美学趣味和教育的审美境界。一个人若想要获得一生的幸福，不仅要拥有获得幸福的物质条件，还需有发现幸福、体验幸福、感受幸福的能力与素质。美育帮助公众发现美、热爱美，从发现生活中每一处微小的幸福着眼，从而享受生活，拥有幸福人生。强调美育对诗意人生的促进功能也就成为现代美育教育的核心。

艺术最基本的审美属性也决定了艺术教育理应成为美育的重要组成部分。众多实践也证明艺术素养来自长期的艺术教育和艺术实践。因此，要提升艺术素养，自然离不开美育和艺术实践。

## 第三节　艺术教育"活起来"

### 一、国家法规文件指导下的学校教育

1986 年 4 月，第六届全国人大第四次会议通过《中华人民共和国义务教育法》，明文规定了"在中小学教育中贯彻德、智、体、美全面发展"的方针。这是美育第一次作为教育方针进入国家法规层面。

1993 年，中共中央颁发的《中国教育改革和发展纲要》中明确指出："美育对培养学生健康的审美观念和审美能力，陶冶高尚的道德情操，培养全面发展的人才具有重要作用，要提高认识，发挥美育在教育教学中的作用，根据各级各类学校的不同情况，开展形式多样的美育活动。"

1999 年 6 月，国务院发布了《关于深化教育改革全面推进素质教育的决定》，提出了"美育要融入素质教育总体目标"，"尽快改变学校美育工作薄弱的状况，将美育融入学校教育全过程。中小学要加强音乐、美术课堂教学，高等学校应要求学生选修一定学时的包括艺术在内的人文学科课程。开展丰富多彩的课外文化艺术活动，增强学生的美感体验，培养学生欣赏美和创造美的能力"等一系列要求。

2012 年，党的十八大召开，明确把"美育"作为教育的根本任务之一，作为衡量教育质量的一项重要内容。2013 年，党的十八届三中全会通过了《中共中央关于全面深化改革若干重大问题的决定》，其中包括"改进美育教学，提高学生审美和人文素养"。2015 年 1 月，中共中央办公厅、国务院办公厅印发的《关于加快构建现代公共文化服务体系的意见》，要求相关部门积极开展全民艺术普及工作。

2015 年 5 月，教育部印发《中小学生艺术素质测评办法》《中小学校艺术教

育工作自评办法》和《中小学校艺术教育发展年度报告办法》，要求对中小学生艺术素质进行测评，测评结果要纳入学生综合素质档案。初中和高中阶段学生测评结果将作为学生综合素质评价的重要内容。9月，国务院办公厅印发的《关于全面加强和改进学校美育工作的意见》，引发了社会的广泛关注。该《意见》区别于以往宏观性的文件，更具有实践指导性和措施的针对性，如美育课程体系的构建、艺术人才培养模式改革、美育资源整合、学校美育保障体系建设等方面。要求到 2020 年，初步形成大中小幼美育相互衔接、课堂教学和课外活动相互结合、普及教育与专业教育相互促进、学校美育和社会家庭美育相互联系的具有中国特色的现代化美育体系。

从 1986 年美育第一次作为教育方针进入国家法规层面，美育理念的普及已逾 30 年，各类指导文件内容逐渐深入，从最初鼓励开展美育活动到 2015 年富有实践可操作性的《关于全面加强和改进学校美育工作的意见》，表明无论是政府、学校还是社会都已经意识到美育在文化进程中日益突出的重要性。

为响应国家的美育号召，自 2000 年起，我国进行了第八次学校课程改革，新增了艺术课程，同时也从课程目标、内容、方法等层面对传统音乐、美术课程进行了改革，这在一定程度上改善了我国的学校艺术素养教育。各地区纷纷下发具体实施意见，将美育教育落到实处。如北京市大力开展中小学美育教育，让多所中小学与中央戏剧学院、国家大剧院、北京儿童艺术剧院等高水准院校和文艺团体深度合作，提高中小学的美育教育质量。截至 2015 年，北京市已有一百多所中小学在音乐、美术课程的基础上增设了舞蹈、戏剧等课程，一些优秀的学生还应邀参加了国际演出。再如 2017 年起，音乐、美术考核已计入江苏中考总分，河南等省也从 2018 年起在中考成绩中加入音乐、美术成绩。这些举措在一定程度上都加大了学校对美育的重视，成为艺术界、教育界与学生家长们关注的焦点。

高等教育方面，能有效提高大学生审美素养和创新能力的艺术类通识教育成为实现美育功能的重要途径。教育部在 2006 年 3 月印发《全国普通高等学校公共艺术课程指导方案》，明确指出每个学生在校学习期间，至少要在艺术限定性选修课程中选修 1 门并且通过考核。对于实行学分制的高等学校，每个学生至少要通过艺术限定性选修课程的学习取得 2 个学分，修满规定学分的学生方可毕业。越来越多的高校将艺术课程作为通识课，尤其对非艺术类专业的学生加强了艺术素养课程的培养。广东外语外贸大学粟娟调研了南北方 10 所高校艺术通识课，2015 年下半年，华南理工大学开设的 97 门通识课中，艺术通识课有 6 门。北京大学 2017 年春季开通 111 门通选课，艺术类课程有 16 门，实践课程有 2 门。她发现艺术教学内容集中在艺术理论教学，实践课程很少，很多学校 1 门实践课程都没有。而且教学主要以西方艺术为主，中国传统艺术的课程比较少。[①]可见，高校的艺术通识课仍有诸多方面需要改进。

一部分高校还针对在校生开列艺术阅读书目。南京大学面向在校生的"悦读经典计划"涵盖文学与艺术、历史与文明、哲学与宗教、自然与生命、经济与社会、全球化与领导力六大主题，推荐文学与艺术经典书目 10 种。清华大学艺术史论系从美术史、工艺美术史 / 设计史、艺术理论、工艺美术 / 设计理论、人文综合、图录、工具书、专业期刊、数据库等方面推荐书目及数字资源供艺术爱好者参考学习。

作为第二课堂的图书馆也利用自身的空间优势和资源优势设计了一系列新颖的美育活动，为提升大学生的艺术素养贡献力量。北京大学图书馆"书读花间人博雅"和"书脸"阅读摄影展、厦门大学图书馆的"影像创意空间"、上海视觉艺术学院的"知识护照"阅读推广活动、南京艺术学院开展的"书偶创意征集活动"等，都以极具创意的方式将艺术资源阅读和艺术创作实践相结合，为其他高校提供了可资借鉴的实例。这些活动的具体开展情况可参阅本书下篇中的艺术阅读推广实践部分。

---

① 粟娟.中国大学生的传统艺术通识教育比较分析.黑龙江教育（理论与实践），2018（Z1）：15–16.

## 二、家庭教育中的美育和自我教育

随着素质教育美育观念的深入发展，很多家长已经意识到艺术素养的提升对于提高个人综合素质的作用，以培养艺术兴趣为目的的幼儿艺术兴趣班也如雨后春笋般兴起。其有利因素不可否认，但其中也出现了许多不利因素，如过于重视艺术技能、技巧的培养，不注重幼儿审美情感、艺术创造力、想象力及个性的培养等。为此，许多幼教专家对艺术兴趣班的教学乱象提出了强烈的批判，如批评其不当的举办意图：盲目办班求经济效益、打着艺术特色的旗号求生源；批评其与先进教育观念的背离现象：只重技能技巧的训练、追求功利性等；批评家长的盲目从众心理。[①]因此，家长在选择艺术培训班时要摆正心态，以培养孩子的艺术兴趣和欣赏力为目标。不应盲目跟从，要充分尊重孩子的自主选择意愿。当然，最重要的是慎重选择艺术培训班，首选优质的教育机构。

其实，家庭的美育教育必不可少。家庭的美育教育是家庭教育的一个重要内容，主要指在家庭环境中进行的美育活动。通过营造"艺术氛围"，如家庭成员共同阅读艺术书籍，欣赏音乐，观赏戏剧、电影，练习书法、拍摄照片等，影响家庭成员的情趣、生活方式和精神面貌。阅读对一个人知识的增长、精神的充实具有非常重要的作用，它是提升个体修养的重要途径。一份来自南京师范大学的问卷调研报告也显示，除国民的生活态度外，阅读量是影响国民审美素养的第二重要因素。该报告主要从日常阅读实践、阅读面这两个维度考察了国民的阅读情况，分析说明平日阅读时间越多、阅读面越广的国民审美素养也越高。[②]因此，想要提升艺术素养，加强对书籍，尤其艺术书籍的阅读自然是一个较为行之有效的方法。例如通过美术史、美学、音乐、舞蹈、戏剧等门类的书籍，可对不同艺术门类加深理解，增强艺术鉴赏力，也为艺术创新提供了可能。因此家庭中需营

① 刘丽玲.家长送幼儿上艺术兴趣班的心理分析.学前教育研究，2003（03）：39-40.
② 易晓明，杜丽姣.当前我国国民审美素养的现状、影响因素及教育建议.美育学刊，2015（4）：54-62.

造一种阅读的氛围。像艺术类图书可阅读《艺术博物馆》（湖南美术出版社 2017年版）这类的精品图书，包括近 3000 件绘画、雕塑、壁画、摄影、挂毯、浮雕饰带、装置艺术、行为艺术、影像艺术、木版画、丝网版画、陶瓷、手抄本等作品图片，讲述世界艺术的历史，打造了一个无与伦比的虚拟艺术博物馆。

近些年掀起的公开课和 MOOC 课程，也值得尝试体验。在家聆听全国乃至世界名校的艺术课程，接受美育指导。耶鲁大学音乐系教授克雷格·莱特出版了一部不可多得的音乐欣赏指南《聆听音乐》（生活·读书·新知三联书店 2012年版），包括 41 个短小的章节，介绍了音乐元素、音乐史和美国流行音乐等方面的知识，并结合作品分析来讨论音乐概念。若能配合作者的耶鲁大学《聆听音乐》公开课，阅读效果更佳，可以使鲜活的音乐素材明晓易懂，从而自信地聆听和感受音乐。再如中国大学 MOOC 网站上有各类艺术设计课程 77 门，如山东大学的《人人爱设计》《音乐导聆》，中国海洋大学的《世界优秀影片赏析》，华中师范大学的《习字与书法艺术》，电子科技大学的《摄影基础》都是精品在线公开课程，收获了很多好评。网易公开课中也涵盖国内外 29 门跟美术 / 建筑相关的公开课。所以若想接受艺术的熏陶，学习艺术知识，除了去博物馆、艺术馆外，互联网也给我们展示了一个异常精彩纷呈的世界，同样可以教会我们发现美，鉴赏美，提高我们的审美能力。

此外家庭住宅的优化设计、房间的布置装饰、家具的造型安排，都能表现出主人的艺术品位和审美修养，从而潜移默化地影响家庭成员的审美趣味。

## 三、艺术读物的数字化趋势

近些年，我国艺术类图书雨后春笋般涌现，艺考热度不断提升，公众对精神文化的需求不断增加。艺术类图书的出版题材已覆盖绘画、连环画、摄影、书法篆刻、设计、音乐、鉴赏收藏、建筑、雕塑、艺术史、艺术理论与评论等多门类，成为图书出版业中不可或缺的一部分。同时，艺术图书的数字化，也将是互联网时代的必然趋势。

为了加快推进专业化知识服务平台建设，有效聚集专业领域的数字内容资源，推动国家知识服务体系建设，国家新闻出版广电总局于 2015 年确定了 55 家出版单位作为"专业数字内容资源知识服务模式试点单位"，对出版单位数字化进行了政策鼓励和资金支持。入选的天津大学出版社就已将上千种建筑设计类的专业书籍资源与网络技术融合，打造建筑设计、天津市地方建筑特色、古建筑测绘等五个项目，并将图书资源、独家资源转换成数字资源，建设建筑设计方面的专业数据库。

当前，艺术图书数字出版较为成功的是超星公司和雅昌文化（集团）有限公司。超星公司是我国规模较大的数字图书资源提供商，下设艺术图书分类，资源非常丰富。雅昌文化（集团）有限公司也开始尝试艺术书的数字制作，建成了国内第一家专业艺术书籍数字阅读平台——雅昌艺术书城，将过了版权保护期的艺术类作品编制成图录免费提供给读者下载。同时，雅昌与国内外艺术类出版社加

雅昌艺术书城网页

强合作，制作出版电子书。目前，雅昌艺术书城主要收录近百家中国乃至世界范围的艺术类出版社、博物馆、美术馆等艺术机构的艺术资源，包括艺术理论、绘画、书法篆刻、雕塑、摄影、工艺美术、民间美术、当代艺术、建筑、设计、拍卖收藏等11个艺术门类，较好地实现了传统出版和新媒体的融合发展，为数字出版提供了一个可资借鉴的实例。

艺术图书数字出版还可利用 VR、AR 各种新技术，配合音视频、三维动画、MOOC 学堂等多种传播方式，使读者对艺术知识的学习更为直观和立体。这给艺术图书数字出版的未来发展带来更多发展机遇与成长空间。

## 四、公共艺术教育"活起来"，让艺术属于每个人

近年来，全国各地掀起了建设大剧院、博物馆和美术馆的热潮，这类文化设施的落成和投入使用也激发了公众参与艺术活动的积极性，许多家长以及学校也组织孩子去参观。这些场所作为进行公共教育活动的一个有效空间，可为公众提供终身的艺术教育平台。

随着互联网、自媒体的发展，"数字化"更给我们带来极大的便利性和全新的观展体验。国家博物馆、上海博物馆、故宫博物院等都在官网上创建了微信公众平台，上海博物馆和故宫博物院还开发了独立的 App。通过这几个博物馆的微信平台可以获取最新的展讯信息，大多有详细介绍，对展品配有非常高清的大图，有时甚至比在现场看得更为清晰。更为惊喜的是，部分展览还配有详尽的语音导览。例如上海博物馆的"泰特不列颠美术馆珍藏展"，上海博物馆精选了20幅画进行详细的介绍，每幅都有一段语音导览。再如故宫博物馆的微信平台"微故宫"和"故宫展览"App 都附有全景观展，并能利用 VR 观展，大有身临其境的感觉。又如"艺术看展"App，它是个全面立体的展讯类 App，可获取国内大部分博物馆、美术馆、艺术区的展览信息。有艺术家、参展机构介绍，部分知名展览还有详尽的筹办过程、艺术家作品的专题报道，更有视频、直播等方式现场导展，给无法前往的艺术爱好者提供了一个身临其境的观展平台。

目前，一些教育机构也基于博物馆、艺术馆的展览开展美育课程，正受到越来越多的家长和孩子的欢迎。以涂思美育为例，它是由中央美术学院师生共同发起，面向儿童、青少年以及成年人实践"博物馆美育"理念的创新教育领导者，带领人们直面艺术家，走进博物馆。"趣看博物馆"是他们的微信公众号，除了发布各类博物馆展览信息、博物馆资讯、推荐相关优秀图书外，还面向青少年提供趣看攻略。同时，根据展览推出各种专题，如对 2018 年的"博洛尼亚插画展中国巡展"，特设专题语音导览，分 7 个角度解读插画，指导青少年儿童欣赏别有风趣的插画。还不定期与一些博物馆合作，开展美育活动，如"紫禁学堂"用3 个月共 12 讲课程带着孩子们到故宫认识文物、建筑等。

## 第四节　艺术阅读推荐

　　艺术门类繁杂，限于篇幅，本章按照艺术理论、美术、音乐、影视戏剧、数字资源五部分进行图书推荐，各选取一部分经典图书进行重点推荐，其余书目可参看"延伸阅读"内容。读者可据此挑选感兴趣书目。

### 一、艺术理论类读物

　　艺术理论是对艺术门类的综合性论述，涵盖中外艺术史、艺术美学、艺术评论等内容。

　　**1.《艺术的故事》[英]贡布里希著，范景中译，广西美术出版社 2014 年版**

　　作者以优美的文笔，流畅的叙事，叙述了从洞窟绘画到当今实验艺术的发展历程。作者希望"在大量煊赫的作品中，为丰富的人名、时期和风格找到浅显易懂的秩序"，以阐明艺术史是"各种传统不断迂回、不断改变的历史，每一件作品在这段历史中都能既回顾过去又导向未来"。

　　**2.《美学散步》宗白华著，上海人民出版社 2015 年版**

　　此书是作者的代表作，几乎汇集了其最精要的美学篇章。全书文辞典雅，富于诗情画意，将中华传统文化的独特魅力娓娓道来，让收藏在禁宫里的文物、陈列在广阔大地上的遗产、书写在古籍里的文字都鲜活起来。

《美学散步》

3.《**马蒂斯论艺术**》［美］**杰克·德·弗拉姆编，欧阳英译，山东画报出版社** **2004 年版**

流畅的线条、稀薄明亮的色彩、对透视法则的反抗等，体现了马蒂斯独特的绘画风格。书中选取的《画家笔记》《论艺术》《论色彩》等多篇论文，是马蒂斯绘画实践的结晶，它从不同侧面阐明了画家独到的创作思想和鲜明的美学观点。

4.《**走自己的路：巫鸿论中国当代艺术家**》**巫鸿著，岭南美术出版社 2008 年版**

一本以现代中国艺术家为批判主体的艺术论文集，既是介绍中国当代美术和研究从"潮流"转向"个人"的专著，也是了解和研究中国当代艺术者的难得的参考资料。

---

**✦ 延伸阅读**

1.《艺术哲学》［法］丹纳著，傅雷译，生活·读书·新知三联书店2016年版

2.《美的历程》李泽厚著，生活·读书·新知三联书店2017年版

3.《西方美学史》朱光潜著，浙江文艺出版社2017年版

4.《欧美现代艺术理论》（全3册）［美］契普著，余珊珊译，吉林美术出版社2000年版

5.《艺术史的终结？当代西方艺术史哲学文选》［德］汉斯·贝尔廷等著，常宁生编译，中国人民大学出版社2004年版

6.《中国绘画美学史》陈传席著，人民美术出版社2012年版

7.《杜尚访谈录》［法］皮埃尔·卡巴纳著，王瑞芸译，广西师范大学出版社2013年版

8.《视觉文化》［英］理查德·豪厄尔斯著，葛红兵等译，广西师范大学出版社2007年版

## 二、美术类读物

主要推荐涉及绘画、建筑、摄影、工艺美术、书法、篆刻六个主题的书目。

1.《世界美术名作二十讲》傅雷著，江苏凤凰文艺出版社 2017 年版

作者在书中着重介绍文艺复兴以来近 20 位大师及其名作，除了评介作品的特色与美术家的身世外，也提到一些由艺术实践引起的美学方面的疑难问题。傅雷以极富个人情趣的艺术领悟，生动洗练地讲解艺术风格和人品操守的关系，并融文学、音乐、哲学、社会、政治、经济于一体，深入浅出，引人入胜。

《世界美术名作二十讲》

2.《建筑的意境》萧默著，中华书局 2014 年版

这是关于中西建筑史的学术随笔，文章短小，浅显易懂，可读性强，是普通读者能读懂和欣赏的建筑文化比较研究方面的读物。作者把中西建筑置于思想文化的背景下解读，让读者深入了解大到城市、宫殿，小到民居、园林的不同形态和制式所含藏着的文化内涵，还比较了中式建筑和西方建筑大相径庭的审美意趣，揭示了东西方艺术家在思想文化上的差异。

3.《二十位人性见证者：当代摄影大师》阮义忠著，九州出版社 2016 年版

本书介绍了在 20 世纪上半叶，20 位优秀的摄影家用镜头拍出的 196 幅经典作品。镜头里有各色各样的人物、城市和农村、战争与和平、时间与细节……记录人生百态，揭露最真实的人性。同时，这些作品都打上了强烈的个性化的印记，表达出摄影家的观念、情感以及他们观察和触摸外部世界的方式。

4.《中国工艺美术史》田自秉著，商务印书馆 2014 年版

本书汇集和整理了我国自原始社会至 20 世纪 80 年代的工艺美术史料，系统阐述了我国工艺美术的历史沿革和发展。以朝代为纵向轴，以材料工艺为横向轴，引用大量可靠的史料，史中有论，史论结合，并分析了不同历史时期的艺术特色。

5.《王世襄集：锦灰堆》（全4册）王世襄著，生活·读书·新知三联书店2013年版

前三册收集了作者80岁以前写就的大部分文章，计105篇，分为家具、漆具、竹刻、工艺、则例、书画、雕塑、乐舞、忆往、游艺、饮食、杂稿十二类，涉及面广，从中也可看出作者兴趣之博杂，积累之用心。第四册以手书影印的形式选收了王世襄历年所作的诗词120首。内容考证严谨，史料和趣味结合。

6.《启功给你讲书法》启功著，中华书局2012年版

作者以自己数十年的习书实践经验为基础，从字形、选临碑帖、文房四宝、用笔、结字、执笔法、参考书等十三个方面全面系统地阐述了自己对书法艺术的体会和主张。本书内容是作者讲话的记录稿，通俗流畅，具有相当的可读性，适合书法初学者阅读。

✦ **延伸阅读**

**（一）绘画类读物**

1.《最美中国画100幅》赵力、阮晶京编，人民美术出版社2016年版

2.《丰子恺漫画全集》（全9册）丰子恺绘，丰陈宝、丰一吟编，京华出版社2001年版

3.《中国绘画史》潘天寿著，潘公凯导读，上海书画出版社2016年版

4.《写给大家的西方美术史》蒋勋著，湖南美术出版社2015年版

5.《沿着塞纳河到翡冷翠》黄永玉著，人民文学出版社2017年版

6.《画家生涯：传统中国画家的生活与工作》［美］高居翰著，杨宗贤译，生活·读书·新知三联书店2012年版

7.《贝蒂的色彩》［美］贝蒂·艾德华著，朱民译，北方文艺出版社2008年版

8.《伯里曼人体结构绘画教学》［美］乔治·伯里曼著，晓鸥等译，广

西美术出版社2016年版

## （二）建筑类读物

1.《中国建筑史》梁思成著，生活·读书·新知三联书店2011年版

2.《中国古代建筑与艺术》[日]关野贞著，胡稹等译，中国画报出版社2017年版

3.《不只中国木建筑》赵广超著，中华书局2018年版

4.《贝聿铭全集》[美]菲利普·朱迪狄欧、[美]珍妮特·亚当斯·斯特朗主编，李佳洁、郑小东译，电子工业出版社2015年版

5.《走向新建筑》[法]勒·柯布西耶著，陈志华译，商务印书馆2016年版

6.《造房子》王澍著，湖南美术出版社2016年版

《中国建筑史》

7.《建筑，从那一天开始》[日]伊东丰雄著，李敏译，广西师范大学出版社2017年版

8.《解读建筑》[英]欧文·霍普金斯著，邢真译，北京美术摄影出版社2014年版

## （三）摄影类读物

1.《论摄影》[美]桑塔格著，黄灿然译，上海译文出版社2010年版

2.《世界摄影史》[美]内奥米·罗森布拉姆著，包甦等译，中国摄影出版社2012年版

3.《摄影的艺术：摄影的本质、观察与创意》[美]布鲁斯·巴恩博著，樊智毅译，人民邮电出版社2017年版

4.《照片的本质》［美］斯蒂芬·肖尔著，江融译，中国摄影出版社2012年版

5.《美国〈国家地理〉125年伟大瞬间》［美］马克·柯林斯·詹金斯著，同文译，中国摄影出版社2013年版

6.《在漫长的旅途中》［日］星野道夫著，蔡昭仪译，上海人民出版社2010年版

7.《美国纽约摄影学院摄影教材》美国纽约摄影学院著，王成云等译，中国摄影出版社2009年版

8.《数码摄影后期高手之路》李涛著，人民邮电出版社2016年版

## （四）工艺美术类读物

1.《设计的觉醒》［日］田中一光著，朱锷编，朱锷等译，广西师范大学出版社2009年版

2.《20世纪的设计》［英］伍德姆著，周博、沈莹译，上海人民出版社2012年版

3.《新视觉：包豪斯设计、绘画、雕塑与建筑基础》［匈］拉兹洛·莫霍利-纳吉著，刘小路译，重庆大学出版社2014年版

4.《中国陶瓷史》叶喆民著，生活·读书·新知三联书店2011年版

5.《中国石窟艺术：莫高窟》敦煌研究院编，江苏凤凰美术出版社2015年版

6.《百年衣裳：20世纪中国服装流变》袁仄、胡月著，生活·读书·新知三联书店2010年版

7.《妆匣遗珍：明清至民国时期女性传统银饰》杭海著，生活·读书·新知三联书店2014年版

8.《写给大家看的设计书》［美］威廉姆斯著，苏金国、李盼等译，人民邮电出版社2016年版

## （五）书法类读物

1.《极简中国书法史》刘涛著，人民美术出版社2014年版

2.《书法的形态与阐释》邱振中著，中国人民大学出版社2011年版

3.《永字八法：书法艺术讲义》周汝昌著，广西师范大学出版社2015年版

4.《汉字书法之美》蒋勋著，广西师范大学出版社2014年版

5.《傅山的世界：十七世纪中国书法的嬗变》白谦慎著，生活·读书·新知三联书店2015年版

6.《中国书法：167个练习》邱振中著，中国人民大学出版社2005年版

## （六）篆刻类读物

1.《篆刻学》邓散木著，上海人民美术出版社2018年版

2.《篆刻五十讲》吴颐人著，上海书店出版社2014年版

3.《印学史》沙孟海著，上海书画出版社2017年版

4.《印章名作欣赏》吴颐人著，上海书店出版社2013年版

5. 篆刻技法百讲丛书（全4册）：

《做印技法百讲》赵明著，河南美术出版社2017年版

《篆刻章法百讲》谷松章著，河南美术出版社2017年版

《篆刻篆法百讲》李刚田著，河南美术出版社2017年版

《篆刻刀法百讲》张华飚著，河南美术出版社2017年版

## 三、音乐类读物

**《聆听音乐》[美]克雷格·莱特著，余志刚、李秀军译，生活·读书·新知三联书店2012年版**

本书可帮助读者理解从中世纪到现今的音乐形式，提炼聆听技巧。除介绍音

乐元素、音乐史和美国流行音乐等方面的知识，还结合作品分析讨论音乐概念。每一章节中的"聆听指南"和"聆听练习"是本书最具特色的精华。

✦ 延伸阅读

1.《想乐：聆听音符背后的美丽心灵》杨照著，广西师范大学出版社2013年版

2.《认识古典音乐的40堂课》彭广林著，中信出版社2017年版

3.《西方文明中的音乐》[美]保罗·亨利·朗著，顾连理等译，广西师范大学出版社2014年版

4.《来自民间的叛逆：美国民歌传奇》袁越著，南京大学出版社2008年版

5.《乐迷闲话》辛丰年著，生活·读书·新知三联书店2014年版

6.《古乐之美》苏泓月著，人民音乐出版社2016年版

## 四、影视戏剧类读物

**1.《认识电影》[美]路易斯·贾内梯著，焦雄屏译，北京联合出版公司2017年版**

本书提供了认识电影的各种角度，以鞭辟入里的分析，新颖独到的见解，帮助读者了解电影是怎样以一种复杂的语言进行表达的；同时，通过剖析大量影片实例和剧照，组成了一道全球电影人的经验光谱，解释电影创作过程。

《认识电影》

**2.《水墨戏剧》洛地撰文，洛齐绘画，漓江出版社2017年版**

这是一本行文言简意赅、透彻精辟、妙趣横生的戏剧艺术普及读物。作者以"观众是戏剧的上帝"这一传统戏剧的根本出发点为核心，从点戏、说破、虚假、

团圆四个方面着手，将中国传统戏剧的基本特性和美学追求，完整深入地展现在读者面前。

> ✦ **延伸阅读**
>
> 1.《世界电影史》［美］大卫·波德维尔、［美］克里斯汀·汤普森著，范倍译，北京大学出版社2014年版
>
> 2.《看电影的门道》［美］吉姆·派珀著，曹怡平译，北京联合出版公司2016年版
>
> 3.《对白：文字、舞台、银幕的言语行为艺术》［美］罗伯特·麦基著，焦雄屏译，天津人民出版社2017年版
>
> 4.《风流绅士：伍迪·艾伦的电影与人生》［美］汤姆·肖恩著，赵朝永译，武汉出版社2017年版
>
> 5.《赖声川的创意学》赖声川著，广西师范大学出版社2015年版
>
> 6.《戏剧的故事》［美］埃德温·威尔森、［美］阿尔文·戈德法布著，孙菲译，北京联合出版公司2016年版
>
> 7.《旧戏新谈》黄裳著，北京出版社2016年版
>
> 8.《昆曲日记》张允和著，欧阳启名编，浙江大学出版社2017年版

# 第五章

# 经济阅读：
# 从存钱罐到财务自由

无处不在的经济学

经济学教育发展

生活中的经济学

经济阅读推荐

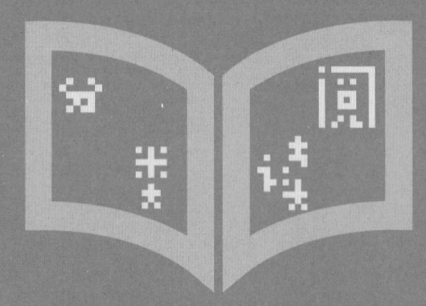

"蝴蝶效应""庞氏骗局""马太效应""二八法则"这些我们耳熟能详的词语，你是否了解其产生的真实故事？或许，有很多人一直认为经济学是被囚禁在学术象牙塔中遥不可及的学科，其实它早已渗透到我们生活的方方面面，与我们息息相关。那些令人匪夷所思的现象，往往都可以用经济学的知识进行解释，而我们习以为常的词语、短句，很多也是源于经济学的原理或规律。

按照《中国大百科全书·经济学》的定义，"经济学"是研究人类社会在各个发展阶段的各种经济活动和各种相应的经济关系及其运行、发展的规律的科学[①]。"理性人"假设，则是整个经济学的基础和前提，是理性主义与经济学相结合的产物。理性人是西方经济学对于从事经济活动的所有人的基本特征的一般性的抽象，其基本特征就是利己。通过分析人的行为，对成本与收益进行计算，合理利用自己的有限资源取得最大的效用和利润。

该假设自产生以来，虽不断受到各方质疑，也不断进行完善和发展，从只追求经济利益的"理性人"，逐渐变成会综合考虑安全、自尊、情感、社会地位等其他效益的"新理性人"。经济学家们研究的内容，也从分析市场上买卖双方的成本与收益这样单纯的经济问题，拓展到政治、犯罪、社会等生活的各个方面。比如，西方政治家以何种形象出现才能换取更多的选票、罪犯如何权衡并决定是否进行犯罪活动、有的人为何要选择结婚（或离婚）等。

19 世纪末最重要的经济学家之一、英国剑桥大学经济学教授阿尔弗雷德·马歇尔（Alfred Marshall）曾说过，经济学是一门研究人们日常生活事务的学问。

---

[①] 《中国大百科全书》总编辑委员会、《经济学》编委会.中国大百科全书.经济学 3.中国大百科全书出版社，1988.

美国的著名经济学家曼昆（N.Gregory Mankiw）在其出版的经济学著作中，对该观点表达了认同，并提出学习经济学具有以下价值：第一，有助于了解我们所生活的世界；第二，使人们更精明地参与经济活动；第三，使人们更加理解经济政策的潜力与局限性。[1]另外一位美国经济学家贝克尔（Gary Stanley Becker）因为使用经济观点研究生育、家庭等社会问题，获得了1992年的诺贝尔经济学奖。香港大学经济金融学院教授张五常在《经济解释》一书中认为，经济学是一门实证性科学，其作用就是解释人的行为（不仅仅是经济行为）。

很多经济学专业的学生都听过这样的话："学习经济学不能让你摆脱失业，但能让你知道为什么会失业。"对于经济学的学习，相较于宏观经济调控和制定财政政策等国家层面的内容，如何管好自己的"小金库"可能是大家更为关心的部分。微博上曾有网友以戏谑的方式总结了当代女生实现财务自由的六个阶段，分别为：奶茶自由、樱桃自由、口红自由、酒店自由、包包自由、买房自由，对于以上六种消费，如果能按照自己的喜好购买而不用考虑经济条件的限制，则算是达到某个财务自由阶段。这要求我们具备一定的经济学知识，更好地把握市场动态，做一个理性的消费者、投资者。另外，经济学不是一门专注于研究如何赚钱和花钱的学问，学习经济学可以改变一个人对于世界的认识、评价方法以及思维模式，让人们在面对很多经济或者社会生活中的问题时，能更加深入、理性地思考。

---

[1] 曼昆.经济学原理：宏观经济学分册.梁小民，陈宇峰译.北京：北京大学出版社，2012.

## 第二节　经济学教育发展

### 一、儿童经济学教育

美国经济学教育专家马克·库格（Mack C.Schug）曾说过："在社会变化迅速且日益复杂的当今世界，经济学教育比过去更应成为公民教育的一部分，它能为公民教育做出独特的贡献。"随着市场经济的不断发展，经济理论的不断完善，经济学教育也随着社会教育的改革而不断普及。很多国家或地区的高校很早就开始设置经济学相关专业，世界主要发达国家也多在小学期间开设了各类经济学教育课程。

一般来说，市场化程度越高、经济越发达的国家，开展儿童经济学教育的历史就越长，经验也越丰富。[①]美国是公认的儿童经济学教育最先进的国家，其经济学教育历史可以追溯到 19 世纪末 20 世纪初。为了提高儿童的社会生活和适应能力，美国联邦政府对学校教育进行了改革，把经济学与历史、地理等学科结合起来进行教育。1916 年，中学的"社会科"（Social Studies）课程正式确立，其中就涉及"公民财产"等经济知识。1949 年，美国联邦政府设立了"经济学教育联合会"（Joint Council on Economic Education，简称 JCEE），为推进儿童经济学教育做了大量的基础工作。1960 年，专门负责调查与研究美国中小学经济学教育的组织——国家教育特别工作组（NFT）成立，标志着美国儿童经济学教育开始进入有组织、有计划阶段。1961 年，为改进美国中学经济学教育，该工作组针对当时的现状，提出了著名的"十二点建议"。1977 年，又公布了《经济

---

① 刘丽湘，赖德胜，裴秀芳.当前中小学经济教育的现状及实施建议.教育理论与实践，2009（19）：24-27.

学教学大纲》（*A Framework for Teaching Economic*，简称 FTE），取代了"十二点建议"，成为美国中学经济学教育新的纲领性文件[①]。大纲对中学生经济学教育提出了以下 5 点基本要求：

（1）掌握基本经济概念和经济分析工具；

（2）学会评判经济学基本概念之间的关系；

（3）深刻理解经济体制，包括现实中各种经济部门的经济联系；

（4）掌握经济学关注的重点问题和相关知识（包括公共和个人方面），了解个体经济行为如何被经济力量所左右；

（5）了解经济管理目标，理解有关经济决策方面的政策措施。

到了 20 世纪 90 年代，经济学教育在世界范围内受到普遍重视，1991 年的一项调查显示：在被调查的 60 个国家中，大多数已将经济学融入中小学校的课程内[②]。下面将从课程任务和目标、课程内容以及课程保障三个方面对国内外儿童经济学教育情况进行介绍。

### （一）经济学课程任务和目标

1994 年，全美社会科研究委员会（National Council for the Social Studies，简称 NCSS）主持制定了《社会科课程标准》（Expectations of Excellence: Curriculum Standards for Social Studies），针对不同年级的学生在"生产、分配与消费"主题轴中要达到的应用水平提出了要求：

（1）低年级学生要能说明钱在日常生活中的角色；了解构成经济体系的不同机构；区分"需要"和"想要"；了解供给与需求、商品与服务的关系；描述稀缺性、动机、价值观、传统和习惯对经济决策的影响；用经济学概念解释和分析国家或当地的经济问题；

（2）中年级学生对于经济学相关概念和原则有一定认识，并能使用经济思维

---

① 董新兴 . 小书包里的经济学 . 桂林：漓江出版社，2009.

② 黄美筠 . 中小学经济教育理论与教材教法 . 台北：水牛出版社，2006：22–23.

分析基本经济问题；

（3）高年级学生要通过系统学习经济学和社会政治制度，深入理解主要的经济概念和经济运行过程，形成经济视角，重点理解国内外经济政策和健康保险、资源利用、失业和贸易等问题的关系。

1997 年，NCEE 颁布了《经济学内容自愿性全国标准》(*Voluntary National Content Standards in Economics*)，这是美国第一部关于幼儿班至十二年级教育的国家课程标准。在前言中阐述了经济学教育的基本目标，分为知识目标和能力目标。其中知识目标为：

（1）理解基本经济概念，找出影响生活的经济问题；

（2）了解有关美国经济的一些事实，如：失业、通货膨胀等；

（3）理解人们看待经济问题时会产生不同观点的情况。

能力目标为：

（1）确定经济问题、选择、利润和成本；

（2）分析经济环境中激励对工作的影响；

（3）考察经济条件和公共政策变化所带来的后果；

（4）收集经济证据比较利润与成本。

韩国 1987 年对中小学经济学教育的目标做了修订，具体内容为：使学生正确地理解自由市场经济体制的基本原理；培养他们对经济现象的分析能力、判断能力、适应能力；增强学生参与经济生活的自觉性和责任感；提高青少年的经济素养、经济意识，做一个具有健全素质的国民。

俄罗斯教科院的专家们制定了《在普通教育机构的社会——经济学发展构想》，认为经济学教育的主要任务是培养每个学生在新的社会生活条件下的生活能力和经济行为能力。其中学校的经济学教育主要完成以下任务：教会学生做出正确的经济抉择，教会学生理解基本的经济概念，培养学生的经济素质和能力。

总的来说，国外儿童经济学教育的目标大体有以下方面：第一是使学生从小树立正确的价值观，理解金钱的本质，了解人在生产、分配、消费等经济运行过程中的地位和作用，具有初步的经济观念；第二是引导学生掌握宏观经济方面的常识，了解国家的经济政策，思考社会中存在的经济问题，增强学生参与经济生活的责任感；第三是培养学生个人的经济能力，养成良好的经济习惯。

### （二）经济学课程设置和内容

由于教育制度、教育历史、国情等方面的差异，各国对于儿童经济学教育课程的设置和内容不尽相同。有的把"经济学"作为一门独立科目，有的则是将经济学融入其他学科。

在美国，小学阶段的经济学教育主要靠"社会科"实现，以霍顿·米夫林公司的社会科教材为例，是从知识和理解、公民价值观、技能三个方面来构筑教学内容，知识和理解目标又分历史、地理、经济等领域。根据《经济学内容自愿性全国标准》，学生可以自愿选择自己感兴趣的学习内容。中学经济学教育内容主要有 6 个方面，包括经济学基础、微观经济学、宏观经济学、国际经济学、经济质量方法、社会管理目标等，除了以上课程的直接讲述外，还通过融入相关学科来进一步加强经济学教育。课程内容多从生活出发，采用故事导入、注重实践等学生感兴趣的方式进行。

韩国的中小学经济学教育内容则依托社会科课程实现。以高中经济学教育为例，其课程内容包括高中社会 I 和 II 两部分。其中高中社会 I 分为 8 个部分，共 96 个方面的内容，分别为社会生活和经济生活、市场经济体制和计划经济体制、市场和经济、国民所得、消费与金融、政府的财政、国际贸易与国际收支、经济发展与福利。高中社会 II 分为 7 个部分，共 76 个方面的内容，包括合理的消费和生产、市场形态和企业活动、雇佣和劳资关系、经济成长和生活变化、国际问题与合作、韩国市场经济的形成与发展等。

俄罗斯从 2001 年起已把经济学作为一门独立学科在莫斯科的小学开设课程，经济学教育课程把学生作为经济活动的主体，为了提升学生参与经济生活的能力，将生活中的经济现象纳入学习的范畴。高年级的经济学课程内容包括对常用经济术语和概念的了解、基本经济学知识和能力的培养。另外，创业教育也是高年级经济学教育的重要内容。德国中小学经济学教育的内容主要涉及经济政策、经济制度、经济模式等，与德国的政治、经济生活息息相关。

纵观各国中小学经济学教育的内容，普遍都将重点放在经济学基本原理和市场经济的常用知识上，涉及个人经济决策以及市场价格、货币、企业、政府等相关概念和经济学命题，教学方式也多联系学生的生活实际和经济社会的发展现状，能在很大程度上提高个人经济参与能力。

### （三）经济学教育保障措施

除了确定经济学教育的任务目标、设置相应的课程之外，还需要一系列保障措施来实现中小学经济学教育的可持续发展。

1977 年，NCEE 出版了《讲授基本经济学概念大纲：范围和顺序指导（从幼儿园到 12 年级）》（*A Framework for Teaching Basic Economic Concepts with Scope and Sequence Guideline*，*K-12*），将美国幼儿园到 12 年级经济学教育所涉及的基本经济学概念一一列举，为教师教学提供参考。NCEE 还出版了大量的教学参考书，并在其网站上公布了各年级的课程资源，供全国中小学教师、家长和学生参考。[1]

此外，美国儿童经济学教育还受到政府和其他社会组织的支持和指导。如：联邦政府设立了美国经济学教育联合会（Joint Council on Economic Education，JCEE，即 NCEE 前身），各州设立了州经济学教育联合会（State Council on Economic Education，简称 SCEE），根据 JCEE（NCEE）制定的经济学教学大纲和各州实际情况，独立自主、创造性地开展儿童经济学教学工作。几乎所有设有经济学专业的大学都设立了经济学教育中心（Center for Economic Education，简称 CEE），CEE 中的教授和研究人员不仅为经济学纳入儿童教育内容不断努力，还参加制定教学大纲、提供教学资源、出版普及读物等工作。NCEE 还联合各大学创立了全美经济学教育培训的最大网络。这样，从

---

[1] 董新兴 . 美国对少年儿童的经济学教育——写在《小书包里的经济学》出版之际 . 经济学家茶座，2008（6）：155–160.

社会到学校形成了一个全国性的儿童经济学教育支持系统。

日本 1966 年开始在全国各地设立经济学教育中心，用于支持教师授课。其主要工作包括：随时与学校保持联系，协助学校解决经济学教育中遇到的问题；负责经济学教育有关资料的研究、开发、制作、分发；全面支援经济学教育的研究工作和教师的研修；为发展经济学教育筹措必要的经费。韩国 1988 年在教育开发院设立了经济学教育研究室，负责规划有关经济学教育的进度。

## 二、高校经济学教育

相对于中小学而言，高校的教学模式更为自由，学校的自主性也更高，不同国家和地区在高校经济学教育方面都有其特色。下面将从经济类专业设置和经济类课程设置及内容两方面进行介绍。

### （一）经济类专业设置

对于高校经济类专业的归属和分类，从来没有统一的标准，各国都有不同的划分方法。

以美国为例，经济学在美国高校的学科分类中不属于商科，而是和物理、化学一样的基础学科，将经济学定位为通识教育也是美国很多研究型大学的共识。美国研究型大学的经济学专业一般设在文理学院的社会科学分类之下，所涵盖的学科包括微观经济学、宏观经济学、劳动经济学、国际经济学、计量经济学、发展经济学六大类。少数在管理（商）学院下，学科以微观经济学为主，其教学更注重实用。

日本高校的本科经济学专业主要可以分为四类：经济学、经营学、商学和会计学。其中经济学相关专业包括经济理论学、经济史学、计量经济学、统计经济学、技术经济学、经济政策学、流通学、金融学、财政学、比较经济学、劳动经济学。经营学的相关专业有管理学、人力资源学、财务管理学、消费者心理学、会计学、市场营销学、物流学、环境经营学、经营政策学、组织经营学、经营情报学。专业划分非常详细，每个专业都有其特定的核心课程。

德国大学的教育理念深受"现代大学之父"威廉·冯·洪堡（Wilhelm Von Humboldt）影响，将研究与教学相统一。德国大学的经济学类专业分支少，但专业覆盖面广。主要开设四类经济学专业，分别是国民经济学、企业经济学、经济学和经济教育学。

根据我国教育部发布的《学位授予与人才培养学科目录》（2018），经济学是我国大学教育 13 个学科大类之一，分为理论经济学和应用经济学两个一级学科，其中理论经济学下分 6 个二级学科，包括政治经济学，经济思想史，经济史，西方经济学，世界经济、人口、资源，环境经济学。应用经济学下分 10 个二级学科，分别为国民经济学、区域经济学、财政学（含税收学）、金融学（含保险学）、产业经济学、国际贸易学、劳动经济学、统计学、数量经济学、国防经济。另外，管理学中的工商管理一级学科也和经济学相关，其下包含会计学、企业管理（含财务管理、市场营销、人力资源管理）、旅游管理、技术经济及管理 4 个二级学科。

### （二）经济类课程设置及内容

《中美研究型大学本科经济学教育比较研究》一文的调查显示，在美国研究型大学对经济类专业要求的学位课程数目通常是 10—15 门。主要包括基础课 4 门：高等数学 3 门和统计学 1 门。核心课 5 门：经济学原理（导论）、中级微观经济学Ⅰ和Ⅱ、中级宏观经济学和计量经济学原理（包括概率统计）。以及高水平研究型课程 5 门，覆盖经济学的"特别领域"。学生选课结果必须含一门历史类课程（如经济思想史、经济史），并要获得本科生研究主任的首肯。[①]

美国高校本科生教育中，课程设置很有层次。以麻省理工学院为例，其本科生经济类课程主要分为三类，分别为通识课程、专业课程以及交流课程。一年级

---

① 文娟，黄建忠，高运胜.中美研究型大学本科经济学教育比较研究.上海对外经贸大学学报，2017（1）：88—96.

经济专业本科生除了经济类课程外，还要在数学、化学、物理、生物等课程以及人文科学、艺术、社会科学等课程中选择部分进行学习。学士学位要求17个学分，其中理工类课程必修6门，人文社科类课程必修8门。二年级以后本科生开始学习专业课，包括微观经济学原理、宏观经济学原理、中级应用微观经济学、中级微观经济学、中级应用宏观经济学、中级宏观经济学、经济学中的统计方法入门以及计量经济学等必修课程，还有5门（或60个学习单元）选修课程。交流课程则包括人文社科、艺术以及经济学方面共4门课程，旨在培养学生的写作、人际交往以及沟通能力。

普林斯顿大学的课程设置情况也类似，所有学生都必须完成9类12门的通识教育课程。一年级的经济学专业核心课主要为经济学原理，二年级核心课程包括中级微观经济学、中级宏观经济学、计量经济学等。三四年级可以选修经济学专业领域的课程，如金融学、投资学、财务会计等。学生在完成教育课程的基础上，只需再完成4门预修课程、3门必修课程、5门选修课程就可以取得经济学学士学位。

美国经济学硕士学制一般是1—2年，大部分高校有30分及以上的学分要求，每学期一般有三门课程，需要三个到四个学期完成硕士学位学习，课程比较密集。核心课程包括微观经济学、宏观经济学、计量经济学、数理经济学、应用统计和计量经济学、定量方法论等。

英国高校在课程设置方面，围绕宏观经济学及微观经济学展开，核心课程包括微观经济论、宏观经济论、经济与金融研究方法、实证技术研究、计量经济学、金融理论和公司政策、经济统计、货币银行学、商业和政府等。此外，国际贸易、国际金融、城市经济学、环境经济学、劳动经济学、公共经济学、工业组织、经济历史、法律与经济学等课程也较常见。

德国高校除了经济教育学专业增设教育类课程外，其他经济类专业的基础段课程基本上一样，都是以必修课为主。专业段课程的选择余地较大，不同专业学生可以跨专业选择课程。

我国高校的经济学教育，自改革开放以来，逐渐形成了马克思主义政治经济学与西方经济学并存的格局。首都经济贸易大学工商管理学院竺立军、杨迪雅对北京高校政治经济学教育进行调查研究，北京地区高校的经济学课程一般会开设3—5门马克思主义政治经济学课程，包括政治经济学、社会主义经济理论、马克思主义经济思想史等。西方经济学主要包括微观经济学、中等微观经济学、高等微观经济学、宏观经济学、中等宏观经济学、高等宏观经济学、计量经济学、西方经济学史等十余门课程。

美国在经济学教育领域一直保持着领先地位。全世界排名最靠前的大学中，有70%—80%都在美国，而经济学专业最好的前10所大学中，除了英国的伦敦政治经济学院（LSE），其他9所也都是美国的大学。这样的结果和高校对经济学专业的普遍重视是分不开的。

美国高校的经济学学科处于大学本科教育的"中心"地位，还设置了许多非经济学专业的必修课，尤其是社会学、政治学、历史学、心理学等专业。学生可以自主选择经济学课程来完成教育要求，还可以攻读辅修学位。他们对于一年级学生的经济基础课也非常重视，很多经济学著名专家、诺贝尔奖获得者都长期在一线教学。教学方式和教材选择的灵活性也是优势所在，教师们通常会采取实验、案例分析、交流讨论等方式进行教学，并不是让学生被动接受知识；在考核形式方面也有充分的自由，课堂氛围非常轻松，对于培养学生兴趣、调动学生积极性有重要的作用。

## 第三节　生活中的经济学

美国经济学家保罗·萨缪尔森（Paul A.Samuelson）在《经济学》一书中说过这样的话，"在人的一生（从摇篮到坟墓）中，你都永远无法回避无情的经济学真理"。一个人只要在社会中生活，就会产生无数的经济行为，本节将对比较常见的经济学规律和悖论进行介绍。

### 一、经济学常用规律

#### 1. 马太效应（Matthew Effect）

马太效应是美国科学史研究者罗伯特·莫顿（Robert K.Merton）于1968年提出的，反映了任何个体、群体或地区在某一个方面（如金钱、名誉、地位等）获得的成功和进步，就会产生一种积累优势，并有更多的机会取得更大的成功和进步的现象。后为经济学所借用，以解释经济学中续存资金后的资本家掌握一切的情况，即"穷人越穷，富人越富"。

#### 2. 边际效益（Marginal Utility）

边际效益递减是西方经济学一个很重要的理论，是指当其他投入固定不变时，连续地增加某一种投入，其新增的产出或收益反而会逐渐减少，甚至可能为负。边际效应常应用于企业中开发新产品、是否追加订货、亏损产品是否停产或转产等问题的决策分析。

#### 3. 凡勃伦效应（Veblen Effect）

凡勃伦效应由美国经济学家凡勃伦（Thorstein B.Veblen）提出，是指消费者对一种商品需求的程度因其标价较高而不是较低而增加。即商品价格定得越高，消费者的购买意愿越强烈。它反映了人们在经济生活中有挥霍性消费的心理愿望，其目的不仅是为了获得直接的物质满足与享受，在更大程度上是为了获得一种社会心理上的满足。

### 4. 帕累托法则（Pareto's Principle）

帕累托法则又名二八定律、80/20定律、巴莱特定律、朱伦法则、关键少数法则、不重要多数法则、最省力法则、不平衡原则等，是19世纪末由意大利经济学家帕累托（Vilfredo Pareto）发现的。该定律被用以解决时间管理问题、重点客户问题、财富分配问题、资源分配问题、核心产品问题、关键人才问题、核心利润问题、个人幸福问题等。不仅在经济学、管理学领域得到广泛应用，对个人也有重要的现实意义，提倡应避免将时间和精力花费在琐事上，抓住主要矛盾。

### 5. 沉没成本（Sunk Cost）

人们在决定是否去做一件事情的时候，不仅会看这件事对自己有没有好处，还会考虑之前已经在这件事情上产生的投入。这种已经产生且无法收回的支出，如时间、金钱、精力、感情等，都被称为"沉没成本"。从决策的相关性看，沉没成本是决策非相关成本，若决策时计入沉没成本，将使项目成本高估，从而得到错误的结论。

### 6. 机会成本（Opportunity Cost）

机会成本是指企业为从事某项经营活动而放弃另一项经营活动的机会，或利用一定资源获得某种收入时所放弃的另一种收入。通过对机会成本的分析，要求企业在经营中正确选择经营项目，其依据是实际收益必须大于机会成本，从而使有限的资源得到最佳配置。

### 7. 鳄鱼法则（Alligator Principle）

假定一条鳄鱼咬住你的脚，你如果用手去解救脚，那么手和脚就会同时被鳄鱼咬住，你越挣扎，被咬的部分就越多。所以，万一鳄鱼咬住你的脚，最好的办法就是牺牲一只脚。鳄鱼法则是经济学交易技术法则之一，告诫投资者当发现自己的交易背离市场的方向时，必须立即止损，不要有任何延误或存有侥幸心理。

### 8. 棘轮效应（Ratcheting Effect）

棘轮效应是经济学家杜森贝利（James Stemble Duesenberry）提出的，是指人的消费习惯形成之后有不可逆性，即消费者易于随收入的提高增加消费，但不易于随收入降低而减少消费，以致产生有正截距的短期消费函数。也是司马光所说的"由俭入奢易，由奢入俭难"。这一效应告诫我们，对于过度的贪欲及奢求必须加以节制。

### 9. 蝴蝶效应（The Butterfly Effect）

蝴蝶效应又称拓扑学连锁反应，是指在一个动力系统中，初始条件下微小的变化能带动整个系统的长期的巨大的连锁反应。1998年亚洲发生的金融危机和美国曾经发生的股市风暴实际上就是经济运作中的"蝴蝶效应"。品牌、购物环境、服务态度……这些难以量化、毫不起眼的因素，都有可能被累加、成倍放大，对企业的未来产生显著影响。

### 10. 羊群效应（The Effect of Sheep Flock）

羊群是一种很散乱的组织，然而一旦头羊开始行动，其他的羊也会不假思索地一哄而上，这就是"羊群效应"。经济学里经常用来描述经济个体基于从众心理而盲目跟风的行为。"羊群"在资本市场里极易形成，在股票上涨时争先恐后抢购，大盘跳水时又受恐慌心理影响

羊群效应

纷纷"割肉"，这似乎是大多数投资人无法克服的投资心理。

## 二、经济学悖论

### 1. 丰收悖论

在好的年景，农作物丰收了，但农民的收入却下降了，即农作物越增产，农民收入越降低，产生"谷贱伤农"的现象。经济学家经过深入分析发现，导致丰

收悖论的罪魁祸首是大部分农作物缺乏需求弹性，既便宜又没有好的替代品。市场上农作物的总体供给增加，而消费者的需求量没有太大变化，这种情况下农产品价格必然下跌。

### 2. 节约悖论

节约悖论是凯恩斯（John Maynard Keynes）最早提出的一种理论。根据凯恩斯主义的国民收入决定理论，消费的变动会引起国民收入同方向变动，储蓄的变动会引起国民收入反方向变动。那么，增加储蓄会减少国民收入，使经济衰退；而减少储蓄会增加国民收入，使经济繁荣，这种矛盾被称为"节约悖论"。该悖论在短期资源没有得到充分利用的情况下是存在的，但是长期或资源得到充分利用时不存在。

### 3. 马歇尔悖论

马歇尔悖论描述了关于规模经济和垄断弊病之间的矛盾。马歇尔（Alfred Marshall）认为：自由竞争会导致生产规模扩大，形成规模经济，提高产品的市场占有率又不可避免地造成市场垄断，而垄断发展到一定程度又必然阻止竞争，扼杀企业活力，造成资源的不合理配置。因此社会面临一种难题：如何求得市场竞争和规模经济之间有效、合理的均衡，获得最大的生产效率。该悖论适用于收益递增（成本递减）的行业，如电信业、银行业。

### 4. 阿莱悖论

1952 年，法国经济学家阿莱（Maurice Allais）做了一个著名的实验：在 100% 的机会得到 100 万元的选项 A 和 10% 的机会得到 500 万元的，89% 的机会得到 100 万元和 1% 的机会什么也得不到的选项 B 中，大多数人选择 A；而在 11% 的机会得到 100 万元，89% 的机会什么也得不到的选项 C 和 10% 的机会得到 500 万元，90% 的机会什么也得不到的选项 D 中，绝大多数人选择了 D。这样的矛盾就是阿莱悖论，该悖论出现的原因是确定效应，即人在决策时，对结果确定的现象过度重视。

### 5. 囚徒困境

囚徒困境是博弈论中非零和博弈的代表性例子。两个共谋犯罪的人被分别关入不同监狱，无法沟通，若两人都保持沉默，则均判轻罪；若一人揭发一人沉默，则揭发者立即获释，沉默者判重罪；若互相揭发，则都判重罪。由于囚徒无法信任对方，因此倾向于互相揭发。揭示了在合作对双方都有利的条件下，也很难保持合作的情况。在现实的价格竞争、环境保护、人际关系等方面，也会频繁出现类似情况。

### 6. 诺斯悖论

诺斯悖论是诺斯（Douglass C.North）1981年提出的。指一个能促进经济持续快速增长的产权制度依赖于国家对产权进行有效的界定与保护，但受双重目标的驱动，国家在界定与保护产权过程中受交易费用和竞争的双重约束，会对不同的利益集团采取歧视性的政策，从而会容忍低效率产权结构的长期存在和导致经济衰退。它描述了国家与社会经济相互联系和相互矛盾的关系，即"国家的存在是经济增长的关键，然而国家又是经济衰退的根源"。

### 7. 劣币驱逐良币

劣币驱逐良币也称"格雷欣现象"，指当一个国家同时流通两种实际价值不同而法定比价不变的货币时，实际价值高的货币（良币）必然要被收藏或输出而逐渐退出流通领域，实际价值低的货币（劣币）则会慢慢充斥市场。最后，良币将被驱逐，市场上流通的就只剩下劣币了。信息不对称是"劣币驱逐良币"现象存在的基础。

### 8. 价值悖论

价值悖论，也称钻石与水悖论。其内容是许多生活必需品（如水）对人类维持生存非常重要，但"市场"价值却很低；而许多奢侈品（如钻石）的"使用"价值很小，对于人类生存没有任何价值，但市场价格却非常高。该悖论反映了以下事实：价格不反映一件商品的总效用，而是反映它的边际效用。

### 9. 三元悖论

三元悖论，也称三难选择，是国际经济学中的一个著名论断。其含义是在开放经济条件下，本国货币政策的独立性、固定汇率、资本的自由进出不能同时实现，最多只能同时满足两个目标，而放弃另外一个目标来实现调控的目的。但该理论是高度抽象的，只考虑了极端的情况，即完全的货币政策独立、完全的固定汇率和完全的资本自由流动，并没有论及变动情况。

### 10. 吉芬反论

根据需求定律，当商品的价格下降时，需求量就会相应上升。然而当吉芬商品（低档商品）出现时，其价格的替代效应并不足以抵消收入效应，就会发生商品的需求量与价格成正比的现象，这就是吉芬反论。一种商品只有同时具备"是低档品"和"收入效应大于替代效应"这两个条件时，才可以被称之为吉芬商品，所以只要交换条件允许、竞争充分，所谓"吉芬商品"就不会出现。

## 第四节　经济阅读推荐

经济学知识博大精深，市场上出版的书籍虽然浩如烟海，质量却参差不齐。本节参照各大榜单好书榜以及名家推荐、豆瓣评分等综合指标，筛选出部分经济类书籍推荐给读者阅读。下面将按通俗类经济读物、教材和经典读物、管理类读物以及投资理财类读物四个方面分别推介经济学读物。

### 一、通俗类经济读物

**1.《牛奶可乐经济学》[ 美 ] 罗伯特·弗兰克著，闻佳译，中国人民大学出版社 2008 年版**

本书是一部"博物经济学"著作，作者主张经济学应该是一门根植于经验和观察的社会科学，而不是以数学为核心的硬科学。书中提取日常生活经验中100 多个事例，引导读者用经济学的眼光看待生活和工作，并在不同的环境下巧妙地应用经济学原理解决困难。

《牛奶可乐经济学》

**2.《好奇者的经济学》[ 美 ] 罗伯特·索洛、[ 美 ] 詹尼斯·默里编，叶心可译，漓江出版社 2015 年版**

本书由 12 位当代著名经济学家、诺贝尔经济学奖得主所著，是面向普通读者的普及性经济学读物。他们从不同的经济学角度把当今社会中经济的萧条和衰退、可持续发展、就业、养老保障等一系列重要的问题，生动又简洁地讲述出来。希望这些有趣而实用的经济问题能引起普通读者对于经济学研究的兴趣。

3.《**王二的经济学故事**》郭凯著，浙江人民出版社 2012 年版

小到超市购物，大到买房置业，我们每天都要做出很多经济决策，但是很少有人真正清楚自己的决策是如何受到国家政策的影响。王二是一个具有多重身份的虚构人物，既是农民、打工仔，又是小老板、办公室白领……本书将深刻严密的经济学逻辑和幽默轻松的讲述方式完美地结合在一起，通过王二身上发生的平淡或离奇的故事，把中国当下重大的经济问题展现在读者面前，能给读者带来思想的启发和阅读的快乐。

4.《**斯坦福极简经济学**》［美］蒂莫西・泰勒著，林隆全译，湖南人民出版社 2015 年版

作者是斯坦福大学最受欢迎的经济学教授，全书分为"微观经济学"和"宏观经济学"两大部分，运用 36 个经济学关键词引入经济学的观念和原理，以生活实例帮助读者认识复杂的经济运作，引导读者在生活中做出更理性的决策，提高工作效率与生活质量。

5.《**风险与好的决策**》［德］格尔德・吉仁泽著，王晋译，中信出版社 2015 年版

作者是社会心理学家、风险专家，在世界各国讲授风险课，教人们正确认知风险和进行风险分析。作者用多样的案例和比较分析旨在说明，掌握的信息越多，也许并不能帮助我们做出很好的决策，甚至会产生负面影响；在未知风险大、方法和参照案例少的情况下最有效的决策方式，就是每个人已有的经验和直觉。

6.《**弗里德曼的生活经济学**》［美］戴维・弗里德曼著，赵学凯等译，中信出版社 2006 年版

作者是诺贝尔奖得主米尔顿・弗里德曼的儿子，曾先后在多所大学讲授经济学课程。本书通过通俗易懂的语言，揭示了日常生活的必备知识，为理性生活提供了基本指南。不仅适合喜欢经济学的读者阅读，也可以作为对经济学感到迷茫的学生学习用书。

7.《**伟大的博弈**》［美］约翰・S. 戈登著，祁斌译，中信出版社 2011 年版

本书是一部关于美国资本市场发展历史的研究著作，以华尔街的变化展示美

国资本市场发展的全过程。书中通过大量的历史事实和经济数据，讲述华尔街如何从一条普通的小街道发展成为现在的世界金融中心，全面地反映资本市场在美国经济发展中产生的巨大作用。

8.《货币野史》[美]菲利克斯·马汀著，邓峰译，中信出版社 2015 年版

本书对以物易物演化成金融世界的传统说法产生怀疑，全面地揭秘了一段金钱演变的历史，解释了什么是金钱，它从哪里来？如何运作？如何发挥作用？通过从世界各地收集的历史故事，重塑对经济世界的理解，并证明货币如何才能成为捍卫自由的最有力武器。

9.《魔鬼经济学》[美]史蒂芬·列维特、[美]史蒂芬·都伯纳著，王晓鹏译，中信出版社 2016 年版

本书以经济学的方式探索日常事物背后的世界，并提出了一个有悖于传统智慧的观点：如果伦理道德代表我们心目中理想的社会运行模式，那么经济学就是在向我们描述这个社会到底是如何运行的。作者在书中展示了搜集来的各种数据——学校的考试成绩、日本著名相扑手的秘密证据、房地产经纪人的买卖记录，甚至还有卧底黑社会的秘密日记。通过对这些数据的巧妙分析，得出了种种令人跌破眼镜的结论。

## 二、教材和经典读物

1.《经济学》[美]保罗·萨缪尔森著，萧琛译，人民邮电出版社 2008 年版

本书是诺贝尔经济学奖得主萨缪尔森的经济学著作，作为经济学教科书在全球范围内广泛使用。主要介绍了经济学的基本概念、微观经济学、要素市场、应用微观经济学、宏观经济学、经济发展、经济增长与全球经济以及失业、通货膨胀与经济政策等。

2.《经济学原理》[美] N.格里高利·曼昆著，梁小民、梁砾译，北京大学出版社 2009 年版

本书以作者多年来的教学经验为基础进行编写，其最重要的特点就是"学生

导向"。不仅是美国 600 余所大学的经济学课程必选教材，也是目前国内最受欢迎的引进版经济学教材之一。与同类教科书相比，更多地强调经济学原理的应用和政策分析，而非枯燥又难懂的经济模型，是一本简单明了的入门教材。

《经济学原理》

### 3.《国富论》［英］亚当·斯密著，胡长明译，人民日报出版社 2009 年版

亚当·斯密被称为"现代经济学之父"和"自由企业的守护神"。全书总结了近代初期各国资本主义发展的经验，并在批判吸收当时重要经济理论的基础上，就整个国民经济运动过程作了较系统、明白的描述。书中首次提出了全面系统的经济学说，为该领域的发展打下了良好的基础。

### 4.《微观经济学》［美］罗伯特·S. 平狄克、［美］丹尼尔·L. 鲁宾费尔德著，高远等译，中国人民大学出版社 2009 年版

本书是一部科普性的微观经济学教科书，两位作者分别执教于美国麻省理工学院和加利福尼亚大学伯克利分校。全书采用理论讲授与案例分析相结合的方法，系统地论述了现代微观经济学的基本内容和理论结构，阐明了资源分配的效率条件以及市场和政府在协调资源配置中的作用，最大限度地把基本原理应用于对制定政策与分析，具有知识性、启迪性和实用性的特点。

### 5.《就业、利息和货币通论》［英］约翰·梅纳德·凯恩斯著，高鸿业译，商务印书馆 2005 年版

本书是凯恩斯的重要著作之一，其理论引发了世界范围内的"凯恩斯革命"。书中反映了 20 世纪 30 年代经济大危机时期充分暴露出来的某些实际情况，如失业严重、资本产品大量过剩等，并提出了缓解这些矛盾的对策，为当时束手无策的资本主义世界指出了一条摆脱困境的出路，为各国政府实行干预经济的政策奠定了基础，标志着现代西方宏观经济学的产生。

6.《货币金融学》[美] 弗雷德里克·S.米什金著，郑艳文、荆国勇译，中国人民大学出版社 2011 年版

本书是货币银行学领域的一本经典著作，自引入中国以来，一直畅销不衰。通过建立一个统一的分析框架，用基本经济学理论帮助学生理解金融市场结构、外汇市场、金融机构管理以及货币政策在经济中的作用等问题。

7.《博弈论》[美] 朱·弗登博格、[法] 让·梯若尔著，黄涛、姚洋译，中国人民大学出版社 2010 年版

本书是博弈领域两位领军人物的集大成之作，囊括了迄今为止除演化博弈之外的所有博弈论的理论和方法，代表了博弈论发展的最高水平。全书内容深入浅出，既可以满足一般读者对博弈论的需求，也可以满足读者对于博弈论精髓的把握。

8.《资本论》[德] 卡尔·海因里希·马克思著，郭大力、王亚南译，上海三联书店 2009 年版

本书是马克思倾注毕生精力完成的科学巨著，全书共三卷，后两卷由恩格斯整理，以剩余价值为中心，对资本主义制度进行了彻底的批判。以唯物史观的基本思想作为指导，通过深刻分析资本主义生产方式，揭示了资本主义社会发展的规律，并使唯物史观得到科学验证和进一步的丰富发展。

9.《纯粹经济学要义》[法] 莱昂·瓦尔拉斯著，蔡受百译，商务印书馆 2011 年版

本书是西方经济学的经典著作，在西方经济学发展史上占有重要地位。全书共八篇，分别论述了经济学的对象、商品交换理论、生产理论、资本形成理论、流通理论以及发展问题和非完全竞争问题等。第一次提出了一般均衡的数学模型，并试图解决一般均衡的存在性问题。

10.《政治经济学及赋税原理》[英] 大卫·李嘉图著，郭大力、王亚南译，译林出版社 2011 年版

李嘉图是英国古典政治经济学的杰出代表和集大成者，本书是其代表作。书中批判地继承了亚当·斯密的劳动价值论，并以此为基础，论述了工资、利润和

地租的相互关系，以及货币理论、对外贸易中的比较成本学说、赋税的一般原理和原则。书中囊括了古典政治经济学的所有理论，被誉为英国古典政治经济学的巅峰之作。

## 三、管理类读物

**1.《管理学》[美] 斯蒂芬·P. 罗宾斯、[美] 玛丽·库尔特，李原等译，中国人民大学 2012 年版**

本书名列世界基础管理学教材的榜首，对管理的各个方面进行了详尽的阐述，自引进以来，深受管理学界和企业界的好评，成为国内最受欢迎和采用量最大的管理学教材。适用于教学和培训，以及各类管理人员自学。

**2.《卓有成效的管理者》[美] 彼得·德鲁克著，许是祥译，机械工业出版社 2009 年版**

彼得·德鲁克是现代管理大师，被尊为"现代管理之父"。全书共 8 章，分别为卓有成效是可以学会的、掌握自己的时间、我能贡献什么、如何发挥人的长处、要事优先、决策的要素、有效的决策、管理者必须卓有成效。论述了管理者的成效往往是决定组织工作成效的最关键因素。

**3.《原则》[美] 瑞·达利欧著，刘波、綦相译，中信出版社 2018 年版**

达利欧是华尔街投资大神、对冲基金公司桥水创始人。本书是其对自己人生的反思，从多个角度立体阐述了生活、工作、管理原则，试图帮助人们在生活中作出正确的选择，蕴含了达利欧多年来世界观和人生智慧的总结。

**4.《从优秀到卓越》[美] 吉姆·柯林斯著，俞利军译，中信出版社 2009 年版**

本书运用对比的方式，指导优秀公司如何才能实现向卓越公司的跨越。作者和他的研究小组历时 5 年，收集了 28 家公司过去 50 年的所有文章，进行了大范围的定性和定量分析，分别从七方面进行了阐述，分为第 5 级经理人、先人后事、直面残酷的现实、刺猬理念、训练有素的文化、技术加速器、飞轮和厄运之轮。核心思想是"只要采纳并认真贯彻，几乎所有的公司都能极大改善自己的经营状况，甚至可能成为卓越公司"。

5.《罗伯特议事规则》[美]亨利·罗伯特著，袁天鹏、孙涤译，格致出版社 2015 年版

"罗伯特议事规则"是在美国广受承认的议事规范，内容非常详细，对如何提出议事事项、如何听取和发表意见、如何提出动议和表决，都有明确的规定。全书共 20 章，蕴含着丰富的理念，通篇极少对理念进行专门论述，而是把理念融会在规则之中，直接面向实践和细节，具有很强的可操作性。

6.《执行》[美]拉里·博西迪、[美]拉姆·查兰著，刘祥亚等译，机械工业出版社 2016 年版

本书叙述的是企业中"执行"的重要性。全书共三个部分，即为什么需要执行、执行的三大基石以及执行的三个核心流程。作者认为，管理一家企业实际上就是要协调人员、战略和运营者，对于任何一位企业领导者来说，他的真正任务应该是规划人员、战略、运营这三大流程，而非单单制定所谓的"远景目标"，然后把实现目标的任务放手交给他人。

7.《蓝海战略》[韩]W. 钱·金、[美]勒妮·莫博涅著，吉宓译，商务印书馆 2016 年版

本书对目前过度拥挤的产业市场中存在的激烈竞争进行颠覆性分析，并提出企业发展要开创蕴含庞大需求的新市场空间，走上增长之路。全书共 8 章，作者基于对跨度达 100 多年、涉及 30 多个产业的 150 个战略行动的分析和研究，提出了成功制定和执行战略的六项原则，为企业摆脱不良竞争提供了一套系统的方法。

8.《第二曲线》[英]查尔斯·汉迪著，苗青译，机械工业出版社 2017 年版

本书是英国管理大师查尔斯·汉迪于 80 岁高龄特别为年轻人写的书。围绕"创新"与"变革"的主题，作者借数学的"西格玛曲线"为隐喻，诠释人类社会持续发展的特质。管理者必须在第一曲线到达顶峰之前，另辟蹊径，开创完全不同的发展道路（第二曲线），并实现其增长，才能实现企业永续增长的目的。

9.《**影响力**》［美］ **罗伯特·西奥迪尼著，陈叙译，中国人民大学出版社**
**2006 年版**

本书是罗伯特·西奥迪尼的社会心理学经典作品。全书分为 7 章，分别为影
响力的武器、互惠、承诺和一致、社会认同、喜好、权威、短缺。从实践和运用
技巧的角度，深度剖析影响力的各要素，全方位地提高主体影响他人的能力，帮
助读者获得更大的成功。

10.《**营销管理**》［美］**菲利普·科特勒、**［美］**凯文·莱恩·凯勒著，何佳**
**讯等译，格致出版社 2016 年版**

本书以介绍和评论 21 世纪市场营销的新内容为主，把营销思想应用于所有
产品与服务市场领域，并提供了一个营销管理的广阔视野和分析框架。书中内容
丰富，介绍了营销中的重要概念、战略营销的作用、营销计划、社会责任和道德
对营销的影响以及营销面临的机遇和挑战等。既适合作为营销入门者的指导用书，
也可以作为营销和管理人士的手头资料。

## 四、投资理财类读物

1.《**聪明的投资者**》［美］**本杰明·格雷厄姆著，王中华、黄一义译，人民邮**
**电出版社 2010 年版**

本书被认为是投资实务领域的"世界级和世纪级的经典著作"，对基金投资、
投资者与投资顾问的关系、普通投资者证券分析的一般方法、防御型投资者与积
极型投资者的证券选择、可转换证券及认股权证等问题进行了详细阐述。着重介
绍防御型投资者与积极型投资者的投资组合策略，传授投资者如何应对市场波动，
旨在对普通人在投资策略的选择和执行方面提供相应的指导，避免投资者陷入一
些经常性的错误。

2.《**通向财务自由之路**》［美］**范·K. 撒普著，董梅译，机械工业出版社**
**2011 年版**

本书系统、完整地介绍了投资的相关知识。作者在考察了交易实战之后，发

现投资者要找到适合自己个性和目标的方法。在强调自我挖掘和心理因素的基础上，逐步指导读者如何设立自己的交易系统，书中收录了投资圣手们的入门术、心得体会和经典理念，比对了各种投资策略的实战成果。对于新手成长为一个成熟的投资者有很大帮助。

3.《公司理财》[美]斯蒂芬·A.罗斯、[美]伦道夫 W·威斯特菲尔德、[美]杰弗利 F.杰富著，吴世农等译，机械工业出版社 2012 年版

本书从公司管理人员角度出发，论述了如何决定项目投资，如何通过股票、债券、现金的合理组合实现资源配置的最优化等问题。全书共 8 篇 31 章，涵盖了公司财务管理的所有问题，包括资产定价、投资决策、融资工具和筹资决策、资本结构和股利分配政策、长期财务规划和短期财务管理、收购兼并、国际理财和财务困境等板块，并且新增了股票和债券的内容。

4.《期权期货及其他衍生产品》[加]约翰·赫尔著，王勇、索吾林译，机械工业出版社 2014 年版

本书被誉为金融衍生产品领域的最佳指南，全书共 32 章，几乎囊括了金融衍生产品的所有理论知识，包括期货市场的机制、期货套期保值策略、利率、利率期货、远期和期货价格的决定、互换、期权市场的机制、期权的交易策略、Black-Scholes-Merton 模型、波动率微笑、数值方法、在险值、信用风险、信用衍生产品、奇异期权、凸性调整和实物期权等内容。各章自成体系，有不同需求的读者可进行选择阅读。

5.《主动投资组合管理》[美]理查德·C.格林诺德、[美]雷诺德·N.卡恩著，李腾等译，机械工业出版社 2014 年版

本书自出版以来，以其数学上的严谨性和内容上的系统性成为量化组合投资领域的专业之作。全书覆盖了主动投资管理的基本原则和基础理论，以及实践细节，能带领读者逐步了解整个投资流程。该书描述了一套创新的方法：寻找资产收益率原始信号，将它们转化为精炼预测，以及根据这些预测构建具有超常收益率和小风险的投资组合，即持续战胜市场的投资组合。

6.《富爸爸穷爸爸》[美] 罗伯特·清崎、[美] 莎伦·莱希特著，萧明译，四川文艺出版社 2014 年版

《富爸爸穷爸爸》

本书讲述了清崎的两个爸爸："穷爸爸"是他的亲生父亲，一个高学历的教育官员；"富爸爸"是他好朋友的父亲，一个高中没毕业却善于投资理财的商人。清崎以亲身经历的财富故事展示了"穷爸爸"和"富爸爸"截然不同的金钱观和财富观：穷人为钱工作，富人让钱为自己工作。提出了切实有效的投资策略和理财方法，指导人们创造和守住财富，最终走上财务自由之路。

7.《资产配置的艺术》[美] 戴维·达斯特著，段娟、史文韬译，中国人民大学出版社 2014 年版

本书是"华尔街资产配置第一人"戴维·达斯特在资产配置原理与投资策略方面的经典著作。全书详细讲述了如何使用现代资产配置理念和工具，以及在各种市场环境下（牛市、熊市、平衡市）增加回报、控制风险的方法，书中图表丰富，具有很强的综合性和实用性。

8.《热门商品投资——量子基金创始人的投资真经》[美] 吉姆·罗杰斯著，蒲定东译，中信出版社 2010 年版

吉姆·罗杰斯是国际著名的投资家和金融学教授，也是世界上最成功的投资大师之一，本书是其所著第一本实用性的投资建议书籍。全书从商品的供给和需求出发，深入分析了石油、黄金、铅、糖、咖啡等商品的历史走势及未来趋势，作为商品期货入门启蒙书，对投资者有重要的指导作用。

9.《彼得·林奇的成功投资》[美] 彼得·林奇、[美] 约翰·罗瑟查尔德著，刘建位、徐晓杰译，机械工业出版社 2007 年版

彼得·林奇是美国首屈一指的投资专家，以其选股能力而著称。本书共 3 部分，讲述了投资前的准备工作、选择发展前景良好的公司股票以及长期投资的观点，向中小投资者提供了简单易学的投资分析方法，包括作者多年经验总结，具

有很强的实践性。

**10.《投资中最简单的事》邱国鹭著，中国人民大学出版社 2014 年版**

本书将复杂的投资删繁就简，试图用简单可行的法则和工具剖析投资的本质。作者从自己多年投资的经验出发，剖析了"便宜才是硬道理""定价权是核心竞争力""人弃我取，逆向投资"等简单易行的投资原则，阐明了"对于大多数人而言，只有价值投资才是真正可学、可用、可掌握的"这一观点，分享了易于普通投资者学习、操作的投资方法。

第六章

# 心理阅读：
# 做自己的心理咨询师

## 第一节　心理健康是人生之基

### 一、心理健康的定义

　　现代社会，医学技术越来越发达，医学研究越来越精深，医疗设备越来越先进，医院规模越来越大，但病人却未见减少。不仅是身体会有不适，心理方面也可能状况不佳。快节奏的生活中，越来越多的人或者用笑脸掩盖消极情绪，或者视而不见，殊不知有朝一日这些消极情绪也可能一发不可收拾，反噬自己。身体上的病是看得见的，心灵上的疾却是隐秘的。所谓健康，不仅是身体健康，也是心理健康，只有身心都妥帖，才是真正的健康。古人云：上医治未病。最高明的医术不是治疗，而是预防。本章将介绍一些心理学的基本知识和入门书籍，通过阅读，帮助读者朋友们了解自己的心理情况，并应对轻微的心理亚健康状态。

　　首先，心理健康的定义是什么。张焕庭主编的《教育辞典》将其定义为：在一定的社会生活条件下，一个人智力正常、情绪稳定、行为适度，并具有协调人际关系和适应环境的能力。这种心理状态称之为心理健康。它是保证一个人高效率地工作、学习和愉快生活的必要条件。心理健康的标志有如下几方面：（1）乐于工作和学习，在工作和学习中充分发挥自己的智慧和能力，以获得优异的成绩，从而产生满意和愉快的情感。（2）在同事同学之间、家庭成员之间能建立互信、互教、互爱的人际关系；在集体中经常维护集体利益和荣誉，积极为集体工作，参加集体组织的各项活动；在人际交往中，愿意与他人建立良好的关系，成为一个有朋友而不是孤独的人。（3）能客观地评价他人，也能正确地对待自己；能充分发挥自己的能力和特长，也能及时纠正自己的错误和缺点。在自我评价的基础上制订切实可行的计划，为实现符合社会发展规律的远大理想而努力奋斗，这样才能在生活道路上产生积极愉快的情感。（4）能与环境保持良好的接触，并能用切实可行的方法去解决所遇到的各种问题，即使遇到挫折和失败，也能采取适当的方法。（5）保持积极愉快的心境，即使在生活中遇到不幸，也能正确对待，不使自己长时间处于抑郁悲伤的心境状态。最后，正确的人生观、乐观、开朗的性格以及健康的体魄是心理健康的重要条件。[1]

杨平、肖进、陈宝珍主编，林荫亚、萧俊、肖进等编写的《医学人文科学词汇精解》将"心理健康"定义为：人们对于相互关系及环境具有高效而愉快的适应能力。凡是心理健康的人，都有聪慧的智能、稳定的情绪、开朗的性格和良好的社会适应行为。心理健康的人在日常生活中不仅办事效率高，而且具有幸福感，能愉快地接受一切生活规范。美国心理学家马斯洛曾对心理健康提出十条标准：（1）充满安全感；（2）充分了解并能恰当评价自己；（3）生活目标切合实际；（4）与现实环境保持接触；（5）人格保存完整且协调和谐；（6）具有从经验中学习的能力；（7）人际关系良好；（8）情绪表现适度且善于控制；（9）在不违背集体要求的情况下，能恰如其分地满足个人的基本要求；（10）在不违背社会规范的情况下，能恰如其分地满足个人的基本要求。简单地说，心理健康可体现在智力正常、情绪愉快而稳定、意志坚强、人格健全、人际关系良好、行为反应适度六个方面。心理健康与生理健康紧密相连，相互制约。生理上的疾病固然会影响心理的健康，但一个人如果心理上不健康，必然也会影响他的生理变化，从而危害其躯体健康，可能导致各种心身疾病；如果一个人的心理行为陷入反常状态，就会使其社会适应能力遭到破坏，甚至给自己和家人带来不幸，对社会造成危害。因此，我们不仅要重视躯体的或生理的健康，还必须重视心理的健康。[2]

通俗地说，心理健康就是拥有正常智能、稳定情绪、正确认知和良好的社会适应行为。但这些都是描述性解释，到底何谓"正常""正确""良好"呢？这就涉及心理健康具体标准的问题。

---

[1] 张焕庭主编.教育辞典.南京：江苏教育出版社，1989：173-174.

[2] 杨平，肖进，陈宝珍主编.医学人文科学词汇精解.上海：第二军医大学出版社，2002.

车文博主编的《心理咨询大百科全书》解释道：心理健康（mental health），即个体在内外环境允许的条件下保持最佳的心理状态。就个体的心理状态而言，心理健康指个体在一般适应能力，自我满足能力，人际各种角色的扮演，智慧能力，对他人的积极态度，创造性，自主性，成熟性，对自己有利的态度、情绪与动机的自我控制等方面达到正常或良好水平。关于心理健康的正常状态，一般有四种意义：正常即健康状态，以有无心理疾病为判断标准；正常即平均状态，从统计学角度强调正常和异常之间的程度变化，处于正态分布中间范围的属于正常；正常即理想状态，正常是用来评价行为而非描述行为；正常即适应过程，将正常看作是不断发展进步的过程，心理健康的人能不断学习有效的技巧以应付紧张状态。[1]

心理健康的标准问题一直是心理健康研究领域非常重要的基本理论问题，它是心理健康诊断、制订心理健康测量表、心理健康教育等各项事务的基础。目前国内外对于心理健康的标准争论颇多，争论主要集中在以下几个方面。

第一，制订心理健康标准的依据是什么？学界对此的看法大概有七种：（1）统计学上的常态分布；（2）合乎社会规范；（3）适应社会生活的情况；（4）医学上是否存在病症；（5）个人主观经验为标准；（6）以心理成熟与发展水平作为标准；（7）以心理机能的充分发挥为标准。[2]可以看出，心理健康的评价标准涵盖了医学、统计学、社会学和心理学等多学科，是个非常综合而多面的概念。每一种依据的具体界定也各有说法，这里不展开细说。

第二，标准依据遵循"众数原则"还是"精英原则"。华中师范大学心理学院江光荣教授将判断心理健康标准的依据归为两大类，即"众数原则"和"精英原则"。[3]"众数原则"是假定社会成员中绝大多数人的心理行为是正常的，那么偏离这一正常范围的心理和行为可视为异常。现今用以测量心理健康的量表正是

---

① 车文博主编.心理咨询大百科全书.杭州：浙江科学技术出版社，2001：65.

② 叶一舵.心理健康标准及其研究的再认识.东南学术，2001（6）：169–175.

③ 江光荣.关于心理健康标准研究的理论分析.教育研究与实验，1996（3）：49–53.

根据统计学上的常态分配原则编制的，所以众数原则是当今被广泛应用和认可的确定心理健康标准的依据。但是人本主义心理学家对此提出了异议。人本主义心理学家认为环境会影响人的人格和心理品质，假设一个社会的主流文化是扭曲压抑的，那么这个环境里大多数人都可能出现心理不健全的情况。这时，众数原则显然就不适用了，评判那些偏离众数的个体心理不健康，明显有违常理。

因此，美国著名社会心理学家、人本主义心理学家亚伯拉罕·马斯洛（Abraham H. Maslow）提出了另一种研究思路，他称之为"尖端样本统计学"原则，后来也被称为"精英原则"。马斯洛认为自我实现的人是内在本性发展最为充分的人，这样的人才是心理健康的代表。由于能自我实现的人占少数且位于正态分布的极端，所以称为"尖端样本统计学"原则。"精英原则"也存在显而易见的缺陷，因为人的本性是复杂的，无论是马斯洛的"自我实现者"、罗杰斯（Rogers）的"机能充分发挥者"、奥尔波特的"成熟者"，还是弗洛姆（Fromm）的"创发者"。

第三，关于社会性和个体性的争论。心理健康标准的制定有社会性和个体性两大倾向。前者倾向于从社会性层面来确定标准，认为是否与社会协调是判断的重要指标。如常态分布标准、社会规范标准、生活适应标准以及"众数原则"等，都属于社会性标准。后者倾向于从个体性层面来确定心理健康标准，如医学标准、心理成熟与发展水平标准、"机能充分发挥"标准以及"精英原则"等，均属于个人性标准。医学标准是以是否存在病症为指标。这一派以精神医学研究为基础。个体心理成熟和发展水平标准，以心理成熟与发展程度作为评价心理健康的标准。心理发展水平低于同龄人即可能为异常。学界各派对此各持己见。人本主义认为心理健康与个体潜能的开发密切相关，所以主张采取个体性的评价标准。有的学派则主张采取社会性评价标准，例如行为主义认为健康就是个体的行为、心理与社会不矛盾、不冲突。也有学者认为二者能够统一。实际上二者也确实不矛盾，对一个人而言，社会性与个体性是共存兼备的，他既不可能脱离社会，也不可能完全没有个性。因此评价一个人心理健康的程度，应当兼顾社会性与个体性两个方面，综合判断。

第四，"社会适应"是否应当成为心理健康标准的依据。这一争论其实是社会性标准与个体性标准之争的延续。不同学者对"社会适应论"有不同的看法和解释。有的人把社会适应等同于适应社会，理解为人对社会环境的完全顺从，或把社会适应看成是一种从众行为。这样的个体显然不能说是心理健康的，因此不能将社会适应看做心理健康的本质。但事实上，社会适应的概念内涵不应是一味遵从社会，而是既要在一定程度上符合社会的要求，也能在环境许可的范围内发展自我。因此大多数学者认同社会适应应当纳入心理健康评价标准。

第五，心理健康的标准是否应该包括价值评判。江光荣教授主张缩小概念内涵，心理学家主要关注心理学，不应插手分外之事，"心理健康就是对心理机能的评估"[1]。但也有不少学者认为人与社会是不可能完全分离的，任何人都不能脱离社会道德等价值体系，不受其束缚。因此心理健康的人一定是符合社会价值标准的，价值判断应该包括心理健康评价标准。心理学家张海钟就表示："一个心理健康的人，首先应是一个具有社会责任感和历史使命感的人；应该是一个把潜能实现与民族的、人类的福利事业和文化进步联系起来的人；应该是一个品德高尚的人；应该是一个利用自己的聪明才智改造环境，在发展文化中发展自己的人。而不是一个仅仅为了满足自身的利益需要，而不惜伪装适应各种角色，不加分辨地适应各种角色，不加分辨地适应各种虚假人际关系的人。"[2]国外许多学者也持这种观点，美国心理治疗学家、现实疗法创始人威廉·格拉瑟（William Glasser）对行为的评估标准就是，行为满足个体需要的同时是否妨碍他人和社会的利益。对于这个争论，有学者认为如果把心理健康视作心理机能的状态，那么将重点放在心理机能评价上是没错的，但是心理机能的发挥无疑受到个体意识的制约与引导，而以主流价值观为主导的社会环境，又会对个体的意识产生不可剥离的影响，因此完全脱离道德价值评判的心理健康评价标准，是不现实的。[3]

---

[1] 江光荣.关于心理健康标准研究的理论分析.教育研究与实验，1996（3）：49–53.

[2] 张海钟.评心理健康标准的"社会适应论".教育研究与实验，1995（4）：44–47.

[3] 叶一舵.心理健康标准及其研究的再认识.东南学术，2001（6）：169–175.

第六，文化普遍性与相对性之争。一种观点认为，心理健康标准不受社会文化影响，不同的文化中心理健康的标准是一样的。即心理健康标准具备脱离当前文化的普遍性。另一派则认为，不同的社会文化中，心理健康标准有差异，具有文化相对性。

这些关于心理健康标准的争论，实际上就是对心理健康本质的争论。分歧其实是因为部分学派过于强调自己的着眼点，忽略了全局。心理健康应当是一个综合性的概念，如果全面考虑它的内涵，完全可以将上述各争论整合在一起。有学者提出心理健康标准的二维结构[1]，评价结构如图：

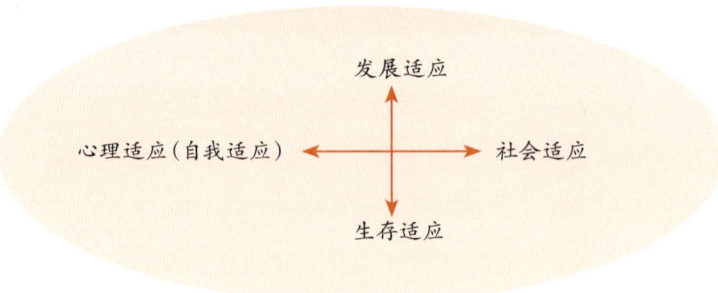

这个评价结构比较系统而全面地表达了心理健康标准的多维性。一是建立心理健康标准的纵向层级，二是考虑它的横向标准。纵向层级是指心理健康的层次，国内有学者认为心理健康水平大致分为健康、常态、轻度失调和严重病态四个等级；美国心理学家杜·舒尔兹认为心理健康水平是呈常态分布的，可划分为极端心理健康水平、高于一般心理健康水平、一般心理健康水平、低于一般心理健康水平和严重心理疾病五个层次。[2]心理健康的纵向标准评价就是从"正常"到"严重病症"。所谓"正常"可能是社会性评价，可能是统计学评价，"严重病症"则一定是医学性评价。越往"正常"方向走，我们越能适应外界环境，使之利于自身发展；越往"严重病症"方向发展，则威胁生存的可能性越大。换句话说，心

① 叶一舵.心理健康标准及其研究的再认识.东南学术，2001（6）：169-175.

② 杜·舒尔兹.心理学应用.李德伟译，南宁：广西人民出版社，1987：122，125.

理健康的纵向评价最低应当保证个体生存，在此基础上再考虑发展适应，即个体对社会生活环境的适应，包括对各种社会角色的适应和对各种社会活动的适应。[①]心理健康标准的横向评价实际上就是社会性与个体性两个方向。社会与个体是互动，相统一的，因此心理健康标准兼顾了两个方面，一方是适应社会，融入社会，符合社会主流道德价值体系，另一方是自我适应，自我实现，自我满足。下文将谈到心理健康的重要性、自我认知和通过针对性阅读自我疗愈等内容，记忆并理解该二维评价图表所标注的四个评价维度，有助于读者朋友们在后续阅读中加深理解和思考。

## 二、心理健康的重要性

我国正处于社会主义初级阶段，国家与民众的关注点仍然在基本生活保障上，对于精神健康，很多人并不关注，甚至不认可。大多数人对心理学最基本的认识都十分有限。许多人心里郁结，总认为忍忍就过了，更有人认为心理问题不是病，是矫情。

心理健康最重要之处一是在于完善认知。认知，也即观念、态度和思维等，是指人们获得知识或应用知识的过程。人脑接受外界输入的信息，经过头脑的加工处理，转换成内在的心理活动，进而支配人的行为，这个过程就是认知过程。常讲的心态，也属于这个范畴。认知与人的成长背景、知识和阅历等都息息相关。认知可以分为对内对外两方面内容，一方面能够加深人们对自身的了解，正确认识自己，知道自己现在的个性、脾气等特征是如何形成的，自己为什么会做出某些行为；另一方面是了解他人，通过他人的行为推断其内在的心理活动，从而实现对外部世界的更准确的认知。无论是对内还是对外，都必须在正确认知的基础上，才能进一步给予自己或他人正确、客观的评价。

二是情绪，健康的心理意味着有效的情绪管理。凡人总有七情六欲，适度宣

---

① 贾晓波 . 心理适应的本质与机制 . 天津师范大学学报（社科版），2001（1）：21.

泄、合理控制情绪，是一门学问。想要管理好情绪，必须对自己的心理状态有一定了解，再想办法纾解引导。

三是行为，了解并控制自己的行为，尤其是改正一些不好的习惯。人的心理特征具有相当的稳定性，同时也具有一定的可塑性。因此，通过学习心理学知识，我们可以在一定范围内对自身和他人的行为进行预测和调整，通过改变内在、外在的因素对行为进行适度调控。健康的心理，能够引导自己和他人发出积极的行为信号。

马斯洛需求层次理论认为人具有多种动机和需要，包括生理需要（physiological needs）、安全需要（security needs）、归属与爱的需要（love and belonging needs）、自尊需要（respect & esteem needs）和自我实现需要（self-actualization needs）。最基本最低的需求是生理需要即生存要求，最高层次是自我实现，指个体的各种才能和潜能在适宜的社会环境中得以充分发挥，实现个人理想和抱负，这是个人发展的巅峰。很显然，从最低需求到最高需求，将面对无数磨难和挑战，拥有健康的心理是非常重要且必要的。

## 第二节　人生自古许多愁

### 一、统计数据与调查

辛弃疾词曰："叹人生，不如意事，十常八九。"(《贺新郎·用前韵再赋》)之后，又有宋人方岳诗云："不如意事常八九，可与语人无二三。"(《别子才司令》)寥寥数字，道尽了人生曲折。我们要面对很多困惑与问题，有些人能够轻松应对、游刃有余，有些人却深陷其中，难以自拔，又或者因为遗传或环境因素，患上了程度不同的心理疾病。

世界卫生组织 2018 年发布的报告指出，年满 20 岁的成年人中，有心理障碍的患者每年以 11.3% 的速度增加；17 岁以下未成年人有各类学习、情绪、行为障碍者约 3000 万人；大学生中 16%—25.4% 的人有心理障碍。[1]2017 年，我国每十万人中有 9.7 个人自杀。世界卫生组织 2017 年在日内瓦发布了一份关于抑郁症的最新全球统计报告。报告显示，从 2005 年至 2015 年十年期间，全球受抑郁症影响的人数增加了 18%，导致的经济损失超过一万亿美元。其中女性发病率为 5.1%，男性 3.6%；在 55 岁至 74 岁老年女性占 7.5%，老年男性占 5.5%。从国别来看，抑郁症病例在全国人口占比 5.5% 以上的国家有美国、澳大利亚、巴西、爱沙尼亚、芬兰、希腊、葡萄牙、俄罗斯等；乌克兰则超过了 6%。中国为 4.2%。根据我国一项全国性的流行病学调查显示，目前我国已确诊的抑郁症患者约有 3000 万。抑郁症已成为中国第二大负担疾病，预计在 2030 年上升至世界疾病负担首位。

---

[1] 俞国良，董妍. 我国心理健康研究的现状、热点与发展趋势. 教育研究，2012(6)：97–102.

根据国家卫计委在 2017 年一场新闻发布会上发布的统计数据，截至 2016 年底，全国在册严重精神障碍患者达 540 万例，管理率达 88.7%。其中精神分裂症患者数约占在册患者总数的 3/4。540 万例在册严重精神障碍患者主要包括精神分裂症、分裂情感性障碍、持久的妄想性障碍（好偏执性精神病）、双相（情感）障碍、癫痫所致精神障碍、精神发育迟滞伴发精神障碍 6 种重性精神疾病患者。登记在册的严重精神障碍患者中贫困率达到 57.2%。

2014 年底，我国登记在册的严重精神障碍患者有 429.7 万例。这意味着，两年的时间内登记在册的人数增加了近 110 万例。其中患者男女比例为 1.07∶1，有精神障碍家族史的占 4.67%，初中及以下文化程度患者高达 83.6%；18 岁至 59 岁的劳动年龄人口占 76.1%。

中国疾控中心提供的数字表明，我国现有重症精神疾病患者高达 1600 万人；70% 左右的人处于精神"亚健康"状态，有 1.9 亿人需要接受专业的心理咨询或心理治疗。根据 2017 年国家统计年鉴，2016 年我国城市居民主要疾病死亡率及其死因中，因精神障碍死亡的人数为每十万人中 2.72 个。

2016 年，由中华医学会健康管理学分会牵头，联合国家卫计委科学技术研究所、中国医师协会整合医学分会、北京健康管理协会，以及国内 30 余位专家和学者共同参与的"中国城镇居民心理健康大数据"项目正式启动。2018 年 4 月 29 日，《2017 中国城镇居民心理健康白皮书》发布会在陕西省西安市召开。通过 PEM 心理健康管理系统收集了全国 566 家医疗机构的数据，包括 486 家体检中心和 174 家综合医院部分临床科室，数据年限涵盖 2012 年 2 月至 2017 年 5 月。该数据分析了全国约 113 万城镇人口的心理健康状况，数据显示中国城镇居民心理健康状况不容乐观。目前，73.6% 的人处于心理亚健康状态，存在不同程度心理问题的人有 16.1%，心理健康的人仅为 10.3%。人们主要面对的心理问题为强迫症状、敌对、抑郁、人际敏感、焦虑、偏执、躯体化、恐怖和精神病性。对于性别，女性心理健康水平显著低于男性。对于不同年龄阶段的人群，30 岁至 39 岁人群心理健康状况最差，60 岁以上人群心理健康状况较好。对于不同婚姻状况，丧偶人群心理健康状况最差，已婚人群最好。根据受教育程度，学历最高和最低人群心理健康状况较差，高中/中专人群心理健康状况最好。同时，心理健康状态与躯体生理健康状态密切相关，躯体健康状况越差，心理问题发生概率越高。甲状腺结节、乳腺良性病变、子宫肌瘤、肥胖和失眠等亚健康人群中，心理亚健康比例为54.7%—64.7%，心理问题发生率为24.3%—37.3%。另外，慢病人群心理问题伴发率极高，例如肿瘤、脑梗、心梗、糖尿病、高血压、冠心病等慢病患者心理健康的仅有5.1%，亚健康状态的有44.8%，50.1%的人群有不同程度的心理问题，其中抑郁和焦虑问题十分突出。

总之，心理健康问题、心身疾病和与心理密切相关的慢病已经成为我国重大公共卫生问题和社会问题。无论官方还是个人，重视心理健康问题，积极行动和干预，已经刻不容缓。

## 二、困惑与应对

通过检索与分析，目前我国心理学研究关注点主要集中在独生子女、学生群体、职业群体、特殊群体和网民群体五个主要群体的心理健康问题上。[①]这五个群体分类基本涵盖了我国各年龄、多层次的人群，他们的问题也十分具有代表性。

独生子女：指独生子或女，无同胞兄弟姐妹，也无同父异母、同母异父、收养的兄弟姐妹。独生子女问题已成为社会问题。一部分独生子女由于在家庭中处于独尊地位，受到非凡的宠爱和优待，家庭教育的缺陷使他们表现出了不同程度的心理健康问题。主要有独立性差、依赖性强，缺乏自主生活能力；心理脆弱，意志不坚定，抗打击能力较弱；叛逆与任性程度高，唯我独尊的性格明显，不愿妥协；自尊心强，不易接受他人的负面评价；孤僻等特征。

学生群体：如果说独生子女的心理健康主要取决于家庭教育，学生群体的心理健康则受家庭教育与学校教育的共同影响。在目前仍然以唯分数论为主流的社

---

① 俞国良，董妍.我国心理健康研究的现状、热点与发展趋势.教育研究，2012（6）：97–102.

会价值导向下，家长和学校都重视成绩胜过其他，造成不少学生也面临着严重的心理健康问题。主要有以下几类：（1）学习类问题。学习压力过大，心情焦虑，导致厌学以及一系列生理不适。（2）人际关系问题。包括师生关系、同学关系、亲子关系等。如果人际关系处于不良状态而学生又拙于缓和矛盾，会给心理带来极大伤害。（3）青春期心理问题。青春期正是发育时间，这段时间学生面对心理与生理的双重变化，容易出现不适应，具体表现为逆反心理、情绪敏感、心理脆弱等问题。（4）挫折应对。学生面对的挫折是多方面的，包括但不限于学习、人际关系、兴趣以及自我尊重等方面。如果心理健康出现问题，很可能出现对挫折的过激应对。

职业群体：职业人群心理健康出现问题并不罕见，工作压力、环境影响、企业文化和个人性格都是影响职业群体心理健康问题的因素。面对巨大的工作甚至生存压力、快节奏的生活、复杂的人际关系、工作与家庭难以平衡等，都会导致职业群体出现焦虑、抑郁、失眠等问题，甚至自杀。

特殊群体：诸如灾后群体、少数民族、外来务工人员、农村妇女、残障人士等群体，由于经济、文化、受教育程度、生理问题等各种原因，特殊群体的心理健康问题也十分突出。

网民群体：中国互联网络信息中心（CNNIC）发布的第 41 次《中国互联网络发展状况统计报告》显示，截至 2017 年 12 月，我国网民规模达 7.72 亿，普及率达到 55.8％。巨额数量的网民已经成为社会不可忽视的群体。然而互联网在方便获取信息、拓展人际交往的同时，也对网民的社会生活和心理健康带来了一定的负面影响。例如网络成瘾，脱离现实、沉迷虚拟世界；在无处不在的社交网络中反而感到孤独、疏离；现实情感冷漠和滋生暴力倾向、犯罪倾向，等等。

以上五类群体所面对的各种问题，我们也多多少少遭遇过。那么，大家是如何应对的呢？外国学者 Andrew G. Billings 和 Rudolf H. MoosBilling 把应对反应分为三种，即积极的行为应对、回避式的应对和积极认知的应对。1984 年，他们又用李克特量表重新对反应划分，分为三种：针对评估的应对、针对问题的应对和针对情绪的应对。也有学者按应对方式分为情绪定向应对和问题定向应对。

情绪定向应对以情绪体验和情绪表现为特征，如伤心痛哭、借故发火、自我安慰等；问题定向应对是指分析问题、思考解决问题，最后着手解决压力源。[①]具体来说，有几种应对方式。（1）解决问题。包括积极的认知和行为，使问题得到解决或消除压力源。（2）求助。寻求情感支持等，比如向亲朋好友倾诉、商量，寻求理解。（3）回避。对问题采取回避的态度或以消极的认知方式看待问题，消极应对而不是积极解决。（4）发泄。通过各种途径发泄不愉快的经历和感受，以减轻挫折和压抑感。（5）幻想。采取想象和虚构的方式来摆脱现实的烦恼和困难，简而言之就是逃避现实，沉迷虚拟世界。（6）忍耐。对烦恼和挫折采取忍受的方式。研究还发现，男性更喜欢采用积极的应对方式，如解决问题、主动认知等，女性常使用消极的应对方式，如回避、幻想等。情绪定向应对，如痛苦号哭、愤怒发泄等方式，女性使用得也更多。在寻求外界支持上，女性表现出的求助倾向更强烈。求助时女生多选择亲属，而男生则更倾向于向朋友、同学等无血缘关系的人求助。理解、照顾两种帮助模式上，女性更偏好于前者，男性更偏好于后者。[②]

通俗地说，一般我们都会采取倾诉的方式，用现在的话来说就是吐槽。和父母子女沟通、和朋友沟通、和领导同事沟通、在网上和陌生人沟通，甚至心理医生，都是发泄纾解情绪、疗愈心理问题的有效途径。学校开设心理学教育也是非常重要的一环。调查表明，学生对于开设心理学教育课程的需求度很高，他们希望了解心理的生理基础、感觉知觉、记忆等知识，更渴望实现心理健康、心理咨询等内容。[③]

① 王敬群，邵秀巧.心理卫生学.天津：南开大学出版社，2005：20.

② 何利娟.大学生心理压力及其应对策略的研究.青岛：中国石油大学（华东校区），2006.

③ 李静，薛志华，沙良波.心理学教学在大学生心理健康教育中的地位及作用——一项关于心理学教学在大学生心理健康教育中重要性的调查.兰州教育学院学报，2004（4）：19-24.

除此之外，阅读也是应对心理问题的途径之一。"阅读疗法"（bibliotherapy）也可称为图书治疗、读书治疗等，该词最早由美国学者塞缪尔·麦克乔德·克罗色尔斯（Samuel Mcchord Crothers）于 1916 年提出。1966 年，美国图书馆学会（ALA）确定阅读疗法为医学和精神疾病的辅助治疗方法，借由馆员提供适当的阅读建议，协助读者解决心理或情绪困扰。详细地说，阅读疗法是运用生理学、医学和读者心理学原理，通过有选择的书刊和指导性阅读，帮助读者应对心理障碍和情绪困扰，调整心理状态和行为方式。[1]本书的下面章节中，将针对自我认识、挫折和压力的应对、人际交往、生命教育、职业生涯规划等方面，为读者推荐书目。

---

① 张敏. 高校图书馆大学生的心理阅读疗法. 医学信息，2005（7）：755-758.

## 一、什么是人格?

我们常说某个人外向、擅长交际，或者某个人内向、不善言辞，有时候也这么评价我们自己。但是你真的了解你自己吗？知道对某件事，自己会怎么做，为什么这么做吗？有时我们对他人或自己的行为感到惊讶，因为出现了预想之外的情况，但是仔细想来，这个"预想"真的建立在足够了解的基础上吗？还是我们只是自以为了解自己和他人呢？

如果让你形容一下自己，说说自己是个怎样的人，也许你会说自己外向、健谈、善于交友。但这不一定是全部的真实的你。你很可能也会有沉默寡言、忧郁消沉的时刻，这看起来和外向健谈似乎有些矛盾。我们常说一个人具有某些优良品质或不良表现，优良品质例如忠诚、果断、坚毅、热情、乐于助人、文明礼貌、勤劳节俭、认真负责、谦虚谨慎等；不良表现例如怯弱、固执、任性、漠不关心、自私自利、损人利己、奸诈狡猾、懒惰敷衍、不负责任等，这些都是在评价对方的性格。所谓性格（character），是一个人对现实的稳定的态度，以及与这种态度相应的，习惯化了的行为方式中表现出来的一些特性。我们用这些特性来鉴定和评价某个人，作为他的代表特征，但性格实际上是一种呈现在外的形式，而不是人们做出某种行为的原因。性格是"是什么"，而不是"为什么"。

真正要了解一个人，需要判断和理解的是他的人格。人格（personality）这个概念源于希腊语，原是指演员在舞台上戴的面具，后来心理学借用了这个术语，以为人可能会根据社会角色的不同而戴上不同的面具，这些就是人格的外在表现。面具后面还有一个真实的自我，那就是人格。人格是一个人所具有的与他人相区别的独特而稳定的思维方式和行为模式。一个人的一切行为，都能从他的人格特征上找到根源。与人格相关的还有几个概念：

人格特质（personality trait）：在大多数情境中表现出的稳定的行为特征。

人格类型（personality type）：由一组相关特质定义的个性风格。（这里的个性是形容人格类型，注意与"性格"概念区分。）

虽然用人格类型对人格进行分类难免有简化粗糙之嫌，但正如一个范式能帮助我们迅速了解各种复杂的现实问题，人格类型也确实有助于我们快速有效地理解某个人的特质。将具有共同人格特质的人归于一类，无论是研究还是日常交往，都将使我们轻松许多。

英国心理学家艾森克

中外心理学家们提出了许多人格理论，对人格的概念以及描述分类做出系统性阐释。例如英国心理学家艾森克（Hans J. Eysenck）提出的艾森克人格双因素理论。该理论认为许多人格特质都与两个因素有关，一个维度是"内倾—外倾"，另一个维度是神经质倾向（稳定和不稳定）。他用这两个维度绘制出人格结构图，把人格分成四大类（与古希腊的气质类型对应）和三十二小类。古希腊四大气质类型是由公元前5世纪西方医学之父、古希腊著名医生希波克拉特提出的理论。他认为人体内有四种液体，即血液、黏液、黄胆汁、黑胆汁，这四种液体在人体内的比例不同，形成了气质的四个类型，即多血质、胆汁质、黏液质、抑郁质。

学界普遍认同的众多人格理论大致可以分为四种[1]：

（1）特质理论。这类理论关注人格具有哪些特质，并试图说明特质与实际行

---

[1] Dennis Coon, John O. Mitterer. 心理学导论：思想与行为的认识之路. 郑钢译. 北京：中国轻工业出版社，2007：474.

为之间的关系。（2）心理动力学理论。强调人格内部作用过程，即一个人整个心理过程有哪些内部冲突和矛盾，又是如何妥协与决策的。（3）人本主义理论。注重个体感受、主观经验以及个人成长环境的作用机制。美国著名社会心理学家马斯洛就是人本主义心理学的代表人物。（4）行为主义理论与社会学习理论。这类理论关注外部环境和学习的作用。社会学习理论认为人格的差异源于社会化、期望以及心理加工过程。即一个人的人格更多的是被后天影响、外界塑造。

　　先来谈谈特质理论。专家们对人格类型的特质分类五花八门，最简单的比如外向与内向，或者加入了音乐分类的音乐人格。特质理论希望用少量的核心特质对人格进行描述。我们可以自行在网上搜索"人格特质检核表"，参考其中提到的关键词，尝试对自己做一些人格特质标注，初步了解自己。面对一些不太复杂的状况时，简单的人格特质分类，已经足够让我们对行为做出一些预测。例如大五人格理论（five-factor model，简称 FFM），它是一个较为出名并且主流的人格特质理论。

　　心理动力学理论是心理动力学家关注人们想法、行为的根本驱动力和决定因素，心理动力学家认为我们的许多行为是基于隐藏的、无意识的想法、需要和情绪。说到这一派，代表人物大家都耳熟能详，正是奥地利精神病医师、心理学家、

西格蒙德·弗洛伊德

精神分析学派创始人西格蒙德·弗洛伊德。他的著作《梦的解析》也为大家所熟知。对于人格的内在驱动问题，弗洛伊德提出了一套系统性解释，以解释意识和潜意识的形成和相互关系。他认为人格由本我、自我和超我三个部分组成。简单地说，"本我"（完全潜意识）代表欲望；"自我"（大部分有意识）负责处理现实世界的事情；"超我"（部分有意识）代表良知或内在的道德判断。

本我（拉丁语为"id"，德语为"Es"），是在潜意识形态下的思想，是人最为原始的本能的欲望和冲动，如饥饿、性欲等。本我与生俱来，位于人格结构的最底层，包括各种生理需要。本我具有很强的原始冲动力量，是无意识、非理性、非社会化和混乱无序的。本我只遵循一个原则——享乐原则（pleasure principle），只为追求个体的生物性需求，避免痛苦。弗洛伊德认为，享乐原则影响的最大化是在人的婴幼儿时期，也是本我思想表现最突出的时候。本我的关键词就是"原始"。

心理学上的自我（ego）是指个人有意识的部分。自我是人格的心理组成部分，自己意识的存在和觉醒，位于人格结构的中间层。其作用主要是调节本我与超我之间的矛盾，它一方面调节着本我，一方面又受制于超我。本我遵循快乐原则，而自我遵循现实原则（reality principle），以合理的外界可接受的方式来满足本我的要求，在自身和环境中进行调节。弗洛伊德认为自我是人格的执行者。自我的关键词是"现实"。

超我（superego）是人格结构中的监管者，属于人格结构中的道德部分。其位于人格结构的最高层，是由社会规范、伦理道德、价值观念内化而来，是个人意识社会化的结果。超我遵循道德原则（moral principle），它有三个作用：一是抑制本我的冲动，二是对自我进行监控，三是追求完善的境界。它体现了一个人的道德水准，当你违背自己的道德准则，会有罪恶感。超我的关键词就是"道德"。

这三者的关系是什么样的呢？三者构成了一个人完整的人格，它们经常是互相冲突矛盾，但又最终达到一种微妙的平衡。本我的对立面是超我，自我则夹在中间，负责调节本我和超我之间的矛盾，使个人行为符合外部现实世界的准则。

打个简单的比方，我的"本我"面对一桌美食，经不住诱惑，十分想大快朵颐，"超我"却表示不许吃！计划好的减肥大计呢？一想到要吃掉这一桌子美食，心底就升起一股罪恶感（虽然在这个例子里，实际上违背超我与道德无关）。最终"自我"发表意见：行吧，只准吃两口。

自我常常是很忙碌的，因为本我和超我的冲突，比比皆是。如果个体承受的来自本我、超我和外界压力过大时，就可能产生焦虑情绪。此时自我就会帮助启动防御机制，例如压抑、否认等。防御机制能够拒绝或隔离产生焦虑的外部根源，减少内部冲突。

人本主义心理学由美国著名社会心理学家亚伯拉罕·马斯洛创立，以美国心理学家卡尔·罗杰斯（Carl Ransom Rogers）为代表，强调的是人的正面本质和价值，而并非集中研究人的问题行为。关注人类的经验、遇到的问题，注重人的成长和发展、潜能和理想，最终目标是自我实现。因为人本主义理论同时批评行为学派和精神分析学派，也被称为心理学上的"第三思潮"。该学派最著名的就是马斯洛的"自我实现"和罗杰斯的"自我"理论，对如何成就自我实现，马斯洛有一些建设性意见，供读者参考。[①]

（1）改变自己的意愿。可以经常问自己，是否对目前的生活感到满意？我做到最好了吗？自我实现的第一步，是有自我改变、自我提高的意愿。

（2）对自己负责。对自己的每个想法和行为负责，只有如此，才可能改变和提高自己。否则会因自己的错误去责备他人，失去改正的机会。

（3）检查自己的动机。扪心自问，我为什么要这么做？有时候可能会发现自己行为的动机难以启齿，并不那么光明磊落，或者虽然对他人没什么危害性，却出于逃避、恐惧而做出回避的行为。经常自问有助于自我纠正。

（4）接受现实。人们经常会陷入自己的想象中，以为外部世界是自己想象中的模样。只有诚实接受外界反馈，而不是曲解和回避，才有进步的机会。

---

① Dennis Coon, John O. Mitterer. 心理学导论：思想与行为的认识之路. 郑钢译. 北京：中国轻工业出版社，2007：488.

（5）重复运用成功经验。

（6）准备好"与众不同"。坚持自己的信念，并有自己的价值判断，随大流与自我实现不可等同。

（7）融入事业。对事业有一种使命感，将使你变得更专注、更有动力，更少被个人利益牵绊。

（8）恰当的自我评价。不断对自己的进步和挫折进行自我评价，都将有助于个人成长。

行为主义和社会学习理论。行为主义是美国现代心理学的主要流派之一，也是对西方心理学影响最大的流派之一。行为主义的主要观点是，心理学不应该研究意识，只应该研究行为，在研究方法上主张采用科学的实证方法。行为主义理论又称刺激—反应（S—R）理论，其学习理论认为人类的品质（无论好坏）是与外界环境相互作用的结果，即"刺激—反应"。一些学者认为根本没有所谓"人格特质"，人格是各种习得行为模式的集合，身上所谓的"特质"都是学习的结果。有两种途径，一是形成条件反射，二是观察和模仿。后来的学者认为早期理论忽略了外部对思维的影响，因此改进理论，提出了社会学习理论。社会学习理论可以用三个关键词来解释，心理情境、预期和强化值。简单来说，就是你的认知和解释对于一件事有什么预期（期望何种效果），对其认定价值的高低。行为主义认为人格主要是在儿童期受到社会性强化（外加反馈），发展出其核心特征——这里的特征仍然是学习的结果，而非自生的特质。

事实上，四种主流人格理论都难以被证实，但了解它们的主要观点，有助于我们理解人格和人类的行为。

## 二、我是什么人格？

读到这里，相信很多读者关心的是如何对自己的人格进行评估。心理学工作者对人格进行评估的方法主要有访谈、直接观察和等级量表、人格问卷和人格投射测验。其中，人格问卷（Personality Questionnaire）是由用于揭示人格特征的问题组成的调查表，一般都是纸笔测验，被认为是最具客观性的人格评估方法。本节将为读者介绍一些常用的人格和心理问卷表，方便读者了解 。

（一）明尼苏达多相人格调查表（*Minnesota Multiphasic Personality Inventory*，简称 MMPI），由明尼苏达大学教授哈瑟韦（S.R.Hathaway）和麦金力（J.C.Mckinley）于 1942 年制定，是迄今应用极广、使用次数最多的一种纸笔式人格测验。常用的是它的第二版，缩写为 MMPI–2。它有 10 个临床量表，代表 10 种人格特质，并有 4 个与效度相关的量表。中国科学院心理研究所宋维真教授等人从 1980 年开始对问卷进行修订，于 1989 年完成了符合中国情况的修订工作。修订后中国版 MMPI–2 仍为 566 题、10 个临床量表和 4 个效度量表，适用于 16 岁以上具有初中文化的中国人。它的 10 个临床分量表为：

Hs：疑病（Hypochondriasis），对身体功能的过度关心。

D：抑郁（Depression），极度忧郁、淡漠、悲观，思想与行动缓慢。

Hy：癔症（Hysteria），经常无意识运用身体或心理症状来回避困难的冲突和责任，包括依赖、天真、外露、幼稚及自我陶醉，并缺乏自知力。

Pd：精神病态（Psychopathic deviate），严重者感情淡薄、无视社会和道德规则，具有病态人格如反社会人格、攻击型人格。

Mf：男性化 / 女性化（Masculinity–femininity），传统意义上的"高男性化"表现为粗鲁、好攻击、自信、缺乏情感、不敏感；"高女性化"表现为敏感、爱美、被动等。极端高分考虑同性恋倾向和同性恋行为。

Pa：妄想狂（Paranoia），疑心极重，偏执、妄想等情况。

Pt：精神衰弱（Psychasthenia），患者具有无法摆脱的紧张、焦虑和强迫症行为。

Sc：精神分裂（Schizophrenia），性情孤僻、想法古怪、思维混乱、情感淡漠、行为怪异等。

Ma：轻躁狂（Hypomania），情绪亢奋，心境狂躁，联想过多过快、观念飘忽，行为异常且活动过量。

Si：社会内向（Social introversion），高分者内向、胆小、退缩、不善交际；低分者外向、爱交际、富于表现、好攻击等。

在完成答题并计分后，心理学工作者会将测量结果制成曲线，即 MMPI-2 测图，与正常人典型测图进行比较，就能发现受试者是否具有人格障碍。

（二）加利福尼亚心理调查表（*California Psychological Inventory*，简称 CPI-RC），是由美国加利福尼亚州伯克利人格评估研究所高夫（Harrison.G.Gough）博士所编制的国际著名人格问卷。原版本于 1956 年正式发行，1987 年重新修订。1989 年，湖南医科大学精神卫生所的杨坚、龚耀先在全国 16 个单位的协助下，确认全国常模，完成中国版修订。该问卷由 440 道是否型题目组成（原版 480 道），分成 20 个分量表（原版为 18 个），包括支配性（Do）、进取能力（Cs）、社交性（Sy）、社交风度（Sp）、自我接受（Sa）、独立性（In）、通情（Em）、责任心（Re）、社会化（So）、自我控制（Se）、好印象（Gi）、同众性（Cm）、适意感（Wb）、宽容性（To）、顺从成就（Ac）、独立成就（Ai）、智力效率（Ie）、心理感受性（Py）、灵活性（Fx）、女/男性化（F/m）。[①]划分出 Alpha 型（外向 – 常规趋向）、Beta 型（内向 – 常规趋向）、Gamma 型（外向 – 常规异向）、Delta 型（内向 – 常规异向）四种人格类型。适用于 13 岁以上的正常人，现在和 MBTI 一起应用到很多咨询、招聘工作中。

（三）16 种人格因素问卷（*Sixteen Personality Factor Questionnaire*，简称 16PF）是美国伊利诺伊州立大学人格及能力测验研究所雷蒙德·卡特尔（Raymond Bernard Cattell）教授编制的用于 16 岁以上人士人格检测的一种人格问卷。目前，我国通行版本是美籍华人刘永和博士在卡特尔的赞助下，与伊利诺伊州立大学人格及能力研究所的研究员梅瑞狄斯博士合作，于 1970 年发表的中文修订本。16 个描述人格特质的维度是：乐群性（A）、聪慧性（B）、稳定性（C）、特强性（E）、兴奋性（F）、有恒性（G）、敢为性（H）、敏感性（I）、怀疑性（L）、幻想性（M）、世故性（N）、忧虑性（O）、实验性（Q1）、独立性

---

① 杨坚，龚耀先.加利福尼亚心理调查表中国修订本的制定.中国临床心理学杂志，1993（1）：11-15；63.

（Q2）、自律性（Q3）、紧张性（Q4）。

（四）大五因素人格量表。大五人格理论（Big Five personality traits）是由美国心理学家科斯塔和麦克雷根据调查问卷数据并参考前人研究得出，后又据此编制了一个测量五因素的工具，即 NEO 人格调查表。目前常用的包含两个版本：24 题 的 NEO-PI-R（Revised Neuroticism Extraversion Openness Personality Inventory） 和 60 题 的 NEO-FFI（Neuroticism Extraversion Openness Five-Factor Inventory）。NEO-FFI 是经过项目因素分析，由 NEO-PI 简化得来的。NEO-FFI 秉承了 NEO-PI-R 量表效度的实质内容，两者显著相关，同样可靠和有效，是世界范围内广泛使用的人格评定量表。可以从五个维度来评价人格特质，包括：

（1）神经质或情绪稳定性（neuroticism）：是否具有平衡焦虑、敌对、压抑、冲动、脆弱等情绪特质，能否保持情绪稳定。识别情绪不稳定、反应不良的个体。

（2）外倾性（extraversion）：表现出热情、社交、果断、活跃、冒险、乐观等特质。简单来说是评估一个人内向还是外向。

（3）开放性（openness）：具有审美、情感丰富、追求经验、喜欢探索、智能等特质。

（4）宜人性（agreeableness）：具有信任、利他、直率、谦虚、移情等特质，是否愿意主动关心、照顾他人。

（5）责任心（conscientiousness）：显示公正、条理、克制等特点。责任心强者一般也非常自律，而缺乏责任心可能会有马虎、懒惰的表现。

（五）气质类型量表。气质类型量表有数种，例如美国心理学家瑟斯顿（L.L.Thurstone）等人于 1953 年编制的瑟斯顿气质量表，该量表划分了 7 种气质因素。1956 年编制的吉尔福特 - 齐默尔曼气质调查表（Guilford-Zimmerman Temperament Survey）共 300 道题，涉及 10 种特质。山西大学教育系教授张拓基、山西省教育科研所陈会昌教授共同编制的气质类型量表共 60 道题，测量 4 种气质类型：胆汁质、多血质、黏液质和抑郁质，每种气质类型 15

道题。①

（六）中国人人格量表（QZPS）。由北京大学心理学系王登峰、崔红编制完成，测量中国人整体人格维度和特点的综合性人格量表，共由215个项目组成，测量7大因素及18个小因素。这是第一份完全依据中国人人格结构和行为特点编制的综合性人格测量工具。②

（七）中国少年非智力个性心理特征问卷（CA-NPI）。于1988年由中国超常儿童研究协作组少年个性组编制。该表的编制目的是鉴别智力超常儿童和学习成绩优异学生的非智力个性心理因素，也可以用来测查诊断常态儿童非智力个性心理特征的发展情况。适用于12—15岁中国少年。问卷共120道题，分成6个分测验组，每组20道题。包括：

抱负（B）：少年的生活目的和奋斗目标。主要测量三个方面：有无抱负、抱负性质和抱负效能。

独立性（D）：智力活动中喜欢独立思考，有独到见解。

好胜心（H）：主要测量智力活动领域竞争心、自信心和体验三方面内容。

坚持性（J）：主要测量智力活动领域意志坚持性的水平及自觉程度，包括克服内部和外部困难等。

求知欲（Q）：主要测量少年求知欲特点和水平，包括求知兴趣、求知欲的情绪体验和求知欲的行动效能。

自我意识（Z）：所测量的少年自我意识水平包括自我评价和自我控制两个方面。前者包括对自己的认知、对自己与他人关系的认知、对自己社会地位的认知等。后者包括自我行为的目的性、坚持性、自制力等。③

---

① 张拓基，陈会昌.关于编制气质测验量表及其初步试用的报告.山西大学学报（哲学社会科学版），1985（4）：73-77.

② 王登峰，崔红.中国人人格量表（QZPS）的编制过程与初步结果.心理学报，2003（1）：127-136.

③ 洪德厚.中国少年非智力个性心理特征问卷（CA-NPI）（1998年版）的编制与使用.心理科学通讯，1989（2）：13-17.

（八）中学生个性测验（SPT）。1988 年由上海市教育科学研究所邬庆祥等编制。共有 130 个题目，测查十种个性因素，分别是独立性（D）、敢为性（G）、幻想性（Hx）、怀疑性（Hy）、克制性（K）、乐群性（L）、缜密性（S）、稳定性（Wd）、外向性（Wx）、显示性（X）。该测验在上海市 1940 名初高中学生中施测，取得常模，具有良好的信效度，受到专家和教育工作者的肯定。[①]

（九）爱德华个人爱好量表（*Edwards Personal Prefer-ence schedule*，简称 EPPS），即"爱德华个人兴趣量表"。作为自陈式人格问卷，用于测量个体的需要和动机。美国心理学家爱德华（A.L.Edwards）于 1953 年编制，以哈佛大学莫里教授（H.A.Murray）的人类全种需求理论为基础。该量表共 15 个分量表，分别测量顺从性、成就性、秩序性、表现性、自主性、亲和性、省察性、求助性、支配性、谦虚性、慈爱性、变异性、坚毅性、性爱性和攻击性。每个分量表各 15 题，共 225 个题目。适用于高中生、大学生和成人，广泛应用于人格研究和职业选择。

（十）斯特朗 – 坎贝尔职业兴趣问卷（*Strong Vocational Interest Blank*，简称 SVIB）。1927 年由美国心理学家斯特朗（E.K.Strong）于 1927 年发表，是世界上第一个职业兴趣测验。1974 年由美国心理学家坎贝尔（D.T.Campbell）最终修订而成。该问卷包括职业主题、基本兴趣、量表、职业量表和个人风格量表，共 325 题，涉及的职业达 162 个，适合初高中年龄以上人群。

（十一）霍兰德职业兴趣自测（*Self-Directed Search*，简称 SDS）。由美国著名职业指导专家霍兰德（John Holland）编制，他认为个人职业兴趣特性与职业之间应有一种内在的对应关系。根据兴趣的不同，提出六种基本的职业类型：研究型（I）、艺术型（A）、社会型（S）、企业型（E）、传统型（C）、现实型（R）。适合高中以上人群，能帮助被试者发现和确定自己的职业兴趣和能力专长，从而科学地求职择业。

（十二）MBTI 职业性格测试（Myers–Briggs Type Indicator）。这是国际

---

① 叶奕乾 . 现代人格心理学 . 上海：上海教育出版社，2005：358.

最为流行的职业人格评估工具，由美国的心理学家凯瑟琳·布里格斯（Katherine Cook Briggs）和她的女儿心理学家伊莎贝尔·迈尔斯（Isabel Briggs Myers）根据瑞士著名的心理分析学家荣格（Carl G. Jung）的心理类型理论整理著成。该测试有4个关键要素——动力、信息收集、决策方式和生活方式。MBTI人格共有四个维度，每个维度有两个方向，共计八个方面。分别是：外向（E）和内向（I）、感觉（S）和直觉（N）、思考（T）和情感（F）、判断（J）和知觉（P）。主要应用于职业发展、职业咨询、团队建议、婚姻教育等方面，是目前国际上应用较广的人才甄别工具。

以上就是国内外较知名、常用的心理学问卷，有兴趣的读者可以找来进行自测，增进对自己的了解和认知。如果对测试结果有任何疑惑和不解，请立即咨询专业的心理医生。

美国心理学家、临床咨询与治疗专家马丁·塞利格曼（Martin E.P. Seligman）指出心理学的三个使命：研究消极心理，治疗精神疾患；让所有人生活得更加充实有意义；鉴别和培养天才。无论男女老少，何种职业，我们都会遇到许多困惑与问题，有些我们能自我消化，有些却是难以解决的。当遇到困难与挫折时，你会如何应对？如何更好地应对？是否有可操作性的方法得到幸福？学习心理学，或许能给我们答案。2000 年，塞利格曼和心理学家米哈里·契克森米哈（Mihaly Csikszentmihalyi）发表论文《积极心理学导论》，提出"积极心理学"的概念，倡导采用科学的原则和方法来研究幸福、研究人类的积极心理品质、关注人类的健康幸福与和谐发展。哈佛大学有一门公开课程，第一次开设时只有 8 人选修，第二个学期便猛增至几百人，第三学期该门课程成为哈佛大学最受欢迎的选修课程，这便是心理学教授泰勒·本·沙哈尔（Tal Ben Shahar）的"幸福课"。[1]哈佛大学幸福课其实就是积极心理学课程。任课教授说："幸福感是衡量人生的唯一标准，生命的最终目标是快乐。"该公开课视频可以在网上搜到，一共 23 集，介绍了积极心理学的概念与研究内容，幸福是什么，如何改变自己，如何得到幸福等。它既有积极心理学的专业知识，又提供了门槛易入、切实可行的途径，帮助听众了解自己，改善生活。本节将从以下五个方面推荐阅读书目。

---

① 黄建春.积极心理学理念下高校心理健康教育模式的构建.湖南社会科学，2014（4）：247–250.

## 一、自我认识类读物

自我认知（self-cognition）指对自己的洞察和理解，包括自我观察和自我评价。自我观察是指对自己的感知、思维和意向等方面的觉察；自我评价是指对自己的想法、期望、行为及人格特征的判断与评估。自我认知是自我调节的重要条件，也是前提基础。

1.《社会心理学》[美] 戴维·迈尔斯著，侯玉波等译，人民邮电出版社2014年版

该书被美国700多所大学或学院的心理系所采用，亦是这一领域的主导教材。从社会和个体方面分析介绍了社会心理学基础理论，同时用大量篇幅讲述案例，将基础研究与实践应用相结合，语言通俗易懂，引导读者了解人们是如何思索、影响他人并与他人建立联系的。可作为人们了解自身、了解社会、了解自己与社会之间关系的最佳的指导性书籍。

《社会心理学》

2.《我们都是自己的陌生人》[美] 戴维·迈尔斯著，沈德灿译，人民邮电出版社2012年版

本书改编自《社会心理学》，保留普通读者感兴趣的主题，分别从"自我概念""有意识的自我控制""自尊""自我服务偏见""自我表现"五个方面展示当今心理学对于自我的科学认识。

3.《心理学与生活》（第19版）[美] 理查德·格里格、[美] 菲利普·津巴多著，王垒等译，人民邮电出版社2016年版

本书是美国斯坦福大学等高校多年来使用的经典教材，还被许多大学的"普通心理学"课程选用。该书写作流畅，通俗易懂，深入生活，把心理学理论与知识同人们的日常生活、工作联系在一起，同样是大众了解自我的极佳读物。

4.《心智成熟的旅程》［美］斯科特·派克著，于海生译，吉林文史出版社2007 年版

本书开篇便说：人生苦难重重。本书作者派克抽烟酗酒、婚外情，跟孩子关系疏远，与父亲相处不佳，临死前一年离了婚——遇到每个普通人都可能遇到的问题。因此内容处处透露出沟通与理解的意味，力图帮助我们探索爱的本质，追求宁静而丰富的生活，引导我们寻找真正的自我。该书是系列丛书"少有人走的路"中的一本，同系列还有《勇敢地面对谎言》《与心灵对话》。

5.《叔本华的治疗》［美］欧文·亚龙著，易之新译，希望出版社 2008 年版

该书是一本心理小说，延续了欧文·亚龙一贯的高水准写作风格，情节引人入胜，文笔平易近人，融合临床经验和生命经历，把对哲学、心理学的理解娓娓道来，还有团体治疗的实用性介绍可参考。

## 二、挫折与压力应对类读物

挫折与压力在我们的成长与生活中永远不会缺席。它们是一把双刃剑，既能激励意志，也可令人一蹶不振。面对挫折与压力，我们究竟会走向何方，实际上取决于我们的认知角度与应对方法。

1.《失败的逻辑》［德］迪特里希·德尔纳著，王志刚译，上海科技教育出版社 1999 年版

该书的副标题是"事情因何出错，世间有无妙策"，已经道出了本书的主要内容。作者用其自编的计算机模拟程序，揭示了人们做决策时遇到的种种逻辑和心理缺陷，并提出了实用的解决办法。本书是一本非常好的规划与决策指南。

2.《自控力：和压力做朋友》［美］凯利·麦格尼格尔著，王鹏程译，北京联合出版公司 2016 年版

本书认为，压力就是你在乎的东西发生意外时引起的反应，包括感到压力时的想法、情绪、生理反应，以及选择应对压力的态度。也强调了有关压力的一个重要真相：压力和意义无法分割。对不在乎的事情，你不会感到压力；不经受压

力，你也无法开创有意义的生活。通过阅读本书，我们将学会拥抱压力，运用压力，与压力共存。

**3.《自愈的本能：抑郁、焦虑和情绪压力的七大自然疗法》[法] 大卫·塞尔旺-施莱伯著，黄钰书译，中国轻工业出版社 2006 年版**

本书是介绍治愈抑郁、缓解焦虑和压力的自然疗法的经典之作，旨在向患者传递无需药物、而是通过谈话治疗激发自身的自愈本能，彻底摆脱抑郁症和焦虑症的方法。书中提出七大自然疗法，并陈述了多个案例，可帮助读者更好地理解与运用自然疗法。患有抑郁症、焦虑症的人群适宜阅读此书，在日常生活中感到巨大压力的人们也可以运用自然疗法，为自己的情绪寻找宣泄途径。

**4.《身体从未忘记：心理创伤疗愈中的大脑、心智和身体》[美] 巴塞尔·范德考克著，李智译，机械工业出版社 2016 年版**

作者文字充满感情和同理心，令人深信今后对心理创伤者的治疗会日益人性化，极大地拓展了自我调控和疗愈的方式，也激发了更多关于创伤有效治疗方式的研究创新。作者通过充分呈现令人信服的证据，连同他的开拓性探索经验，证实了身体会记录创伤的经历。除此之外，他开发了一套借助瑜伽、运动和戏剧表演的原理，巧妙地将人们的身体和心灵（以及他们的思想和情感）联系起来。这个新鲜观点是美好和令人欢迎的，为心理治疗带来了新的可能性。


## 三、生命教育类读物

生命是什么？生命因何宝贵？如何才能提高生命的质量？科技越来越发达的现代社会，人却变得越来越冷漠，这都使生命教育显得异常重要。人力资源与社会保障部中国就业培训技术指导中心于 2012 年 5 月推出职业培训课程《生命教育导师》，指出：生命教育，即直面生命和人的生死问题的教育，其目标在于使人们学会尊重生命、理解生命的意义以及生命与天人物我之间的关系，学会积极地生存、健康地生活与独立地发展，并通过彼此间对生命的呵护、记录、感恩和分享，由此获得身心的和谐，事业成功，生活幸福，从而实现自我生命的最大价值。

从最根本的意义上说，生命教育是一种全人教育，它涵盖了人从出生到死亡的整个过程和这一过程中所涉及的各个方面，既关乎人的生存与生活，也关乎人的成长与发展，更关乎人的本性与价值。生命教育使我们发现自我，了解自我，最终实现自我。

1.《生命教育：与孩子一同迎向人生挑战》［美］杰·唐纳·华特士著，林莺译注，四川大学出版社 2006 年版

本书探讨了人的生长发育与生命健康的教育真谛。拥有什么样的人生才算成功？如何才能活得好？如何帮助孩子做好准备，迎向人生的挑战？本书以一套系统的教育方式，指导父母和教师发展孩子的健康，带领他们不断地学习和成长。同时，也启发读者朋友思考生命的意义，帮助我们不断迎接新的学习和挑战。

2.《孩子的世界：从婴儿期到青春期》［美］黛安娜·帕帕拉、［美］萨莉·奥尔兹、［美］露丝·费尔德曼著，陈福美等译，人民邮电出版社 2011 年版

这是一本关于儿童身心发展的心理百科书，由三位科学家母亲结合亲身的育儿经验和科学研究成果写作而成。全书分为 6 编，共 17 章，从怀孕开始，系统全面地揭示一个新生命诞生和发展的历程。

《孩子的世界：从婴儿期到青春期》

3.《婴儿、儿童和青少年》［美］劳拉·E.贝克著，桑标等译，上海人民出版社 2008 年版

本书是非常有影响的发展心理学教材，内容包括六大部分，共 17 章，涉及儿童发展心理学的理论与研究方法、发展的生理与环境基础、从婴儿到始成年期（emerging adulthood）各个不同人生发展阶段，全方位展示了个体成长、认知发展、情绪与社会性发展的各个层面。

4.《语言本能：人类语言进化的奥秘》［美］史迪芬·平克著，欧阳明亮译，浙江人民出版社 2015 年版

该书刚刚出版，就登上了《纽约时报》的畅销书榜，并入选《美国科学家》（American Scientist）评出的 20 世纪 100 本最佳科学书籍。本书是一本关于语言

的书，可读性非常高。作者不仅具有专业的语言学和心理学知识，还有深厚的生物学修养，他巧妙地提出语言问题展开讨论，把语言和神经生物学、认知心理学、计算机科学结合在一起，多学科交叉的广泛视野极具启发性。

5.《追寻记忆的痕迹》[美]埃里克·坎德尔著，罗跃嘉译，中国轻工业出版社 2007 年版

作者回忆了儿时在维也纳的经历，引起他对记忆学习的强烈兴趣，以及兴趣如何从对历史和精神分析的爱好转到脑生物学领域，跨越认知心理学、神经科学、细胞生物学等多个学科。这本书介绍了 20 世纪以来关于记忆的分子和细胞机制研究历史，也是作者本人的传记。这是一幅探索生命科学的画卷，对于认知神经科学来说，是必读之书。也让读者感受到，人只有通过不断地学习，才有可能完成自我认知与自我实现。

## 四、人际关系类读物

对于每一个生活在社会中的人来说，人际关系时常给我们带来困惑和焦虑。如何理解人际关系，如何面对、改善人际关系，这是一个终身课题，需要我们用心感受，也需要各式各样的技巧。

1.《非暴力沟通》[美]马歇尔·卢森堡著，阮胤华译，华夏出版社 2009 年版

马歇尔·卢森堡（Marshall Rosenberg）师从人本主义心理学之父卡尔·罗杰斯，是美国威斯康星大学临床心理学博士，国际非暴力沟通中心创始人，全球首位非暴力沟通专家。人与人之间的沟通交流总是显得困难重重，有时你会被他人误解，也误解他人，虽然伤害并不是我们的本意，但不可否认，指责、嘲讽、贬低总是出现在我们的语言中。本书将指导我们转变谈话和聆听的方式，不再下意识地反应，而是明晰自己的观察、感受和愿望，有意识地使用语言。

2.《沟通的艺术》[美]罗纳德·B.阿德勒、[美]拉塞尔·F.普罗科特著，黄素菲、李恩译，世界图书出版公司 2015 年版

本书不仅有人际沟通的理论介绍，同时加入了许多实用的阅读材料。本书分

为"看入人里""看出人外"和"看人之间"三个部分。"看入人里"说明了人际关系的本质，强调自我在沟通中的角色，并分析了知觉与情绪在沟通中的重要性；"看出人外"聚焦于沟通者之外信息的传送与接收，分析了语言的运用和非语言线索的特征，强调了倾听的重要性；"看人之间"则主要讨论关系的演变过程，提出增进沟通氛围、处理人际冲突的各种沟通方法。

3.《社会冲突：升级、僵局及解决》[美]狄恩·普鲁特、[美]金盛熙著，王凡妹译，人民邮电出版社 2013 年版

本书精确地阐述了诸多不同的冲突情境，深刻地剖析冲突发展的各个阶段，找到冲突潜在的发展路径，旨在和谐地解决冲突，最终实现双赢。理论模型紧密结合研究实践，许多日常生活中发生的冲突案例也发人深省。

4.《亲密关系》[美]罗兰·米勒、[美]丹尼尔·珀尔曼著，王伟平译，人民邮电出版社 2011 年版

本书从心理学角度对两性关系进行科学而系统的总结。汲取了社会心理学、沟通研究、家庭研究、认知心理学、发展心理学、演化心理学、社会学、传播学、家政学等心理学多个分支的研究理论和成果，饶有趣味地总结出人们在交往与沟通、爱情与承诺、婚姻与性爱、嫉妒与背叛等方面的行为特点和规律。

《亲密关系》

## 五、职业生涯规划类读物

职业生涯规划（career planning）是指个人或组织对一个人职业生涯的主客观条件进行测定、分析、总结，从兴趣、爱好、能力、特点进行综合分析与权衡，结合时代特点，确定最佳的职业奋斗目标，并为实现这一目标做出行之有效的安排。它包括职业定位、目标设定、通道设计三部分内容。职业生涯规划的目的不仅是帮助个人按照自己的资历条件找到一份合适的工作，更是帮助个人真正了解自己，实现自我的价值。

1.《自知力》[美]史蒂曼·葛瑞汉著，王伟平译，商务印书馆2013年版

本书阐述了作者享有专利权的九步成功术，这涉及生涯管理和学习体系，教授如何围绕你的同一性组织个人和职业生活。本书的中心词就是"同一性"。同一性是心理分析的理论术语，指个体对自身及生活目标的意识。同一性形成标志着童年期的结束和成年期的开始，结构包括内容和评价两个部分。内容通常是指价值观、信仰以及对自己和别人的一些特性的认知，还可以进一步分成内在的自我和公众的自我。评价是指个体对同一性内容的各个方面所进行的评价。

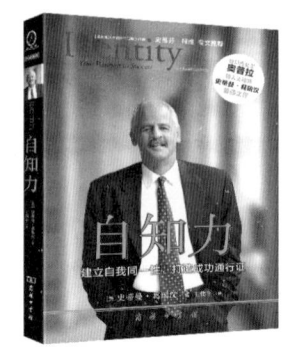

《自知力》

本书希望读者在认识自我的基础上了解个人的价值，明确个人对成功的定义。

2.《决策与判断》[美]斯科特·普劳斯著，施俊琦、王星译，人民邮电出版社2004年版

本书是一本普及类心理学著作，谈论的虽然是决策与判断的心理学基础，但是更注重实验结果而非心理学理论。内容宽泛，对市场推广、管理、投资理财、生活等方面都会有帮助。

3.《思考，快与慢》[美]丹尼尔·卡尼曼著，胡晓姣等译，中信出版社2012年版

关于人类自身还有许多未知之谜，我们对自己了解得其实不多。卡尼曼就如思想的拓荒者，他的研究成果为我们认识自我提供了重要的支点。卡尼曼对于人类思考和选择的理解，无人能出其右。作为历史上最重要的一位心理学家，卡尼曼在本书中重塑了认知心理学、理性和因果关系分析，重新诠释了风险及幸福和财富的关系。

✦ 延伸阅读

1.《穿越孤独：精神分析师眼中的孤独与孤单》［美］阿琳·克莱默·理查兹、［美］露西尔·斯派拉、［美］亚瑟·林奇著，曹思聪、蓝薇、童俊译，世界图书出版公司2016年版

2.《重新认识你自己》［印］克里希那穆提著，若水译，群言出版社2004年版

3.《自我观察：第四道入门手册》［美］雷德·霍克著，孙霖译，深圳报业集团出版社2012年版

4.《棉花糖实验：自控力养成圣经》［美］沃尔特·米歇尔著，任俊、闫欢译，北京联合出版公司2016年版

5.《自控力》何常明著，金城出版社2006年版

6.《关键对话：如何高效能沟通》（原书第2版）［美］科里·帕特森、［美］约瑟夫·格雷尼、［美］罗恩·麦克米兰著，毕崇毅译，机械工业出版社2012年版

7.《沟通圣经：听说读写全方位沟通技巧》（修订第5版）［英］尼基·斯坦顿著，罗慕谦译，北京联合出版公司·后浪出版公司2015年版

8.《高难度谈话》［美］道格拉斯·斯通、［美］布鲁斯·佩顿、［美］希拉·汉著，王甜甜译，中国城市出版社2011年版

9.《谈话的力量》［美］艾伦·加纳著，林华译，中国水利水电出版社2004年版

10.《如何实现有效社交：做一个高段位的沟通者》［美］凯伦·伯格著，刘祥亚译，九州出版社2016年版

11.《人际沟通技巧》［美］马修·麦凯著，上海社会科学院出版社2005年版

12.《爱的五种语言：创造完美的两性沟通》［美］盖瑞·查普曼著，王云良译，中国轻工业出版社2006年版

13.《如何在爱中修行》[美]芭芭拉·安吉丽思著，任永欣译，北京日报出版社2016年版

14.《有限理性：适应性工具箱》[德]吉仁泽、[德]莱茵哈德·泽尔腾著，刘永芳译，清华大学出版社2016年版

15.《羡慕与嫉妒：深层心理分析》[瑞士]卡斯特著，陈瑛译，生活·读书·新知三联书店2004年版

# 科普阅读：
# 好奇心是人类的本能

## 第一节　科普与科学素养

### 一、什么是科普

什么是科普？"科普"一词，英文有多种表达方式，如 popular science，science popularization，popularized science 等。科普的概念大约出现于1836 年的欧洲，意思是"以通俗的形式讲解技术的问题"。约从 1956 年前后开始，"科普"在我国被当作"科学普及"的缩略语，1979 年被收入《现代汉语词典》，成为规范化的专有名词。[①]

随着社会的发展，时代的进步，今天科普的内涵和结构已经发生了很大的变化。中华人民共和国成立之初，科学普及局主要强调科学知识的普及。20 世纪50 年代初"全国科普协会"成立后，又强化科学技术知识普及，不仅要普及基本科学知识，还要普及实用技术知识。目前，国内学界有关"科普"概念的解释比较多，有传播学的解释，有系统论定义，有和谐发展定义，有法律定义等。[②]

1984 年，周孟璞等人较早提出"科普是科学技术普及的简称。在社会主义中国，科普是将科学技术知识、技能，以及科学的思想、方法、精神、世界观，通过各种手段和途径，广泛而准确地传播到社会的各个方面，使之被人民群众了解、掌握和运用，成为认识世界和改造世界、建设社会主义物质文明和精神文明的强大武器"[③]。该定义首次提出，科普的内容除了科学技术知识，还包括科学的思想、方法和精神。袁清林认为，"科普是在一定背景下，以促进智力开发和素质

---

[①] 樊洪业."科普"史辨三则.科学时报，2004-01-09.

[②] 刘新芳.当代中国科普史研究.中国科学技术大学，2010：7-8.

[③] 周孟璞，松鹰.科普学.成都：四川科技出版社，2008：116.

提高为使命，利用专门的普及载体和灵活多样的宣传、教育、服务形式，面向社会，面向公众，适时适需地传播科学精神、科学知识、科学思想和科学方法，实现科学的广泛扩散、转移和形态转化，从而取得预想的社会、经济、教育和科学文化效果的科学传播活动"①。这些定义都明确提到了"四科"，即科学知识、科学方法、科学思想和科学精神。

直到 2002 年，朱丽兰就《关于〈中华人民共和国科学技术普及法（草案）〉的说明》，对科普做了完整的表述。《草案》规定："本法所称的科学技术普及，是指以公众易于理解的内容和易于接受、参与的方式，普及科学技术知识、倡导科学方法、传播科学思想、弘扬科学精神。"并强调其含义主要体现在以下三个方面：1. 科普的内容，不仅包括自然科学与技术，也包括社会科学；不仅包括科学知识的普及，也包括科学方法、科学思想、科学精神的普及。2. 科普工作面向广大公众，要使公众"易于理解""易于接受"。3. 科普活动具有双向性，即公众对科普不仅是"接受"，更要积极地"参与"。这也是迄今为止对科普一词比较权威且运用最广的定义。

## 二、科学素养

国际经济合作组织（OECD）认为，科学素养（Scientific Literacy）是运用科学知识，确定问题，做出具有证据的结论，以便对自然世界和通过人类活动对自然世界的改变进行理解和作出决定的能力。国际上，将科学素养概括为 3 个阶段，即对科学知识达到基本的了解程度；对科学的研究过程和方法达到基本的了解程度；对科学技术对社会和个人所产生的影响达到基本的了解程度。

### （一）科学素养的重要性

科普以提高公众的科学素养为目标。从个人角度出发，科学素养的提升有助

---

① 袁清林. 科普学概论. 北京：中国科学技术出版社，2002：1.

于增强公众获取信息的能力，减少愚昧无知，避免伤害，完善公众知识结构，提升大众生产生活技能，提高科技能力和科学意识，并全面提升自主创新能力。个人通过科技创新为社会做贡献的同时，也实现了人生理想和社会价值的完美统一。

在国家层面，科技竞争已成为综合国力竞争的焦点。谁能在科技创新中占据优势，谁就能够在发展上掌握主动权。习近平指出："我国已经成为具有重要影响力的科技大国，科技创新对经济社会发展的支撑和引领作用日益增强。同时，必须认识到，同建设世界科技强国的目标相比，我国发展还面临重大科技瓶颈，关键领域核心技术受制于人的格局没有从根本上改变，科技基础仍然薄弱，科技创新能力特别是原创能力还有很大差距。"[1]在一个公民素养不高、人力资本不雄厚的国家中诞生出一支具有国际竞争力的科技创新团队是难以想象的，因此，科普工作与公众科学素养是关乎国家创新能力、经济发展的重要因素。今后，需要有效借鉴科学技术知识才得以解决的公共政策问题将越来越多，如环境污染与治理、全球气候变暖和转基因食品安全、药物副作用等都会成为公众关注的焦点。因此科学技术决策的民主化进程与公众科学素养水平的提高速度也具有密切的相关性。

### （二）科学素养的评测

公众科学素养的提升是科普工作的试金石。西方国家最早自 20 世纪 50 年代开始对公民的科学素养进行全国性的调研。我国按照国际通行的公众基本科学素养检测体系，结合我国实际情况，于 1992 年、1994 年、1996 年、2001 年、2003 年、2005 年、2007 年、2010 年、2015 年进行了 9 次全国性的公民科学素养调查。

中国科协于 2015 年 3 月至 8 月开展了第 9 次中国公民科学素养抽样调查。

---

① 习近平.建设世界科技强国：在全国科技创新大会、中国科学院第十八次院士大会和中国工程院第十三次院士大会、中国科学技术协会第九次全国代表大会上的讲话.[2018-07-25] http://www.xinhuanet.com/politics/2016-05/31/c_11189 65169.htm.

从公民了解基本科学知识、理解基本科学方法、理解科学对个人和社会的影响三方面进行调查。调查范围为除香港、澳门、台湾之外的 31 个省、自治区、直辖市。调查显示，2015 年我国具备科学素质的公民比例达到了 6.20%，比 2010 年的 3.27% 提高了近 90%，表明我国公民科学素质水平已经进入快速增长阶段。其中上海、北京和天津的公民科学素质水平分别为 18.71%、17.56% 和 12.00%，位居全国前三位。城镇劳动者的科学素质水平提升幅度较大，从 2010 年的 4.79% 提升到 8.24%。从城乡分类看，城镇居民的科学素质水平提升幅度较大，从 2010 年的 4.86% 提升到 9.72%，而农村居民仅从 2010 年的 1.83% 提高到 2.43%。从年龄分类看，中青年群体的科学素质水平较高，18—29 岁和 30—39 岁年龄段公民的科学素质水平分别达到 11.59% 和 7.16%。男性公民的科学素质水平达到 9.04%，明显高于女性公民的 3.38%。

但值得注意的是，虽然 2015 年我国公民科学素质水平增速较快，但与发达国家相比还是存在较大差距，仅相当于美国 1991 年（6.9%）、欧盟 1992 年（5%）和日本 2001 年（5%）的水平。位居全国前三位的上海、北京和天津的公民科学素质水平仅达到美国 1999 年的水平（17.3%），超过了欧盟 2005 年的水平（13.8%）。[1]因此，我国的科普之路任重道远！

---

① 何薇，张超，任磊.中国公民的科学素质及对科学技术的态度——2015 年中国公民科学素质抽样调查结果.科普研究，2016，11（03）：12–21、52、116.

但凡科技发达的国家，都有繁荣的科普事业。通常体现在这样几个方面：科学家对科普事业的热情；公众参与科普事业的热情；教育制度的配合；政府资金的投入；公共场馆的高利用率；高水准的科普作家队伍以及各种精良的科普作品。

## 一、美国的科普发展状况

美国政府特别重视科普，这很大程度上得益于国会的促进和支持。政府在科技领域的目标是通过国家科学基金会（NSF）、国家航空航天局（NASA）、能源部、商务部等分头承担的，美国国会明确要求这些政府部门和机构都要担负相关的科普职责，并通过预算、年度报告、听证会等手段监督其科普工作的实施情况。美国所有的科技项目，最后都有一项叫做"对公众宣传"的内容。美国科学基金会为鼓励研究人员进行相关的科普活动，还设立了"研究经费追加科普拨款"制度。[1]

在美国的科普事业中，科普作家扮演着极其重要的角色，如艾萨克·阿西莫夫、卡尔·萨根、史蒂文·约翰逊等。他们以其新颖独到的选题、独具神韵的文体、简洁生动的语言，出神入化地将读者带入当代科学的前沿阵地。科普奖项的设立也推动了优秀科普作品的出版。如美国科学促进会的斯巴鲁"科学图书与电影"优秀科学图书奖（AAAS/Subaru SB&F Prize for Excellence in Science

---

[1] 董全超，许佳军.发达国家科普发展趋势及其对我国科普工作的几点启示.科普研究，2011，6（06）：16-21.

Books）于 2005 年设立，每年评选一次，旨在鼓励适合不同年龄段人群阅读的高质量科学图书的创作与出版，分别对儿童科学图画书、中年级科学图书、青年科学图书、实践类科学图书进行奖励。评审组根据共同标准以及特定标准进行评定，每个类别最终评审出 1 本获奖图书。

美国科普事业的发展，也离不开科学教育。美国中学科学教育开始于 1821 年，是世界上最早在中学开设科学课程的国家之一。1958 年的《国防教育法案》、1991 年的《2000 年教育规划》和 2002 年的《2002—2007 年战略计划》都将自然科学列为三门核心课程之一。20 世纪 80 年代，美国启动"2061 计划"，开始实施课程改革，旨在为科学、数学和技术教育指出新的目标——培养学生的科学素养。在该计划的支持下，美国公布了一系列引领世界科学教育发展的标志性课程文件：《国家科学教育标准》《科学素养的基准》《面向全体美国人的科学》等。2011 年，美国启动科学课程修订，先后公布了《K–12 科学教育框架》和《新一代科学课程标准》。新的课程文件强调科学教育的目标是通过少而精的内容学习和科学实践的体验，使学生掌握科学方法，提升科学素养。美国还极其重视对青少年的"STEM（科学、技术、工程、数学的英文缩写）"教育。2013 年，美国国家科学技术委员会（National Science and Technology Council，简称 NSTC）向国会提交了《联邦政府关于科学、技术、工程和数学教育战略规划（2013—2018）》。这一战略规划对于美国未来 5 年 STEM 教育的各个维度做出明确的部署，意在加强美国 STEM 领域人才储备，保证美国在科技创新人才领域的优势地位。[①]

除了早期的"公众科学节"以外，美国从 2008 年起举办"世界科学节"。从 2010 年起，每两年一届的全美"科学技术节"都会有大量美国中小学生前往参观。每逢周末，华盛顿数以百计的博物馆都会免费变着花样组织青少年科普互动项目；波音、洛马等军工巨头全资赞助航空航天博物馆、自然历史博物馆的 3D

---

① 罗晖，王康友.中国科学教育发展报告（2015）.北京：社会科学文献出版社，2015：10.

科普影院，各大航空公司每年举办青少年"航天日"，业界大型展会也会专设青少年参观日。

## 二、英国的科普发展状况

说到英国的科学普及，不能不提及分布在英国各地的科技博物馆和科技中心。1683 年，世界第一座科技博物馆——阿什莫林博物馆在英国牛津大学创立。早在十八世纪末，英国政府就制定了博物馆法，对包括科技馆在内的博物馆给予法律保护，确定其公益法人的地位。英国政府不仅斥巨资建立科技馆，而且每年为科技馆划拨大量经费，保证其运营。英国的科技博物馆为配合全国科技周、英国科学促进会科技节和爱丁堡国际科技节都会举办科普活动。此外，一些科技博物馆也根据自身的条件，开展有影响的科普活动。

英国从 1994 年起在每年 3 月都会举办为期 10 天的全国科学、工程和技术周活动。从 2014 年起，伦敦科技周更是发展成为欧洲最盛大的科技节，每年约吸引 5 万人参与。英国许多著名的科技团体也长期从事科普活动，如英国科学促进会、皇家科学研究与普及所、皇家学会等。他们的科普工作搞得有声有色，在世界享有盛誉。遍布英国各地的地方学会、林林总总的专业协会也启动或加强了各自的科普工作。英国近年来在科普领域取得的成就很大程度上得益于这些组织扎实而又富于创新的工作。

英国科学教育也具有悠久的历史。早在 17 世纪，中等学校中就出现了自然科学的思想。1905 年，英国公立小学中出现一门观察与自然研究课程，这是英国小学科学教育的重要里程碑。1985 年，英国教育和科学部颁发了《5—16 岁科学教育的政策性报告》，政府要求全体学生在义务教育阶段逐年全面地接受科学教育。1988 年，英国颁布新的《全国学校课程》法令。该法令要求，所有公立学校必须开设十门课程，其中三门是核心课程：英语（即语言）、数学和科学。法令要求所有 5—16 岁儿童都必须接受科学教育。1989 年，英国教育和科学部颁布《英国国家科学教育课程标准》，提出科学教育应该承担六项任务：了解科学概念、

阿什莫林博物馆

掌握科学研究方法、建立科学与其他知识之间的联系、认识科学教育对个人发展的贡献、理解科学对社会的贡献、认识科学知识的本质。2000 年，英国颁布了新的科学课程标准，这个新的标准目的在于促进学生多种能力的发展和接受可持续发展教育的能力。

英国的科学课程属于综合课程，涵盖物理、化学、生物和地球科学等学科。英国把科学课程分成了四个板块："实验和调查科学"，包括实验和观察的全部过程；"生命过程和生物"，主要介绍生命科学；"物质及其性质"，主要内容为化学和地球科学；"物理过程"，主要内容为物理学与天文学。"实验和调查科学"与其他三部分内容同步交叉教学。英国还是最早实施 STS（科学、技术和社会）课程的国家之一。英国教育协会按照年龄段编写了相关教材，还在教材中注重讲授科学史等内容。[1]

另外，繁荣的科普图书出版业和科普奖项的设置，也促进了英国科普事业的发展。皇家学会科学图书奖（Royal Society Science Books Prize）是全球颇负盛名的科学图书奖，每年评选一次，1988 年由英国皇家学会设立，主要用于奖励面向非专业人士和青少年的优秀科学图书。30 多年来，获奖者包括斯蒂芬·霍

---

[1] 罗晖，王康友. 中国科学教育发展报告（2015）. 北京：社会科学文献出版社，2015：11–12.

金、贾雷德·戴蒙德、史蒂芬·杰伊·古尔德、比尔·布莱森等。获奖图书皆引领大众科普阅读新风向。

## 三、法国的科普发展状况

法国百科全书式的哲学家狄德罗被西方科学界誉为"科普事业的鼻祖"，是编撰科普书籍的创始人之一和杰出代表。当年他与达兰贝尔等人联络当时的180多位学者组织了"文人学者社团"，发起了以编写百科全书为主的知识普及运动，以其鲜明的哲学思想和丰富的科学知识为武器，向禁锢人们思想，阻碍社会发展的宗教教派和封建意识宣战，为法国的传统文化注入了新的内容，为18世纪的工业技术革命扫清了障碍，也为法国国民素质的全面提高和科学的发展打下了坚实的基础。

20世纪40年代法国的科普热销系列丛书《我知道什么？》不仅介绍自然科学、技术科学、工程科学知识，也介绍社会科学、人文科学、管理科学、哲学、边缘学科、交叉学科以及新生学科等方面的知识。文章短小精悍、深入浅出，贴近生活、贴近社会，文笔轻松优雅、适合各个层次的人阅读。[①]

法国早在1937年就建立了国家科普展览馆"发现宫"，又先后建立了各类科技博物馆、科普协会、科技展览会等一系列机构和设施。近二十年来，法国政府对各类创新的科普项目也给予高度支持，诸如高质量的科普展览、科技节、星之夜、科学假日旅游、"海洋城"主题公园、天文馆，并支持大众传媒进行科普宣传。

如今，法国3岁的幼儿就已接触科学教育。法国人认为，这样做不是为了培养诺贝尔奖获得者，而是为了开拓孩子们的思维。幼儿园里就有"发现世界"的课程，让孩子们接触大量的各种电动、声控、遥控、磁性玩具。法国中小学科学

---

① 李永威.关于科普、科学和科学素养.清华大学学报（哲学社会科学版），2004（01）：88–93.

教育最出名的项目是由诺贝尔奖获得者乔治·夏帕克发起的"动手做"项目。这源于一项中小学科学教育改革计划，旨在通过直接的观察和实验来解释事物和自然现象，激发儿童对神秘科学世界的好奇心和求知欲。法国科普教育注重培养孩子尊重事实和挖掘证据，从小养成动手的习惯。他们认为"实验是第一位的，照片、资料是第二位的"。同时，还特别关注孩子们的想法，哪怕是 3 岁幼儿，教师也十分认真地倾听他的发言，并和他讨论对问题的看法。

为了加快提升我国公民的科普能力，我国从立法上对科普给予政策支持：2002 年 6 月，我国颁布了世界上第一部科普法《中华人民共和国科学技术普及法》；2004 年新修订的《国家科学技术奖励条例实施细则》首次将科普作品纳入国家科学技术进步奖社会公益类项目的奖励范围，体现了国家对科普的重视。2006 年，国务院颁布了《全民科学素质行动计划纲要（2006—2010—2020 年）》，对我国科普事业发展进行了具体部署，提出了我国科普事业发展的中长期目标。2007 年 12 月新修订的《中华人民共和国科学技术进步法》从法律的角度明确提出"国家发展科学技术普及事业，普及科学技术知识，提高全体公民的科学文化素质"的要求。随着科普法律地位的建立，科普事业已纳入国家经济和社会发展的总体规划，为科普工作的创新发展创造了良好环境。

## 一、中小学科学教育受重视

我国的科学教育最初是随着西方传教士的脚步进入中国的，科学教育在中国的发展已有 100 多年的历史。随着 1999 年《中共中央国务院关于深化教育改革全面推进素质教育的决定》和 2001 年《基础教育课程改革纲要（试行）》的颁布实施，我国基础教育改革步入了一个新的阶段。此后，我国也针对科学课程颁布了第一部关于中小学科学教育的课程标准：《全日制义务教育科学（3—6 年级）课程标准（实验稿）》和《全日制义务教育科学（7—9 年级）课程标准（实验稿）》，极大地促进了科学教育在我国的发展。从教育目标看，课程改革明确地将培养每一位学生的科学素养作为教学的宗旨和核心，改变了传统课程中过于注重知识和技能培养的倾向；从教材编制看，形式上的大变动改变了死板僵硬的面孔，使教学内容更加生动化，使科学更加人文化，更加贴近于学生的生活实际；从学科结构看，改革后的小学阶段科学课程，以综合为主，初中阶段分科与综合并存，高中以分科为主；这次改革为推动我国科学教育向更加完善、健康的方向发展提供了丰富的经验。[1]

## 二、科普图书出版热火朝天

科普图书出版在我国占有十分特殊的地位。高质量的科普图书对于推进科普工作和科技事业发展，提高民众科学素养，提升劳动力素质，促进社会文明有重要作用。

20世纪我国科普工作经历了两次高峰，第一次高峰是1956—1966年，少年儿童出版社的《十万个为什么》就出现在这个时期，此后很长一段时间里《十万个为什么》都是我国最受欢迎、知名度最高的科普图书。第二次科普高峰始于20世纪80年代至90年代初，科普组织、科普活动、科普设施、科普媒介等都达到前所未有的高度。近年来，在国家政策鼓励科普出版的良好氛围下，科普出版成绩有目共睹。[2]我国科普图书出版呈现以下特点：

### （一）科普图书出版品种增长迅速

自2005年起，我国科学技术部每年都对科普事业进行统计分析。2006年我国共出版科普图书3162种，发行量达到4922.30万册，平均每万人拥有科普图书374册。[3]在2013年和2015年，科普图书出版的势头尤为强劲。2013年，全国共出版科普图书8423种，比2012年增加902种，占2013年全国出版图书

① 蔡铁权，陈丽华.我国科学教育研究述评.全球教育展望，2011，40（06）：74-83.

② 吕韶伟.关于我国科普图书出路的思考.长春：东北师范大学，2009.

③ 中华人民共和国科学技术部政策法规与体制改革司.中国科普统计（2008年版）.北京：科学技术文献出版社，2008：66.

种数的 1.89％，全国共出版科普图书 0.89 亿册。[①]2015 年，科普图书的出版有了一次重大飞跃，全国共出版科普图书 16600 种，比 2014 年增加 8093 种，占 2015 年全国出版图书种数的 4.39％，全国共出版科普图书 1.34 亿册[②]，出版量与 2014 年相比将近翻了一倍。在纸质传媒和出版物普遍受到较大冲击的影响下，2016 年全国科普图书出版 1.35 亿册，依然保持了增长势头。

从上面的数据可知，从 2006 年到 2015 年，我国科普图书的品种规模由 3162 种增至 16600 种，品种增加了近 425％，2013 年后出现激增，这充分显示出市场对于科普图书有巨大的需求。

### （二）引进版科普图书持续热销

"2017 年，在实体店科普图书市场中，本土作品品种与引进版作品品种规模比例超过 6∶4。"北京开卷信息技术有限公司分析师王娇表示，本土科普作品以超过六成的品种，只获得大概三成的码洋，而引进版的美国、英国与法国的科普图书则能够以较少的品种收获较多的码洋。

通过分析开卷全国图书零售市场观测系统 2018 年上半年的数据，进入实体店和网店在内的科普类畅销书 TOP30 排行榜榜单的我国原创科普图书数量本就不多，更不用说占据排行榜靠前的位置。

以 2018 年 6 月数据为例，排名最靠前的上海科技教育出版社的《三磅宇宙与神奇心智》也仅是第七名。排在前四名的科普图书均为引进版，分别为《时间简史（插图本）》《果壳中的宇宙（插图本）》《时间简史（普及版）》，以及《图解时间简史》。其中，湖南科学技术出版社的《时间简史（插图本）》更是蝉联当年

---

① 中华人民共和国科学技术部 . 中国科普统计：2014 年版 . 北京：科学技术文献出版社，2015：80.

② 中华人民共和国科学技术部 . 中国科普统计：2016 年版 . 北京：科学技术文献出版社，2016：76.

《三磅宇宙与神奇心智》

上半年实体书店与网店畅销书冠军。①

同一图书的不同版本分别占据榜单的靠前名次，一方面与引进图书的高质量不可分割，专业性、艺术性、思想性、趣味性是引进版科普图书焕发持久生命力的关键所在。另一方面，也与国内出版社对经典引进版图书不断创新呈现方式息息相关。

引进版图书"领跑"的现象在儿童科普读物中更是普遍。据商报·东方数据发布的《2015 中国少儿出版阅读现状与未来趋势报告》和相关第三方数据显示，科普读物已成为儿童文学和低幼读物之后，最受家长与小读者青睐的童书品种。但与儿童文学中原创作品比例占绝对优势的状况不同，畅销科普读物几乎一边倒地由引进书唱主角。②

笔者对我国知名图书电商当当网、京东商城等网站的儿童科普类图书销量排行的调查也证实了这一点。调查显示，排名靠前的图书多为引进版。如 2018 年 8 月 3 日当当网儿童畅销科普类图书前 100 名中，中国原创图书为 23 本，仅占 23%。排名第一、二位的分别是美国经典科普书《神奇校车》的桥梁书版和图画书版。

### （三）政府鼓励科普创作，本土原创作品有望迎来突破

诚然，我国原创科普图书与引进版科普图书的内容质量还存在不小差距。但在国家各类科普奖项的鼓励扶持下，原创科普图书的质量和数量都在持续增长，并催生了不少优秀的原创科普作品。以科普作品作为评奖对象的奖项不断涌现，

---

① 尹琨. 原创科普图书需要"强身健体"：关注原创科普图书（上）. [2018-07-27] http://new.chinaxwcb.com：28080/info/123667.

② 刘婷. 少儿图书迎来最美春天. [2018-07-27] http://bjcb.morningpost.com.cn/html/2016-01/15/content_384509.htm.

主要有以下几种：

**1. 中国科普作家协会优秀科普作品奖**

此奖由中国科普作家协会 2008 年设立，为中国科普创作领域的最高奖项。奖项每两年评选一次，评出特别奖（非常设，不超过 1 部）、金奖和银奖。特别奖和金奖作品可直接获得推荐，进入国家科学技术进步奖评审流程。

**2. 全国优秀科普作品奖**

2011 年后，此奖项由科技部组织开展评选活动，除了 2011 年和 2012 年联合评选外，之后每年评奖一次，评选出全国优秀科普图书 50 部左右，向全社会推荐阅读，并对获奖作品颁发荣誉证书。

**3. 王麦林科学文艺创作奖**

"王麦林科学文艺创作奖"由中国科普作家协会创建人之一的王麦林先生捐资 100 万元的"王麦林科学文艺创作奖励基金"资助设立。首届奖项由中国科普作家协会于 2014 年 10 月颁发给 74 岁的科普作家金涛。第二届于 2016 年颁发给著名科普、科幻和传记文学作家叶永烈。

**4. 吴大猷科普著作奖**

"吴大猷科普著作奖"从 2002 年首次举办，逐渐成为国内科普创作、出版界进行交流沟通的重要桥梁，是国内较有影响力的科学普及奖项。2018 年，第九届吴大猷科普著作奖经出版社推荐、作者自荐和评委推荐，共有 520 余本科普图书参与初选，20 本图书进入决选。通过 6 位院士的投票选择，最终 7 种图书获创作类及翻译类佳作奖。

**5. 国家科学技术进步奖中的科普作品**

2004 年，《国家科学技术奖励条例实施细则》重新修订颁布，将科普作品纳入社会公益类项目的奖励范围，科普奖首次进入国家科技奖励行列。2005 年开始，国家科技进步奖专门设立了科普组，科普组的评审范围暂限于科普图书、科普电子出版物、科普音像制品，须满足 2000 年以后公开出版发行且已满三年的条件。

### 6. 中国好书·科普生活类

从 2013 年起，中国图书评论学会和中央电视台科教频道每年联合举办一次"中国好书"推选活动，此活动已成为全民阅读活动的重要品牌，也是出版界、文化界的一项盛事。第二届起，专设科普生活类，对年度内出版的科普图书进行甄选。2014 年有 3 种科普生活类图书上榜，2015 年有 2 种，2016 年有 3 种，2017 年也有 3 种。

### 7. 北京市优秀科普作品奖

该奖始于 2003 年，每两年举办一次，包括科普图书、报刊科普文章、广播电视科普节目和科技新闻四个类别，每类下设最佳奖和优秀奖。该奖是较典型的地方性奖项，参评的科普图书只限在北京地区出版。

此外，中国科学技术协会科普部、中国出版协会、韬奋基金会、中国大百科全书出版社联合发布的"中华优秀科普图书榜"，也体现了国家及各级政府机构推动原创科普作品出版的决心和努力。"中华优秀科普图书榜"是我国第一次面向科普读物开展的大型评选活动。经过网络投票和专家严格评选后，先按季度推出 TOP10 榜单，最后推出年度 TOP10 榜单。最终评选榜单中引进和原创比例为4∶6。2019 年 1 月，《玩转科学的"艺术家"》《中国儿童地图百科全书·世界遗产·中国篇》等 6 种原创科普图书从全国百余家出版单位的几千余种科普出版物中脱颖而出，登顶 2018 年度 TOP10 榜单。

## （四）科普图书主题围绕科技前沿和社会热点

人类历史上，科技从未像现今这样深入影响人们的社会生活和公共决策。科普图书想要畅销，就需要与时俱进，贴近科技前沿和公众关注的社会热点。

《人类和垃圾的战争》《能源时代新动力丛书》选题内容均符合公众需求和时代需要，《"重质量，惠生活"科普系列读物》则涉及百姓真正关心并与生活密切相关的热点和话题。2016 年谷歌 AlphaGo（阿尔法狗）与韩国围棋九段李世石的世纪之战也引发了一系列人工智能主题科普图书的出版和热销。2016 年 1 月，清华大学出版社出版了人工智能领域入门图书《机器学习》，该书自 3 月之后就一直占据京东商城计算机与互联网图书畅销榜的前列。此外，电子工业出版社 6 月出版的《解析深度学习：语音识别实践》、中信出版集团 9 月出版的《机器之心》都对人工智能领域的相关话题进行了深入探讨，此类图书在市场上也受到了读者的欢迎。①

### （五）科普图书与AR（增强现实）、VR（虚拟现实）技术相融合

"AR+ 图书""VR+ 图书"作为新技术与传统媒体初期融合的产物，尤其适用于科普图书的出版。AR 图书就是将 AR 技术与传统图书相结合，配上具有强烈视觉冲击的三维立体图像，通过手机、iPad 等移动终端向读者全面展示图书内容，将平面的知识以立体化的形态呈现，使知识更容易被读者接受，更易于传达。近几年来，中国各出版社致力于这两个领域的新媒体发展：2013 年，中国矿业大学出版社在江苏书展上展示《采掘机械与液压传动》图书，号称是国内首部采用 AR 纸数互动移动阅读技术的图书。只要将摄像头对准图书上印有黑白挖掘机图像的一页，显示屏上立即出现 3D 立体的红色大挖掘机，齿轮会不断地转动。真正使"图书 +AR"模式受到更多出版商重视的原因是 2015 年中信出版社从英国卡尔顿科普出版社引进了"科学跑出来"系列丛书，每册图书搭配 4—9 个互动的 AR 动画，该书在国内销量已经突破 100 万册，码洋达 6800 万元，在少儿科普图书市场取得很好的成绩。②

科普图书中融入 VR 技术尤其适合展现复原消失的世界和虚拟的未来世界，对解决少儿科普图书的呆板性，增加趣味性，加强想象力和创造力大有裨益。如 2016 年北京少年儿童出版社推出第一部使用 VR 技术的科普图书《恐龙世界大冒险》，又相继在 2017 年推出了 VR 读物《大开眼界：西游记》《大开眼界：宇

---

① 张志强，朱宇．创新科普图书出版，助力科普事业发展——2016 年中国科技图书出版现象回顾．科技与出版，2017（02）：20-24.

② 王扬．"出版 +AR/VR"：出版行业的新机遇——AR/VR 技术在出版业中的运用综述．出版广角，2018（03）：28-31.

宙星空大冒险》。辽宁科学技术出版社也于 2017 年出版《VR 超级看：爱丽丝梦游仙境》等。这类高科技图书不仅极易吸引青少年，也让不少成年人为之着迷。

### （六）人文科普受追捧

"科技是枯燥无味，不易理解的"，这一固有理念常让读者拒科普图书于门外。且很多科普读物语言呆板，趣味不足，虽有满满的科学"干货"，也实在难以吸引读者，这是很多科普图书无法热销的主要原因。

这一现象在近些年有了不少改善。尤其是国内外中青年科普作者的涌现和一批科技爱好者（如科学松鼠会、果壳网等科普团体）出版的图书，选题贴近生活，构思巧妙，内容风趣，获得了很好的销量。同时获评"2015 中国好书"和第十一届文津图书奖的《癌症·真相：医生也在读》，就是国内原创解析癌症的著作。正如"2015 中国好书"颁奖词对它的评价："以通俗流畅又略带俏皮的语言多角度解读癌症真相，解惑关于癌症的传言和解说新闻中的癌症故事，没有虚言，只有实证，翔实、易懂、接地气，引导大众理性面对众病之王。"

以中信出版社热销的《自私的基因》为代表的"道金斯作品系列"，北京时代华文书局推出的《时间的形状》《柔软的宇宙》等科普精品，都注重人文质量和情感温度，避免将科学知识讲得过于深入。这些都可证明科普图书正越来越受欢迎。

## 三、科普阅读受关注

一直以来，科学中大量的定理定论，复杂难懂的求证公式，拗口高冷的学术用语让大众望而却步。科普阅读作为一切科普工作中最基本、最普遍的形式，也是公众获取科普知识的最佳途径，在推动全民科普事业中发挥了举足轻重的作用。正如徐雁在《全民阅读推广手册》中提及"科学书籍让人既能一窥科学世界的美丽，又避免了大量的科学公式和枯燥的文字叙述，让人在愉悦的阅读体验中乐享科学所带来的美好。既能启发心智，又能给生活增添乐趣，甚至更能增加闲聊中的谈资，可谓是一举多得"[1]。再如创立于 1933 年，中国历史最悠久的综合性科普期刊《科学画报》，也引领不少著名学者和科学家走进科学殿堂，并将科学事业作为终生奋斗的目标，如中国科学院院士杨雄里，上海科学技术出版社原社长吴智仁。

近些年掀起的亲子科普阅读，通过流行的各类立体模式，比如小翻页、拉拉页、地板书、精美图册等形式，使枯燥的文字阅读变成了一次可观可感的读图和探险，不仅易于吸引孩子们的注意，还能激发他们的科学学习兴趣，给予打开科学、生理、自然等领域之门的金钥匙。在潜移默化中养成刨根究底的科学态度，提升认知能力、事物观察力和探究因果联系的分析力，培养科学缜密的理性逻辑思维。

提高儿童科普阅读的质量需注意以下七点：

### （一）结合儿童兴趣挑选图书

幼儿的科普启蒙应以兴趣作为引导，从喜欢的事物入手。大部分孩子喜欢动物，可以挑选一些优秀严谨有趣，符合孩子年龄段的动物科普书先培养阅读兴趣。阅读时无需拘泥于通篇阅读，特别是百科全书类，孩子愿意读哪儿就读哪儿，只要他能津津有味地翻看，跳转阅读也无妨。

### （二）图书内容质量最为关键，不选有常识错误的科普书

阅读科普图书首先需获得正确的知识，之后才谈论趣味性等。所以选择科普图书，必须选择具有高度科学性和严谨性的图书。一般来讲，那些获过奖项的图书在内容方面是有一定保证的，可参考获奖榜单书目以及各类权威机构发布的推荐书目。

---

① 徐雁.全民阅读推广手册.深圳：海天出版社，2011：473.

### （三）学会边学边看，动手实践，将科学知识与生活相结合

科普知识最好能与现实生活相结合，如讲到各类动物的习性特点，可以去动物园近距离参观。如讲到花花草草，可以去植物园逛逛，或者自己亲自种盆花，感受植物的生长。如讲到贝类，可以去海边拾贝认识不同的贝壳。较大的孩子可以利用 STEM 材料和各种实验材料，辅助了解生活中的物理、化学现象。去科技馆看一看、玩一玩也是一个不错的选择。以上途径，都能让科普图书中固化在书本上的知识得以内化吸收，阅读起来也觉得生动有趣。

### （四）选择与孩子年龄和认知水平相符的图书

选择与孩子认知程度相符的科普图书，就是要买孩子能听懂、看懂，愿意阅读的科普书。在最早的科普启蒙阶段，这一阶段的儿童较喜欢贴纸和书内的小机关，可以买一些贴纸书和翻翻书之类的科普图书激发他们的阅读兴趣。到了四五岁时，儿童的思维开始迅猛发展，凡事都喜欢问为什么，这时候就可以开始阅读问答式的百科全书，例如陕西人民教育出版社 2015 年出版的"看里面问答版"系列，包括《恐龙小百科》《身体小百科》《动物小百科》等，就是通过解答孩子们的问题，同时配合可翻动的内页学习各类知识。之后，可以选择各类图文结合的科普绘本、实验绘本和百科全书让孩子们一览科学世界的奇妙。

### （五）围绕主题纵向深入阅读

例如孩子喜欢车，就可以围绕着"车"这个主题搜罗科普图书，先买些贴纸书了解各种车的模样，然后细化分类。如通过《第一次发现》系列等了解汽车的进一步分类，紧接着阅读"看里面问答版"系列的《揭秘汽车》，知晓汽车是如何生产的、汽车的历史、汽车的回收等，最后了解汽车的机械解剖，可阅读"DK透视眼丛书"中的《谁拆了我的汽车》，依次根据年龄和认知水平循序渐进，纵向深入了解某一领域。

### （六）将科普图书作为家庭藏书的重要组成部分

家庭应注重科普图书的收藏，特别是百科全书可多收藏几套。有疑问时可将其作为工具书查找翻阅，便于答疑解惑。针对同一类型问题，不同书的切入点不同，获得的知识将更为全面。

### （七）爸爸的参与必不可少

不论阅读科普书籍，还是日常生活中时刻准备着回答孩子们的"十万个为什么"，大部分爸爸比妈妈专业些。尤其是后期做科学实验等，更需要爸爸的参与。因此调动爸爸的积极性必不可少。

需要特别关注的是，当今的科普阅读已不仅仅局限于科普书籍等纸质传统媒介，互联网的高速发展，自媒体时代的来临，令科普变得多元化，享有多渠道沟通方式，也给科普阅读带来了新的机遇和挑战。各类网站、微信公众号、微博和App上的科普文章铺天盖地，以诙谐易懂的语言将形而上的高深理论平民化。中国科协发布第九次中国公民科学素质调查结果发现，高达91.2%的公民通过互联网及移动互联网获取科技信息，互联网已成为具备科学素质的公民获取科技信息的第一渠道。但由于网络和自媒体发布的低门槛化，标题党的大行于世等，文章质量也良莠不齐，尤其遇到重大的社会关注事件，例如食品安全、药物滥用、饮食养生等，因未经专家学者对文章内容进行审定甄别，极易造成真相缺失，谣言迅速扩散，从而引起社会恐慌。公众需要带着批判质疑的眼光审视其真伪，权威专家学者更应该迅速发声，澄清真相，避免受假科学愚弄。

## 四、社会科普教育如火如荼

据2015年中国科协发布的第九次中国公民科学素质调查统计，在统计截止前的一年中，公民参观各类科普场馆的比例依次为：科技馆等科技类场馆（22.7%），自然博物馆（22.1%）。参观身边的科普场所的比例依次为：图书阅览室（34.3%）、科普画廊或宣传栏（20.7%）。与《美国科普工作指标（2014年）》非正规科学教育场所参观率的数据对比，我国公民对科普设施的利用情况与美国大致相当（2012年美国公民参观科技馆等科技类场馆的比例为25%，参观自然博物馆的为28%）。可知，近些年来，各科普场馆如科技馆、博物馆、动植物园等举办的各类科技周、科技月、科普培训等形式多样、互动性强的科普推广活动确实让越来越多的人走进了科学世界。图书馆、出版社等机构也开始重视科普图书的阅读推广工作。

另一方面，中国科协作为我国推动科普事业发展的重要力量，从2004年起每年开展全国科普日活动，并于2005年将活动开始时间调到每年9月的第3个公休日，并持续一周。截至2015年，全国科普日活动已连续举办十二届，12年来，全国科普日已累计举办5万项重点科普活动，参与活动的公众数量超过9亿人次。全国科普日活动包括全国科普日北京主场活动、科普中国在线系列活动、全国科普日系列联合行动等主要板块内容，形式有专题展览、讲座、现场科技咨询、科普互动表演、线上竞猜竞答等。活动注重动员组织学会、企业、学校、社会机构以及流动科技馆、科普大篷车拥有单位等开展联合行动，深入农村、社区、学校、企业等开展广覆盖的科普宣传联合活动。

中国科协还于1999年启动全国科普教育基地认定工作。中国科协对其实行动态管理，科普教育基地的申报认定工作每2年进行一次，有效期限为5年。截至2016年8月，有效期内的全国科普教育基地共计1078家，按类型分为科技场馆类、公共场所类、教育科研类、生产设施类、信息传媒类。很多科普教育基地都拥有自己的品牌科普项目。比如北京自然博物馆利用自身的优势定期举办有特色的科普活动，先后组织了19届北京市中小学生物知识竞赛，每年有近10万名学生参与，同时举办各类科普讲座、生物教师培训班、小小讲解员培训、博物馆之夜、小军团生物夏令营、"科普车"等喜闻乐见的活动。再如中国科学院西双版纳热带植物园已形成科学探索营、探索雨林自然体验营、生物多样性日、我的王莲我的船、夜游植物园、萤火虫季和观鸟节、冬夏令营等形式多样的品牌活动。这些活动注重科学性和趣味性的平衡，吸引了众多青少年接受科普教育。

## 一、儿童科普读物

以下书目主要针对0—14岁儿童设计，涵盖科学绘本、科学实验书、互动游戏书、百科全书，父母可挑选与孩子年龄和认知水平相符的书目进行亲子阅读。

### （一）科学绘本

1.《神奇校车（桥梁书版）》（全20册）［美］乔安娜·柯尔文著，［美］布鲁斯·迪根绘，施芳译，贵州人民出版社2014年版

这是一套专为4—8岁儿童打造，将奇特想象和抽象的科学知识完美融入科普绘本，情节惊险刺激，语言生动、知识清晰严谨、好玩易懂，展示了一种新奇的自然科学教育方式。内容包罗万象，涵盖太空、气象、海洋、植物、动物、地理、身体等方面的自然科学知识，还涉及一些有趣的社会研究课题，如"自由女神的建筑过程""旧物是如何回收利用的"。

《神奇校车》（桥梁书版）

2.《法布尔昆虫记（注音版）》（共10册）［韩］高苏珊娜编著，［韩］金成荣绘，李明淑译，北京科学技术出版社2015年版

这是一套根据法布尔科学巨著《昆虫记》改编的作品，故事跌宕起伏，描述的各类昆虫性格迥然。昆虫世界既有风平浪静，也有硝烟战争，他们懂得团队合作、共御外敌，也会按照自己的"审美标准"择偶并延续后代。插画惟妙惟肖，每个触角都清晰可见，并荣获博洛尼亚国际童书展插画金奖。

✦ **延伸阅读**

1.《"美丽的数学"系列》（全5册）[日]安野光雅著，艾茗译，化学工业出版社2016年版

2.《走进奇妙的数学世界》（全3册）[日]安野光雅著，李玉珍译，新星出版社2013年版

3.《力学原来这么有趣》[日]大井喜久夫等文，[日]黑须高岭绘，程亮译，现代出版社2016年版

4.《DK万物运转的秘密：给青少年的物理世界入门书》[英]大卫·麦考利、[英]尼尔·阿德利著，赵耀康、韦坤华译，电子工业出版社2014年版

5.《小小自然图书馆》（全40册）[意]索菲娅·伽洛文，[意]费雯娜·莫迪等图，张懿译，安徽少年儿童出版社2014年版

6.《我家门外的自然课》（全4册）[韩]南妍汀等著，[韩]李在恩等绘，王伟锋译，中信出版社2016年版

7.《森林报》（全4册）[苏]维·比安基著，韦苇译，湖南少年儿童出版社2018年版

8.《自然图鉴》（全5册）[日]松冈达英编，[日]下田智美文/图，黄帆译，贵州人民出版社2010年版

9.《我的野生动物朋友》[法]蒂皮·德格雷著，[法]阿兰·德格雷、[法]茜尔维·罗伯特图，黄天源译，云南教育出版社2002年版

10.《酷虫学校》（全36册）吴祥敏著，夏吉安、庄建宇绘，接力出版社2017年版

11.《可怕的科学》（全63册）[英]卡佳坦·波斯基特等著，张习义等译，北京少年儿童出版社2010年版

12.《拉鲁斯趣味科学馆》（全7册）法国拉鲁斯出版社编著，杨佑佳等译，吉林科学技术出版社2014年版

13.《地图（人文版）》[波兰]亚历山德拉·米热林斯卡、[波兰]丹

尼尔·米热林斯基著,冯婷译,贵州人民出版社2014年版

14.《万物简史:少儿彩绘版》[英]比尔·布莱森著,严维明译,接力出版社2018年版

15.《这就是二十四节气》高春香、邵敏文,许明振、李婧绘,海豚出版社2015年版

16.《牙齿大街的新鲜事》[德]安娜·鲁斯曼著,王从兵译,北京科学技术出版社2017年版

17.《肚子里有个火车站》[德]安娜·鲁斯曼著,张振译,北京科学技术出版社2017年版

### (二)科学实验书和互动游戏书

1.《机械运转的秘密:动物园大逃亡!》[英]大卫·麦考利著,吕梦佳、白欣译,电子工业出版社2017年版

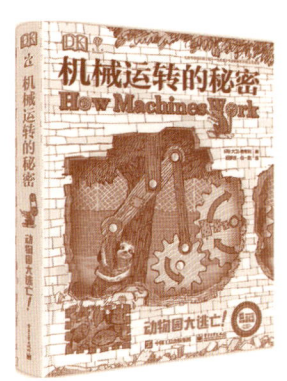

《机械运转的秘密:动物园大逃亡!》

一只小树懒和一只小老鼠为了从动物园逃亡出来,借用了6种简单典型的机械:杠杆、滑轮、螺丝、斜面、楔形和齿轮,创造出各种逃亡工具。从封面可以转动的齿轮,再到书里的翻翻页、跷跷板,作者把枯燥的六种简单而典型的机械运转知识变成好玩易懂的小游戏。

2.《水先生的奇妙之旅》(全12册)[意]奥古斯汀·特拉尼著,张懿译,海燕出版社2017年版

整套书系涵盖了我们身边的空气、水、树木、太阳、四季、色彩、感官、火山等自然世界的奥秘,内容丰富翔实,知识点多样。每本书后都附有好玩的小游戏和简单的科学实验,增加了图书的互动性。

✦ **延伸阅读**

1.《我们的身体》[法]帕斯卡尔·艾德兰著,[法]罗伯特·巴尔博里尼图,荣信文化编译,未来出版社2012年版

2.《"看里面"系列》(全31册)[英]凯蒂·戴恩斯等著,未来出版社2009年版

《"看里面"系列(低幼版)》(全16册)[英]路易·斯托厄尔等著,未来出版社2011年版

3.《第一次发现丛书透视眼系列》(全72册)法国伽利玛少儿出版社编,接力出版社2018年版

4.《小小牛顿幼儿馆》(全60册)台湾牛顿出版公司编,贵州教育出版社2010年版

5.《小牛顿科学馆》(全60册)台湾牛顿出版公司编,接力出版社2017年版

6.《101个植物的实验》[德]安提亚·赛安、[德]艾克·冯格著,[德]夏洛特·瓦格勒绘,谢霜译,长江少年儿童出版社2014年版

7.《101个水的实验》[德]安提亚·赛安、[德]艾克·冯格著,[德]夏洛特·瓦格勒绘,谢霜译,长江少年儿童出版社2014年版

8.《让孩子着迷的77×2个经典科学游戏》[日]后藤道夫著,施雯黛、王蕴洁译,南海出版公司2014年版

9.《让孩子痴迷的趣味科学实验》[英]简·宾厄姆著,美同译,光明日报出版社2014年版

## 二、百科全书

**《大英儿童百科全书》（全 16 册）不列颠百科出品，史明等译，湖南少年儿童出版社 2012 年版**

这套书打破科普书直接讲知识或提问方式讲知识的旧例，大量运用趣味盎然的故事、科学小品、优美散文、旅行游记、诗歌童谣、生活小游戏等帮助孩子深入理解知识。除了翔实的科学知识，更有大量人文知识，如历史、地理、著名人物传记、古老传说、欧洲传统等，最大限度满足孩子的好奇心。

《大英儿童百科全书》

### ✦ 延伸阅读

1.《HOW & WHY》（全13册）［美］世界图书出版公司著，太簇等译，广西科学技术出版社2014年版

2.《德国少年儿童百科知识全书：什么是什么》（全120册）［德］雷纳·克鲁门勒等著，海豚传媒编，湖北教育出版社2010年版

3.《大英儿童漫画百科》（全30册）［韩］波波讲故事著，章科佳等译，湖南少年儿童出版社2016年版

4. DK百科全书系列：包括《DK儿童百科全书》《DK儿童恐龙百科全书》《DK儿童太空百科全书》《DK儿童人体百科全书》《DK儿童动物百科全书》《DK儿童地理百科全书》《DK儿童百科百问百答》《DK学前儿童为什么小百科》《DK儿童视觉百科全书》等。中国大百科全书出版社2017年版

5.《十万个为什么》（全18册）韩启德等编，少年儿童出版社2014年版

6.《中国少年儿童百科全书》（全10册）贺晓兴等编，中国大百科全书出版社2016年版

7.《中国儿童地图百科全书》（全4册）中国儿童地图百科全书编委会编，中国大百科全书出版社2017年版

## 三、大众科普读物

此书目面向 14 岁以上人群，所列书目并非学院派的科学著作，而是兼具科学和趣味的科普图书。读者可据此阅读，揭开科学的面纱。

### （一）科学史

**1.《万物简史》[美]比尔·布莱森著，严维明、陈邕译，接力出版社 2017 年版**

作者用清晰明了、幽默风趣的笔法，结合现代科学的发现，将宇宙大爆炸到人类文明发展进程中发生的众多妙趣横生的故事一一收入笔下，勾勒出自然的演化史和人们认识宇宙、探索万物的科学历程。

《万物简史》

**2.《从一到无穷大：科学中的事实和臆测》[美]乔治·伽莫夫著，暴永宁译，科学出版社 2018 年版**

该书以生动的语言介绍了 20 世纪以来科学研究的一些重大进展。知识性、趣味性完美结合，先漫谈一些基本的数学知识，然后用一些有趣的比喻，阐述了爱因斯坦的相对论和四维时空结构，并讨论了人类在认识微观世界（如基本粒子、基因）和宏观世界（如太阳系、星系等）方面的成就。

✦ **延伸阅读**

1.《那些古怪又让人忧心的问题》[美]兰道尔·门罗著，朱君玺译，北京联合出版公司2016年版

2.《冷浪漫》科学松鼠会著，新星出版社2015年版

3.《魔鬼出没的世界：科学，照亮黑暗的蜡烛》[美]卡尔·萨根著，李大光译，海南出版社2015年版

4.《科学的旅程》[美]雷·斯潘根贝格、[美]黛安娜·莫泽著，郭奕

玲、陈蓉霞、沈慧君译，北京大学出版社2014年版

5.《什么是科学》吴国盛著，广东人民出版社2016年版

### （二）数学、物理学、天文学、化学

1.《啊哈！原来如此》[美]马丁·伽德纳著，李建臣、刘正新译，科学出版社2008年版

作者以轻松有趣的方式讲述困难的数学和逻辑问题：从逻辑、数、几何、概率、统计、时间6个方面探讨了悖论的产生过程和解读角度，书中蕴涵着深刻的智慧和哲理。

2.《上帝掷骰子吗？量子物理史话》曹天元著，北京联合出版公司2013年版

作者以极具诙谐但又不乏科学严谨的口吻叙述了

《啊哈！原来如此》

经典物理和量子力学的碰撞，以及量子力学从无到控制整个微观世界的艰难发展历程。还回顾了一些我们曾经学过的经典实验，有助于理解本书。

3.《时间简史》[英]史蒂芬·霍金著，湖南科学技术出版社2003年版

一本探索时间本质和宇宙前沿的通俗读物，一本有关宇宙科学思想重要的经典著作。这不仅归因于作者迷人的表达方式，还归因于他讨论的是令人敬畏的主题，包括空间和时间的本性、上帝在创生中的作用、宇宙的历史和将来。

4.《迷人的材料：10种改变世界的神奇物质和它们背后的科学故事》[英]马克·米奥多尼克著，赖盈满译，北京联合出版公司2018年版

作者凭借渊博的知识和极富感染力的文字，带你用材料学家的眼睛全新看待身边各种物质背后的神奇结构，及隐藏在其背后的精彩故事。每一章介绍一种材料，辅以照片和手绘图，极富可读性和趣味性。

✦ **延伸阅读**

1.《几何原本》[古希腊]欧几里得著，邹忌编译，重庆出版社2014年版

2.《数学简史》蔡天新著，中信出版社2017年版

3.《数学之美》吴军著，人民邮电出版社2014年版

4.《啊哈，灵机一动》[美]马丁·伽德纳著，李建臣、刘正新译，科学出版社2007年版

5.《物理世界奇遇记》[美]乔治·伽莫夫、[英]罗素·斯坦纳德著，吴伯泽译，科学出版社2017年版

6.《〈三体〉中的物理学》李淼著，四川科学技术出版社2015年版

7.《上帝与新物理学》[英]保罗·戴维斯著，徐培译，湖南科学技术出版社2018年版

8.《寻找薛定谔的猫：量子物理的奇异世界》[英]约翰·格里宾著，张广才等译，海南出版社2015年版

9.《时间的形状：相对论史话》汪洁著，北京时代华文书局2017年版

10.《通俗天文学》[美]西蒙·纽康著，金克木译，北京联合出版公司2012年版

11.《趣味地球化学》[俄]亚历山大·叶夫根尼耶维奇·费尔斯曼著，张泽仙译，中国妇女出版社2018年版

12.《视觉之旅：神奇的化学元素》[美]西奥多·格雷著，[美]西奥多·格雷、[美]尼克·曼摄影，陈沛然译，人民邮电出版社2013年版

13.《分子共和国》北京大学化学与分子工程学院著，知识出版社2018年版

14.《大师说化学：理解世界必修的化学课》[美]罗德·霍夫曼著，吕慧娟译，漓江出版社2017年版

### （三）生命科学

**《所罗门王的指环：与鸟兽虫鱼的亲密对话》**［奥］康拉德·洛伦茨著，刘志良译，中信出版社 2012 年版

作者通过对斗鱼、水鮈、寒鸦等动物行为的冷静观察和魅力十足的炽热语言，将大众引入有趣的动物行为学世界，引发人们对动物的关爱，启发人类对自身行为的思考。本书还在动物思维与行为的基础原则和理论方面做出了不小的贡献，"释放因子"和"印记学习"机制等奇怪的生物现象，正是因为洛伦茨的研究才被我们知晓。

---

✦ **延伸阅读**

1.《自私的基因》［英］理查德·道金斯著，卢允中等译，中信出版社2012年版

2.《人类简史：从动物到上帝》［以色列］尤瓦尔·赫拉利著，林俊宏译，中信出版社2017年版

3.《生命的跃升：40亿年演化史上的十大发明》［英］尼克·莱恩著，张博然译，科学出版社2016年版

4.《三磅宇宙与神奇心智》顾凡及著，上海科技教育出版社2017年版

5.《人工智能简史》尼克著，人民邮电出版社2017年版

6.《海错图笔记》张辰亮著，中信出版集团2017年版

《海错图笔记：贰》张辰亮著，中信出版集团2017年版

7.《鸟有膝盖吗：鸟的百科问答》［英］斯蒂芬·莫斯著，王敏译，北京联合出版公司2018年版

## （四）其他

1.《癌症·真相：医生也在读》菠萝著，清华大学出版社 2015 年版

2.《水知道答案》［日］江本胜著，陈晶译，南海出版公司 2013 年版

3.《寂静的春天》［美］蕾切尔·卡森著，吕瑞兰、李长生译，上海译文出版社 2008 年版

4.《俯瞰地球：观察世界的全新思维》［美］本杰明·格兰特著，李蕊、巨澜译，江苏凤凰科学技术出版社 2018 年版

5.《大气：万物的起源》［英］加布里埃尔·沃克著，蔡承志译，生活·读书·新知三联书店 2017 年版

读物优化气质

下篇
# 分类阅读推广实践

第一章

# 哲学阅读推广实践

兰州大学"走近哲学"校园主题教育活动

上海交通大学"哲学月"活动

"酷思熊"儿童哲学阅读推广

## 一、兰州大学"走近哲学"校园主题教育活动

兰州大学"走近哲学"系列活动创始于 2007 年 10 月，是由兰州大学学工部、教务处、共青团兰州大学委员会、哲学社会学院主办，哲学社会学院团委和学生会承办的大型校园人文知识推介活动。旨在向全校同学介绍哲学，让同学们有机会了解哲学研究的内容是什么，如何走进哲学这门古老而迷人的学科。

兰州大学作为综合性重点大学，要求各学科学生之间的交流要广泛，学生的视野要开阔，各专业的学生都必须极力突破实用性学科划分对自身发展的限制，做高素质的综合性人才。哲学是最基础的理论学科，可以为各学科学生之间的对话开辟广阔的空间。"走近哲学"系列活动的最高目标就是搭建这样一个交流平台。没有哲学的大学是不完整的，有哲学的大学听不到哲学的"声音"更是值得反思的。此次活动力图以哲学为切入点，使同学们更好地了解人文学科的内在价值，为校园文化建设助力。

兰州大学"走近哲学"系列校园哲学主题教育活动至今已经举办了 12 届，第九届"走近哲学"系列校园哲学主题教育活动于 2017 年 10 月 29 日至 11 月 20 日举办，以"游戏、技艺与精神"为主题，从哲学学科本身及其历史、当今社会理解哲学的程度、针对校园大学生群体的精神需求等角度普及哲学知识及哲学精神，切实加强哲学实践教育，为全省乃至全国各高校不同学科、专业的大学生搭建了解哲学、感悟哲学的通识教育平台。活动主要形式为开幕式及哲学嘉年华、哲家讲坛、"大方杯"国学知识竞赛、哲学知识对抗赛、哲学主题征文、哲史巡展、哲学与艺术主题音乐会、世界哲学日主题晚会、影视哲学，以及闭幕式，共计十项内容。

## 二、上海交通大学"哲学月"活动

2015 年 10 月，上海交通大学在 120 周年校庆之际，以"走进哲学，思考人生"为主题，拉开了为期一个月的"哲学月"活动的帷幕。为了响应联合国教科文组织每年于 11 月第三个周四举办"世界哲学日"的倡议，发扬交大深远而丰富的哲学人文传统，本次活动由人文学院哲学系牵头，联合科学史与科学文化研究院、欧洲文化高等研究院、精裕人文基金会、校图书馆、曦潮书店等共同主办，邀请了牛津大学、约克大学、首尔大学、拉奎拉大学、复旦大学及北京师范大学的专家来校进行学术演讲，并同时配合一系列大中小型演讲、研讨会、学术沙龙、座谈会、图书展览等生动活泼的活动。

作为交大为数不多的以"哲学"为线索的人文通识活动，第一届"哲学月"得到广大师生的热烈欢迎。2017 年 4 月 28 日，第二届"哲学月"活动由上海交通大学哲学系、图书馆联合举办，包含"浪漫主义的深度""哲学会走向终结吗？""生生不息：中国文化传统的生存论基础""技术时代艺术何为？""亚里士多德的自愿理论及其困境——康德哲学视野下的考察"等主题讲座以及"柏拉图之夜"哲学沙龙。2018 年 5 月 2 日，第三届"哲学月"活动开幕，内容包括五场学术讲座和一场青年教师哲学沙龙。

上海交通大学"哲学月"活动是哲学系通识教育的延伸活动，旨在让哲学给交大学子带来思想与人生的启迪，回应时代对于每个人提出的挑战与诉求，在碎片化阅读与虚拟化生存的当下展现哲学沉思与论辩的魅力，为学生拓展哲学与文化视野。

### ✦ 世界哲学日简介

自 2002 年起，联合国教科文组织于每年 11 月的第三个星期四举办哲学日庆祝活动。2005 年，应摩洛哥王国的建议，教科文组织正式将每年 11 月的第三个星期四定为"世界哲学日"。这是一项将专家学者的学术工作与公众特别是青年学生的广泛参与融为一体的公共庆典性哲学活动，宗旨是鼓励世界各国分享他们的哲学传统，促进哲学教学的发展，提高青少年对哲学的兴趣，加深了解哲学知识、认识哲学学科，使得更多人在日常生活中感受哲学的魅力和内涵，使哲学真正走进我们每个人的生活，更好地促进人类社会的发展。

## 三、"酷思熊"儿童哲学阅读推广

近年来，"儿童哲学"这一概念正日益受到中国公众的关注，越来越多的中国教育工作者加入对儿童哲学教育理论的研讨和实践。从2014年开始，21世纪教育研究院与伊顿纪德品牌联合开展了乡村儿童哲学阅读推广公益项目，在甘肃、湖南、湖北、四川、江西等16个省，46个市县，千余所偏远地区农村小规模学校开设儿童哲学课程。

酷思熊logo

项目团队设计"酷思熊"作为哲学童话的吉祥物，它是一只很爱思考的小熊，英文是COGITO BEAR。哲学童话教育的目标包括：（1）公民个人的品质。如仁爱、诚实、自立、尊严、权利、责任等；（2）公民的社会价值。如规则、宽容、公益、平等、和平等；（3）公民的社会技能。如沟通、协商、节约、合作、团结等。哲学课程的起点是对自我的探索，第一辑"魔幻森林"中，确定了自信、平和、简朴、坚毅和美丽五个品质，意味着每个儿童不论身在何处，都是与众不同的，都是美丽的小天使。之后内容深度逐步增加。

2017年7月，国内首套原创儿童哲学丛书《酷思熊》（共54册）在国家图书馆亮相。这套丛书是国家"十二五"重点出版项目，涵盖人与自我、人与社会、人与自然三个领域，涉及自立、诚实、团结、契约、平等、尊严等54个概念，从魔幻森林、昆虫家园、蔚蓝海底、可爱乡村四个场景展开故事。以动物为主角，用充满悬念和曲折的情节吸引小读者步步深入。丛书将孩子一生中可能遭遇的困境、挫折，以及由此产生的思考与行为方式巧妙地整合在一起，让孩子们在童年时代就接触可理解的哲学，从而逐步具备思考的力量。

丛书出版过程中得到公益机构、学校、地方教育局和社区的支持。2015 年 6 月 1 日，21 世纪教育研究院、扬州交通广播、扬州市竹西小学联合主办"天使的声音相伴童年——哲学童话音频发布会"，发布的 20 个哲学童话音频陆续送达全国 1000 多所乡村学校，惠及 1 万多名乡村儿童。11 月 29 日，扬州交通广播电台和 21 世纪教育研究院中小学教育研究中心联合举办感恩节哲学童话剧大型公益活动，活动内容包括一次爱心自驾——带车友一起去乡村小学；一场爱的联欢——与乡村小学孩子举行一场感恩节联欢会活动；一场爱的直播——"爱的互换时间"24 小时特别直播活动；一档爱的节目——《亲子阅读时间》。

为了能够让儿童，特别是留守、流动儿童更加全面地发展，促进孩子优秀人格和良好品质的培养，扬州市开发区妇联与研究中心共同开展实施了"酷思熊"阅读计划。该项目在扬州开设了 4 个"悦读吧"，分别是梅苑社区家长学校、扬子津小学、宝亿制鞋厂安亲班、朴席中心学校。招募的志愿者为孩子们上儿童哲学课，参与"酷思熊"悦读吧的儿童以讨论、游戏、表演的形式共同学习哲学童话书。

第二章

# 文学阅读推广实践

俄罗斯文学年

香港文学散步

上海思南读书会

## 一、俄罗斯文学年

俄罗斯人喜欢读书，俄罗斯尤为重视阅读文化发展并给予国民阅读更多的关注，把推动国民阅读放到了民族优先发展任务的战略高度。继 2007 年"俄罗斯俄语年与读书年"、2008 年"俄罗斯家庭年"、2012 年"俄罗斯历史年"、2014 年"俄罗斯文化年"之后，俄罗斯又一次以国家总统令形式签署了全国性社会项目——2015 年"俄罗斯文学年"，致力于推动国民

2015俄罗斯文学年纪念邮票

阅读，重燃俄罗斯社会对世界文学与俄罗斯文学的热情，帮助国民重新认识文学阅读的作用和价值，促进阅读与图书文化的发展。[①]

### （一）"文学年"活动背景

近年来，俄罗斯人对阅读的兴趣越来越低。有调查显示，俄罗斯人平均每天花在阅读上的时间只有 9 分钟。阅读风气萎靡，呈现功利化、虚无化、娱乐化趋势，文学类书籍的销售比例直降，文学类图书的印刷量亦在逐年下降。阅读危机引起了国家层面乃至整个社会的高度重视。

---

① 李红梅，董梦华.以专题年形式促进图书与阅读文化发展：俄罗斯联邦"文学年"活动考察.高校图书馆工作，2016，36（04）：87-92.

俄罗斯于 2007 年第一次举办了阅读的专题年活动——"俄罗斯俄语年与读书年"，公布了旨在推动国民阅读的《国家支持与发展阅读纲要》。普京表示，国家不应该放任自流，应该引导全社会重拾对俄罗斯文学的浓厚兴趣，使公民保持良好的阅读习惯，并于 2013 年年底提出举办文学年的设想。在 2014 年 3 月举行的俄罗斯文学会议上，普京提议将 2015 年定为"俄罗斯文学年"，自此关于举办"文学年"的计划被正式提上议事日程。

俄罗斯联邦新闻出版与大众传媒署召集俄罗斯科学界、文化界等各界人士，就如何开展"俄罗斯文学年"系列活动开展研究与讨论。2014 年 6 月 12 日，普京在"俄罗斯日"国家奖授奖仪式上宣布 2015 年为俄罗斯文学年，组建文学年组委会制定主要活动内容。13 日正式签署了《关于在俄罗斯全境举办俄罗斯文学年》426 号总统令，联邦政府拨款 3 亿卢布用于文学年活动的各项准备工作。

根据总统令的要求，先成立了由 47 人组成的文学年组委会，又建立了文学年门户网站，确定 2015 年俄罗斯文学年的标识为俄罗斯三位文学巨匠普希金、果戈理和阿赫玛托娃的侧身头像，颜色与俄罗斯国旗三色相对应。

## （二）"文学年"活动内容

"文学年"活动基本方案的实施有赖于全体国民的共同参与。在俄罗斯文学年组委会的组织协调和带领下，全俄围绕着基本方案的内容与目标方向，开展了内容丰富、精彩纷呈的活动。

活动方案包括 13 个方面、121 个类别的内容、若干项活动。13 个方面分别为活动的启动与闭幕仪式；为解决国内出版与阅读推广等热点问题，国家政府机关开展的活动；俄罗斯国际科学实践、科学研究、学术会议、代表大会、论坛等；国际与全俄文学教育行动、阅读促进活动；博览展出类项目；出版、文学创作、翻译奖项与竞赛；文学联欢节与庆典活动；大众平面传媒领域的活动项目；电子传媒、电影艺术界领域的活动项目；教育机构开展的活动项目；文化与文学遗址本体（遗址客体）保护方面的项目；纪念方面的活动；"文学年"保障措施方面的工作。

俄罗斯国际科学实践、科学研究、学术会议、代表大会、论坛等方面的活动主要有："欧亚文学"作家国际论坛；"伏尔泰阅读–2015"国际科学会议；"图书馆与阅读"全俄科学研究学术会议；"沃洛申的九月"第13届国际科学创作研讨会；图书出版、推动阅读和图书文化中的新技术商业论坛；青年儿童文学作家研讨会；《十个世纪的"马林斯基福音"（XI–XXI世纪）》系列活动等。

俄罗斯文学年logo

国际与全俄文学教育行动、阅读促进活动主要有"俄罗斯文化地图（文学、阅读）"计划；"俄语日"活动；"全俄诗歌日"活动；"全俄图书和版权日"活动；俄罗斯城市诗歌朗诵晚会——"大阅读"；旨在支持与发展文学创作、促进阅读和图书文化的全俄文化教育行动（"图书馆之夜""图书馆之晨曦""公园里的图书""文献资料之夜"、图书大集等）等。

出版、文学创作、翻译奖项与竞赛方面的活动主要有："真正的经典"国际青少年诵读大赛；全俄"最具阅读潜力的城市"大赛；全俄青少年诗人"诗歌书法"大赛；全俄最佳盲人视障类书籍评选大赛（包括生产中采用的新手段和新技术）；"年度之书"全国大赛；国家文学奖"大书奖"和国家儿童文学奖；专业图书奖（"最佳图书"新闻记者、"书虫""跟踪报道"等）的评选等。

文学联欢节与庆典活动方面的内容主要有莫斯科国际图书节，全俄儿童图书节，"文学季"联欢节，"我用手来看书"（盲人与视障人员专场）盲文印刷技术图书节，契诃夫图书节等。

教育机构开展的活动内容主要有全俄大中小学生文学奥林匹克竞赛，全俄"我生命中的书，我的生命之书"主题作文大赛，校园戏剧作品艺术节，全俄校园"文学全能"团体赛，少先队夏令营国际少儿中心"阿尔捷克"文学特长班，全俄少先队夏令营"雏鹰"少儿中心和"海洋"文学特长班等。

### （三）"文学年"活动组织

2015 年俄罗斯联邦文学年活动的主办机构大致可分为三类：

第一，国家权力与行政机关。主办方包括俄罗斯联邦主体权力执行机关、俄罗斯文化部、俄罗斯信息部、俄罗斯外交部、俄罗斯联邦出版与大众传媒署、俄罗斯合作署、俄罗斯档案署等多个部门。

第二，公共文化机构、教育机构。主办方包括联邦国家预算文化机构"国家文学博物馆"、俄罗斯国立公共科技图书馆、俄罗斯科学院俄罗斯文学研究所（普希金之家）、联邦国家预算高等教育机构"高尔基文学院"、联邦国家预算高等教育机构高等职业教育"伊万·费奥多罗夫莫斯科国立印刷大学"、俄罗斯国立儿童图书馆、俄罗斯国立普希金俄语学院、莫斯科城市文化研究院"莫斯科市图书馆中心"以及教育界事务管理机构等。

第三，行业协会、基金会、志愿者团体等非营利性机构。主办方包括俄罗斯图书联盟、知识项目基金会、区域人文社科陀思妥耶夫斯基生活创作研究促进基金会、俄罗斯图书馆协会、俄罗斯出版商联盟、俄罗斯图书销售商协会、俄罗斯作家联盟、俄罗斯藏书家联盟等。

## 二、香港文学散步[①]

"文学散步"一词，据传是由日本诗人野田宇太郎提出的，他自 1951 年在《日本读书新闻》上连载《新东京文学散步》，之后结集畅销，始创"文学散步"这一文学样式。[②]"文学散步"指读者身体力行地重访文学作品里描写过或出现过的文学地点，进行现场考察，切实感受这些场景的人文风光。日本、法国、英

---

① 马辉洪，陈露明.文学阅读的推广——"香港文学散步"述论.福建省图书馆理论与实践，2014（01）：59–62.

② 李长声.纸上书.北京：商务印书馆，2013：108.

国等国家和我国台湾地区都曾举办过"文学散步"活动，主张以"散步"的方式走访不同地方的文学景点，借此更新读者阅读和理解文学作品的方式，以及增加他们的情感和记忆。

《香港文学散步》

"香港文学散步"的观念，最早可以追溯至 20 世纪 90 年代初卢玮銮（笔名小思）出版《香港文学散步》一书开始。卢玮銮认为"散步"应该包括两层含义：一是思想上的散步、知识上的散步；二是真的用双腿去散步。一次文学散步，可以让读者对作品中描述的人、事、物产生一种现场感和历史感，加强读者对那些人、那些事、那些物的认知。如果读者能够现场"有所感受，有所感触，再由自身去领悟一些道理"，并由此深入了解作家的创作及其作品，读者就能够跨越现实时空，进入作家的生命，进入作品的境界，从而对文学作品产生感情。

《香港文学散步》出版后，一直受到文学界的关注，经过卢玮銮多年的推动，"香港文学散步"的观念逐渐为社会所认识和接受，并且得到广泛的实践，已成为推广文学阅读的常用模式。过去十多年来，香港先后举办多次大型的文学散步和相关活动。

2001 年，香港中文大学中国语言及文学系与香港特别行政区政府教育署课程发展处校本课程（中学）组联合举办了一次大型的"香港文学散步"活动，参加者多达 240 人。主要依据《香港文学散步》一书内容，在卢玮銮的带领和导赏下，参加者体验 20 世纪 20 年代至 40 年代中国著名文化人（包括蔡元培、鲁迅、萧红、戴望舒、许地山等）在香港的足迹，追寻他们在香港的文学之路，以及他们与香港的文学之缘，借此了解这些作家的生命历程和文学创作，探索他们对香港文学发展的影响。

1999 年，香港临时市政局公共图书馆在第三届香港文学节期间首次举办了小型的文学散步。其后，香港公共图书馆与香港电台先后于 2008 年、2010 年和

2012 年合办"香港文学行脚"活动，作为第七届、第八届和第九届香港文学节的前奏。参加者在作家及学者带领下，一面细读文学作品，一面考察作家笔下的文学地貌，更深入地了解作家创作的背景和作品本身。

2011 年，香港南区区议会设立"南区文学径"，是香港首条以中国现代文学作家在港足迹连结而建成的文学径，包括与张爱玲、胡适、蔡元培、许地山、萧红和戴望舒相关的文学景点。区议会提供漫步文学径的路线图，供游人参考，可以鼓励香港本地文学教育及创作，又可以推广地区文化普及和旅游。文学径的设立是具体呈现"香港文学散步"的理想方式。

2010—2012 年，香港中文大学香港文学研究中心、大学图书馆系统和香港特别行政区政府教育局课程发展处中国语文教育组先后联合举办"指掌步履之间——香港文学数据搜集和作品赏览"（2010 年）和"走进香港文学风景"计划（2011—2012 年），两项活动均以推广香港文学的阅读和教学方法为目标，内容包括文学讲座和中大校园文学景点赏览；"走进香港文学风景"还设有分区文学导赏设计工作坊、专题网页等项目。在文学景点导赏环节，导赏员带领参加者按照预先设定的文学路线，观赏作品里描写的文学地点，辨析作品所反映的思想内容，借此引发和推广文学阅读的乐趣。

2013—2014 年，香港中文大学香港文学研究中心与大学图书馆联同教育局，推行为期两年的"香港文学深度体验"计划，以具有阅读习惯、具备一定文学认识的高中学生为主要对象，培养他们赏析作品和写作的能力。活动主要由三部分构成：文学景点考察、学校经验分享会及香港文学夏令营。

✦ **延伸阅读**

《重访散文的家园》陈星著，上海三联书店1995年版

《推开文学家的门》成寒著，上海文艺出版社2000年版

"布鲁姆文学地图译丛"共六册，包括《巴黎文学地图》《伦敦文学地图》《圣彼得堡文学地图》《纽约文学地图》《都柏林文学地图》《罗马文学地图》，上海交通大学出版社2011年版

《北京文学地图》张鸿声著,中国地图出版社2011年版

《上海文学地图》张鸿声著,中国地图出版社2012年版

《香港文学散步》小思著,上海译文出版社2015年版

《巴黎文学散步地图》缪咏华著,中信出版社2017年版

### 三、上海思南读书会

每周六相约一位作家、听一场文学讲座,思南读书会已成为上海的城市新文化地标。由上海市作协联合上海市新闻出版局、中共上海市黄浦区委宣传部共同推出的上海公共阅读组合活动——思南书集和思南读书会,深受上海市民欢迎。

思南读书会缘起于2013年的上海书展,当时思南公馆承办了上海国际文学周的活动,颇受好评。2014年2月15日起,思南读书会成为一个常态化的免费文学读书会,至2017年11月20日,已累计举办了211期活动,诸多海内外作家、学者与读者共赴这场文学盛宴,包括法兰西文学院院士达尼·拉费里埃,瑞典文学院终身院士、诺贝尔文学奖评委会前主席谢尔·埃斯普马克,奥地利作家彼得·汉德克,法国哲学家夏尔·佩潘等,还有中国作家王安忆、刘恒、格非、韩少功、贾平凹、叶兆言、孙颙、陈思和、金宇澄、严歌苓、毕飞宇、陈丹燕、李辉等。

思南书集选址在上海地标性建筑思南公馆,读书会则选在由上海市作协和上海市新闻出版局共同成立的"思南文学之家"举行。思南读书会、思南书集集合优势资源,充分整合上海作家、媒体、出版、艺术等多方文化资源,广泛调动社会机构的参与热情。思南读书会系列活动主打三张王牌,即专业牌、作家牌和国际牌。思南书集的图书以文学为主,兼顾社科等种类,极具专业性品质。读书会主推文学名家名作,兼顾其他艺术名家,产生了广泛的社会影响。读书会定期邀请外国作家与中国作家进行对谈,体现了文化的交流与切磋。与此同时,思南书集的外文书店还为广大读者提供了丰富的原版外文图书。

作家、图书、读者是思南读书会不可或缺的组成部分,读者的厚爱和支持让

思南读书会更有温度。在思南读书会一周年特别活动时，主办方专门设计了向读者致敬的单元，评选出 5 位思南读书会年度读者和 1 位年度荣誉读者，并在读书会中心位置为年度荣誉读者特别设置了为期一年的红色专座。

2017 年 2 月 25 日的思南读书会三周年纪念活动上，大型综合类双月文学选刊《思南文学选刊》与读者见面。这份由上海市作协主管主办的文学选刊，关注中文世界的文学创作、翻译和研究，兼顾艺术性、可读性和思想性，以一种朴实的方式阅读文学。该刊编辑表示，这是新媒体文化环境中，强势回归文学初心，探索社会化办刊思路的一次新尝试，希望可以起到推广品质阅读，营造都市文化氛围的作用。

思南读书会既不用预约也不用买票，只通过社交媒体发布信息。思南公馆则完全开放，让读者、听众自由进出。"零门槛"的读书会开办至今场场爆满。从传统媒体到新媒体，从专业人士到普通读者，从线上网络到线下空间，思南读书会已成为沪上引人注目的读书嘉年华，为推进上海城市公共文化服务提供了有益经验。

# 第三章

# 历史阅读推广实践

湖州师范学院中外历史读书会

上海书城"上海·故事"读书会

宁波鄞州少儿图书馆"读历史文化 赞家乡之美"

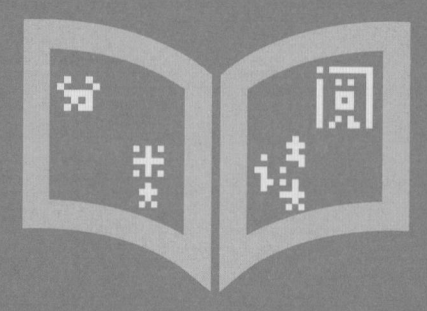

## 一、湖州师范学院中外历史读书会

校园内的各种读书会并不罕见，但以历史阅读为专的读书会，则实属难得。湖州师范学院的中外历史读书会正是一个少见的、以"历史"为主题的学生社团。浙江湖州是一座具有2300多年历史的江南古城，有众多的自然景观和历史人文景观。正是有感于这种丰沃的文化环境，湖州师范学院的学生们于2010年成立了"中外历史读书会"。

读书会以"以文会友，读史明智"为社团宗旨，鼓励同学们阅读历史、体验历史、创造历史。该读书会前身是地方历史研究会和史友社，两社合并后的新社团倡导历史研究，营造读书氛围，在校内具有较高知名度，被评为该校优秀社团之一，该读书会开展了具有特色的丰富活动，推进了校园历史阅读。主要有读书沙龙、名家讲坛、史学征文、特色历史文化月、历史知识竞赛、森林公园游、太湖游、中秋灯谜、汉服制作以及灯笼制作等活动。下面介绍该社团的几个特色主题活动。

1. 读书沙龙。定期开展，每期确定一个主题。正式活动分三个环节，第一环节是主持人致开场白，简单介绍本次沙龙的主题，引导并启发与会同学的思路。第二环节是带领与会同学进行相关内容的朗读，加深对主题的理解。第三环节是自由发言时间，同学们就自己的理解和想法畅所欲言，互相交流阅读体验，谈论对书中人物的看法等。

2. 历史知识竞赛。活动集益智和娱乐为一体，共分为两轮内容，第一轮是趣味小常识抢答，第二轮为"你比我猜"小游戏。题目内容涵盖广泛的基础知识和课外阅读知识，既让同学们在轻松的氛围中增长学识，也为广大参赛同学提供了展示自我的平台。

3.桌游会友。《三国杀》是一款原创桌上游戏，该游戏结合中国三国时期历史背景，以人物、势力或阵营等为线索，以卡牌为形式，需要玩家合纵连横、动用谋略才能获得最终的胜利。本活动集合历史、文学、美术等元素于一身，以游戏形式激发同学的参与热情，促进大家了解、体验三国文化，也增进了同学之间的友谊。社团先后举行或参与的高校联赛、校园行等活动，都吸引了相当多的同学踊跃参加。

## 二、上海书城"上海·故事"读书会

2016年3月，上海书城正式启动"全国新书发布厅"项目。该项目每周末举办重点新书首发式、新书发布会，邀请新书作者到现场与读者分享心得，同时举办签售、主题讲座等活动，给读者提供更好的文化阅读体验及交流的平台。经过两年经营，成功将此项目打造成上海知名阅读推广品牌。在此基础上，上海新华传媒连锁有限公司又携手上海社会科学院出版社共同设立"上海·故事"读书会，旨在为广大市民提供一个全新的文化阅读体验及交流平台。"上海·故事"读书会希望借讲述上海的历史、文化、民风民俗等故事，描绘城市记忆，让读者从历史人文、市井生活、城市建筑等空间的广度和时间的深度上了解一个更加立体化、富有包容性的上海。

"上海·故事"读书会自2018年4月启动，每个月举办一次，每期一个主题，邀请一位嘉宾同读者分享主题相关内容，并推荐一本书籍便于读者扩展阅读，增进了解。该读书会的主题选定、专家名单、相关书目具有一定的专业性，因此读书会内容较为优质。前四期主题分别为：

第一期：历史长河中的上海（法租界与近代上海）。嘉宾：上海师范大学历史系副教授蒋杰。

第二期：熟悉而又陌生的朋友——近代上海的铁路史话。嘉宾：上海师范大学人文与传播学院历史系副教授岳钦韬。

第三期：宗教与近代上海社会变迁。嘉宾：上海社会科学院宗教研究所研究员葛壮。

第四期：大师的日常：鲁迅在上海的日子。嘉宾：上海鲁迅纪念馆研究馆员李浩。

## 三、宁波鄞州少儿图书馆"读历史文化 赞家乡之美"

2018 年 4 月 8 日，宁波市鄞州区少年儿童图书馆"读书与论谈"班开展了"读历史文化 赞家乡之美"民俗文化主题阅读活动。活动以"立体阅读""户外阅读"的形式，改变书本阅读家乡历史文化的一贯活动模式，组织 30 余位"读书与论谈"班成员来到鄞州本土历史文化保护地，先后走读了沙氏故居、周尧故居和南宋石刻公园，通过身临其境的方式"阅读"鄞州民俗风貌、人文逸事，赞美家乡之美。

"读书与论谈"班成员走读沙氏故居，故居是沙氏沙孟海、沙文求、沙文汉、沙文威、沙文度五兄弟的出生地，又是鄞州区、奉化区革命运动的发源地，具有重要的纪念意义和教育意义。成员们纷纷对沙氏五兄弟耀家报国的事迹连连点赞，感叹鄞州这片热土养育了如此杰出的沙氏红色之家。

周尧故居是成员们阅读的第二本"立体之书"，也是一本"爱国之书""红色之书"。故居位于鄞州区塘溪镇上周村上周岙自然村梅溪东侧。走读过程中，成员们了解了周尧先生的生平，都为他强烈的民族责任感、顽强的进取精神、严谨的科研态度、不倦的育人热忱，以及做出的杰出贡献所折服。

南宋石刻公园是本次阅读的第三本"历史之书"。公园位于素有"太湖气魄、西子风韵"之誉的东钱湖黄梅山麓。公园的石刻以南宋石刻为主，还包含部分明清时期的作品，共 200 余尊石像生。南宋石刻以造型准确，形体动作多样、表情生动而著称。造型考究、形象逼真的文臣、武将、蹲虎、立马、跪羊等石刻，让成员们知道了它们分别包含的"忠、勇、节、义、孝"等中华文化，更觉得不虚此行。

第四章

# 艺术阅读推广实践

北京大学图书馆电影艺术立体阅读

厦门大学"影像创意空间"

2017艺术与阅读高峰论坛·书偶文创大赛

宁波市图书馆的音乐主题馆——天一音乐馆

广东岭南童谣节

## 一、北京大学图书馆电影艺术立体阅读

2016 年，北京大学图书馆举办了以电影艺术为核心的立体阅读推广品牌活动，致力于发现、推介、研讨和深度阅读最新的好电影，将目光锁定优秀的青年导演电影、学者电影（论文电影），邀请电影学者与专业影评人齐聚一堂，分析电影语言与电影的叙事艺术，对电影艺术展开立体、深度的阅读，让读者在活动中学习阅读电影、学会欣赏电影艺术，开拓了高校图书馆阅读推广活动的新领域、新方向。

电影艺术阅读推广活动主要由两部分构成：一是发现、展映、推介好电影系列活动，另一个是影评人进北大系列活动。发现、展映、推介好电影系列活动主要选取富有文化内涵、值得探讨的艺术电影进行展映，包括 First 青年电影展上获奖、获得提名的影片，也包括学者拍摄的"论文式电影"。电影是一种综合的艺术，欣赏这门艺术需要了解电影赏析的知识、了解电影理论、会分析电影的镜头语言、会解读电影的叙事艺术；要深度阅读一部影片，还需要了解电影的历史背景、导演的艺术理念以及电影细节中所蕴含的现实意义等。影评人进北大系列活动就是为了让读者更好地阅读电影、理解电影艺术而举办的讲座。

以电影艺术为主导的活动填补了阅读推广活动的空白，具有开创性。一些文化关键词的探讨活动对推动相关主题的书籍阅读也大有裨益。相对于世界读书日或读书节的活动，该活动不受时间的限制，可自主调节，易于形成品牌效应。可以说，本活动对于推动全民立体阅读、拓展全民阅读的广度、发掘全民阅读的深度具有借鉴意义。

## 二、厦门大学"影像创意空间"

厦门大学的艺术推广是依托"影像创意空间"得以实现的。"影像创意空间"位于厦门大学翔安校区图书馆，以专业摄影棚为主，另有创意工坊、棋艺活动室、艺术展厅、艺术馆藏区以及多媒体体验室、光影坊等服务场所与设施，开展了众多极具特色的活动。

1."棚摄"服务。读者只需在网络上预约就可以使用摄影棚的单反相机、专业造型灯等专业设备，自行拍摄写真照、证件照等各种照片，也可以单纯进行摄影技能的练习与探索。同时，图书馆还与学校摄影协会和生命科学学院"宣中娘"志愿者团队建立密切联系，每周一到周五晚上均有志愿者现场提供指导。

2.校园影像创意实践。在迎新季、毕业季、新年、校庆等校园特殊时间节点，图书馆依托校摄影协会推出一系列影像创意拍摄活动，给读者提供尽可能多的实践机会。2016年毕业季，图书馆针对毕业生推出"我爱你，再见！"系列活动。2016年4月校庆期间，图书馆举办的一系列活动也由"影像创意空间"志愿者如实记录，还参与了《厦门大学翔安校区图书馆宣传视频》的拍摄和制作。

3.影像拍摄及处理技能培训。图书馆每学期都邀请专业摄影教师以及理论与实践经验俱佳的摄影协会资深会员开展系列讲座，内容涵盖摄影与影像处理的方方面面。

厦门大学影像创意空间摄影棚

4.摄影比赛与经验交流。图书馆每年都会联合校区团委、学生会等相关机构举办全校性的摄影比赛，获奖作品将在艺术展厅展出，部分优秀作品会被收藏，某些精品作品更是被学校选送参与更高级别的比赛。

5.艺术讲座、沙龙与展览。

图书馆也很重视读者艺术理论的修养提升，通过邀请本校教师、校友、校外文化艺术领域名家等举办系列艺术讲座、沙龙。此外，图书馆不定期举办各种展览，极大地丰富了校园文化生活。

6."琴棋书画"艺术素养创新服务。不定期播放歌舞剧、音乐会等音乐类节目，并开展棋艺培训和棋艺争霸赛。图书馆还联合学校工会与书画研究会，在每年的校园文化节、校庆、新年等重要时间节点组织师生参与书画笔会和书画展览。

"影像创意空间"及相关创新服务为读者提供了参与文化活动的机会，激发了其创新能力，提升了其艺术素养和综合素质，也为他们未来的职业选择及人生发展提供了更多选择。

### 三、2017艺术与阅读高峰论坛·书偶文创大赛

为营造书香校园"多读书、读好书、好读书"的良好氛围，进一步激发学生全面阅读的热情，鼓励学生的创新精神，2017 年 9 月 28 日，全国艺术类高校图书馆协作委员会、山东艺术学院、北京东方博古文化艺术发展有限公司、北京可观艺术馆联合举办的"2017 第三届全国艺术类院校图书馆艺术与阅读高峰论坛"开展了首届"我从书中来·穿越古典·创新再现"书偶文创大赛，以中国古典文学为核心内容，通过丰富的艺术形式，让书中的形象活起来，感染每一位读者的精神与生活。

大赛历经四个月时间，经清华美术学院、四川美术学院、山东艺术学院、广州美术学院等各大艺术院校的指导老师审慎选拔，共有平面类、立体类、多媒体类八十余件作品进入决赛。各位专家评委在此次大奖赛的

中国传统造型艺术研究——鹿王本生

作品评选过程中，本着公平公正公开的原则，从作品本身出发，结合作者的创作灵感，考量与原型的契合程度，以"我从书中来"为总出发点测评，打分，最终评审出金奖1名、银奖3名、铜奖3名、优秀奖20名，组织奖3名：

金奖：满柯《中国传统造型艺术研究——鹿王本生》

银奖：王洪博《原物》、黄靖茹《怡红夜宴图》、孙羽茜《梦游天姥吟留别》

铜奖：杜逸飞《归》、张树轩《归隐》、李岩雪 王娇 俞璐《新精卫填海》

优秀组织奖：山东艺术学院、南京艺术学院、广州美术学院

## 四、宁波市图书馆的音乐主题馆——天一音乐馆

音乐与阅读的交融，音乐与艺术的交织，以第三文化空间形式出现的公共图书馆音乐馆越来越受到读者的欢迎。天一音乐馆是宁波市图书馆内的音乐主题馆，以服务大众，提升宁波城市音乐文化品位为己任，于2015年1月10日正式开馆。

天一音乐馆面积共有300平方米，分音乐视听室和音乐欣赏区两大部分，分别配备了专业影音视听设备、大型3D投影屏幕和高品质专业蓝光CD播放器等专业设备。图书馆馆藏的音像资料及相关音乐书籍均免费向读者开放。

天一音乐馆（图片来自宁波图书馆）

天一音乐馆是市图书馆利用丰富的馆藏音乐文献资源，为市民搭建的一个鉴赏音乐、了解音乐文化、进行研究展示交流的平台。通过举办形式多样的音乐活动，天一音乐馆致力于将音乐与阅读融为一体，立足公益，不断凝聚社会力量，相继推出六大特色品牌活动，包括 Mini 音乐会、四季音乐会、"秋帆乐话，如是我闻"贺秋帆音乐文化沙龙、"和乐之道"东方音乐美学赏析、"针尖下的音乐"黑胶唱片赏析音乐沙龙、"走进交响的世界"以及主题音乐电影赏析等。

市图书馆负责人介绍，天一音乐馆还将不断推出各类特色服务，针对不同层次的音乐爱好者开展音乐精品欣赏、音乐知识普及、互动交流等活动，着重对音乐文化遗产资源进行收集、整理和保存，用数字化形式传承大量的音乐作品和研究成果，打造宁波高端的音乐文献和音乐数字化研究传承基地，把天一音乐馆打造成宁波音乐生态传承、学术传承、服务传承"三位一体"的公共文化服务基地。

## 五、广东岭南童谣节

为弘扬中华民族优秀传统文化，积极培育和践行社会主义核心价值观，丰富广大青少年的精神文化生活，培养热爱岭南的深厚情感，广东省文明办、省教育厅、团省委、省妇联、省作协、南方报业传媒集团联合举办 2017 年岭南童谣节。

自举办 2015 年首届"岭南童谣节"后，广东全省刮起了"童谣风"，各地纷纷举办童谣比赛，100 多首口口相传散落在民间的童谣得到了整理。很多学校、幼儿园增设了童谣教授课程。第二届岭南童谣节共设"童谣记忆""童谣征集""童谣传唱（诵）""童谣展演"四大板块。除歌唱与舞蹈的表演形式外，还增加音乐剧、舞台剧、朗诵等元素，催生了更优秀的童谣作品。

岭南童谣扎根于岭南方言，具有上千年的悠久历史。它包括广府话童谣、客家话童谣、潮汕话童谣以及大量口耳相传充满俚语乡音的儿童歌谣。岭南童谣蕴含丰富的文化价值与文学价值，俏皮童真的歌词中承载着时代的符号与成长的印记，能让孩子在传唱中产生身份认同感，是文化的根源所在。

第五章

# 经济阅读推广实践

中山图书馆少儿创意阅读营开启财商专辑

中学生财经素养公益夏令营

全国青少年学生财商教育读书暨社会实践活动

## 一、中山图书馆少儿创意阅读营开启财商专辑

2017 年寒假，广东省立中山图书馆少儿创意阅读营推出为期 4 天的"读与舞"财商特辑活动。资深心理咨询与舞蹈治疗师莫英老师带领小读者与家长共同阅读少儿财富启蒙读物《小狗钱钱》，并通过有趣的游戏探讨新年红包的支配和用途，引导孩子们树立正确的金钱观。

主讲老师先与读者朋友们分享了《小狗钱钱》里的理财故事，以"钱"为切入点展开游戏与讨论。孩子的新年红包可以完全由孩子支配吗？钱要怎么花才是最正确的？就这些问题，大小读者们分组进行了热烈的探讨，并以"钱"为主题进行了估价游戏、物价调查、跳蚤市场等活动。物品估价、价格调查等游戏让小读者对身边的事物和价值有了直观的判断；跳蚤市场则为孩子们提供了一个自由交换的买卖市场。

此外，老师还为孩子们准备了好玩的小游戏，大家在交易游戏中认识到金钱流通的多种渠道。通过游戏、读书、讨论等形式的启发，小读者们对物品的价值、金钱的合理使用有了进一步的认识。

孩子的理财观念离不开父母的引导，父母应该站在孩子的角度多思考，了解孩子对金钱的需求与看法，并积极给予回应。为此，老师还鼓励家长和孩子一起列出关于金钱的愿望清单，并从中挑出 3 个最容易实现的愿望，亲子共同努力去实现。在四天的活动里，家长陪伴孩子一起阅读、分享和体验游戏，小读者们既深刻了解了金钱的作用和意义，更进一步树立正常的金钱观和价值观。

本期活动围绕"钱"开展，将各种游戏、分组讨论、肢体舞动等融合于阅读

当中，让孩子们轻松掌握理财技巧，学会合理支配财富，树立起正确的金钱观和价值观。

## 二、中学生财经素养公益夏令营

青少年财经素养教育工作究竟应该怎样开展？如何培养学生应对社会经济生活中实际问题的综合能力？如何提升青少年的整体财经素养水平？针对一系列问题，上海财经大学中国财经素养教育研究中心自2017年起积极探索，于每年的寒暑假期间定期举办中学生财经素养公益冬令营、夏令营活动，面向全社会进行招募。

2018年7月18日至22日，来自上海、北京、陕西、浙江、湖北、福建以及英国、美国等地的小学员们相聚上海财经大学创业学院，共同进行财经素养的课程学习：在博物馆里上课、学习金融知识、做财经评论员针砭财经时事、分小组辩论当下热点新闻……希望在短短的四天时间，帮助孩子们正确地认识和处理消费与投资、货币与金融、个体与社会、创业与职业四个维度的问题，掌握基本的财经知识与技能，培养财经理念与意识，对隐含的社会、道德、环境等问题构建批判性思维能力，从而更好地理解日常社会生活。

据悉，上海财经大学中国财经素养教育研究中心将联合全国各地的中小学学校，在进一步打磨财经素养类教育产品的基础上，继续深化与财经素养类校外教育基地联盟的合作，不断推进教育基地与学校、学校与学校之间的联动合作，促进财经素养教育的进一步发展。

## 三、全国青少年学生财商教育读书暨社会实践活动

2011年12月，中国教育学会、中国青少年研究会联合主办的"全国青少年学生财商教育读书暨社会实践活动"启动仪式在北京举行。本次活动主题是"财商伴我成长"，活动读本是初级版和中级版两个版本的《财商伴我成长》，该读本

用卡通故事方式讲述了三个小朋友学习财商知识不断成长的经历。从 2011 年 10 月 18 日至 2013 年 8 月 31 日，整个活动为期近两年，活动分"试点、启动阶段""部分省、自治区、直辖市推广阶段""读书征文评选阶段"和"总结表彰阶段"四个阶段进行。

2013 年 8 月，首届全国青少年学生财商教育读书暨社会实践活动征文比赛及"财智少年夏令营"活动在北京举行。此次活动是对 2011 年 12 月启动全国青少年学生财商教育读书暨社会实践活动的总结和检阅。征文、演讲的主题围绕"财商"展开，有我与零花钱、我与压岁钱；我是如何对待金钱、花钱和挣钱的；我的财富梦想与计划；关于父母是如何挣钱、花钱的；关于慈善公益与孝敬长辈等几大类。

来自北京、重庆、内蒙古等地的 10 名小小创业家和多名理财师现场与大家分享了他们在财商实践中的成果和心得。重庆巴蜀中学初一学生吴昊哲展示了自己"出版"的一本书《平哥语录》，这本书比较特殊，从外表看只是一沓普通的 A4 纸，没有封面，也没有装帧，但它却是吴昊哲源源不断的"利润"来源。书的内容全是吴昊哲的数学老师平时所说的经典语句，每本 5 元，签名版每本 10 元。吴昊哲还找来班上的"大喇叭"进行"吆喝式"营销："全球限量版《平哥语录》，先到先得，卖完为止！"几天内，100 多本《平哥语录》被同学们一抢而空，吴昊哲净赚 500 元。

在整个活动期间，组委会与多地教育局合作，将财商教育作为教育改革的新尝试进行试点推广。广东实验中学南海学校在建校之初就已将财商教育纳入学校的特色课程，学校主要从财富观念、财富品质、财富智慧三个方面开展财商教育；还开展了大量的社会实践活动，例如跳蚤市场、模拟股票市场、理财课、寒暑假财商作业、记账、宝贝当家、讲座、去银行办理账户等。

第六章

# 心理阅读推广实践

南京师范大学特色心理阅读推广活动

深圳南山图书馆心灵沙龙

《儿童情绪疗愈绘本解题书目》与《大学生情绪疗愈绘本解题书目》

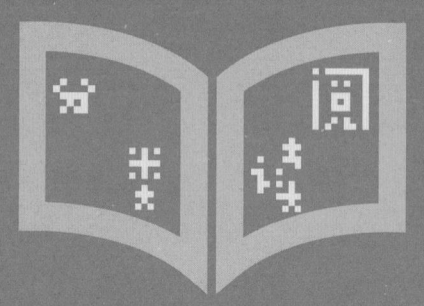

## 一、南京师范大学特色心理阅读推广活动

南京师范大学心理健康教育咨询中心（以下简称中心）自 1988 年成立以来，始终坚持以专业心理咨询理论为指导纲要，以促进大学生心理健康、和谐发展为工作理念，以教育、辅导、咨询和危机干预为要点，现已形成心理健康教育、心理咨询服务、心理测评与危机干预三部分工作系统。平时开展的心理教育工作包括测评排查、咨询辅导、团体培训、讲座教育、沙龙论坛、心理热线等。

1. 心理读书会：中心不定期组织举办读书会活动。每次读书会设定主题，选定阅读书籍，由主持人介绍书籍作者、书籍内容并概括该书观点，分享自己的读书心得。与会者在主持人的启发下进行案例分析，分享自己的阅读感想，进行交流互动。最后由主持人总结陈词。团体交流形式有助于参会者提升自我素质和学术修养，开拓眼界，反思自我。

2. 编辑心理刊物《掌心语》：2002 年中心创办了自己的刊物，并免费发送到每一个学生宿舍。《掌心语》作为心理健康教育咨询中心宣传和普及心理健康知识的刊物，始终保持高度的可读性、趣味性和科普性，历经几年的积累，已经深得广大师生喜爱。

3. "心灵家园"微信公众平台：每周定期为广大师生普及心理健康教育知识，及时传递最新活动消息。

4. "T.E.D 心演讲"系列讲座：该活动中心在 2015 年全新策划推出的心理健康教育活动，T.E.D 即 T-theory、E-education、D-development，指理论—教育—发展。每次讲座时长为 1 小时，每期一个主题，邀请校内外心理咨询老师围绕主题为同学们进行讲解。由于讲座选题贴近同学们的生活和心理需求，讲座

内容有趣、专业又实用，给同学们带来了关于思想教育和成长的"心知识"，传递了欢乐与力量，而广受学生好评。

## 二、深圳南山图书馆心灵沙龙

深圳南山图书馆创建于 1997 年，2011 年首先从"心灵沙龙"起步，开始招募沙龙会员，建立沙龙会员积分管理制度，很快就集结一批忠实的活动参与者。当年先后举办了 15 场"心灵沙龙"，共 334 人次参加。此后沙龙活动按照专题分为心灵沙龙、读书沙龙、英语沙龙三部分。

多年来，心灵沙龙开展了心灵漫谈系列、亲子教育系列、幸福人生系列、芳香疗法系列、情感婚姻系列、人际沟通系列、情绪管理系列、两性成长系列、心访谈新动力系列、职业生涯规划系列、青年成长系列等多种主题的活动，涉及深圳这个移民城市读者群体较为关注的职场、婚姻、人际关系等问题，使各类读者在活动中找到自己的兴趣点。2012—2016 年共开展心灵沙龙活动 176 次，读者参与达 16000 余人次，并对涉及的相关图书等有了阅读或再次阅读的兴趣，提高了图书馆的资源利用率。

目前，心灵沙龙已固定为每周六 14：30—16：30，活动时间充分考虑到读者的需要，并经过时间的检验将读者的需求最大化，实行会员管理模式，通过规范化的会员管理系统实现日常电子化会员管理，建立了会员档案和活动积分数据库，根据不同读者类型实行细分个性化服务。

每次活动结束后，图书馆都会及时向南图书友会微信公众号的订阅读者推送活动的精彩图文，分享整场活动的效果，这种对活动有深度的二次加工非常有意义，不仅是对整场活动的一个回顾，而且能通过这种方式与读者进行更深入的互动交流。想要把一个活动主题讨论充分、透彻，仅仅在两个小时的时间里肯定是远远不够的。活动结束后，大家可以继续在线上探讨、交流，是对线下沙龙活动的有益补充。

与此同时，南山图书馆设有专题咨询室，每周五 15：00—21：00 为心理咨询开放日，深圳各心理咨询机构公益心理咨询师免费为读者提供一对一的心理咨询服务。

### 三、《儿童情绪疗愈绘本解题书目》与《大学生情绪疗愈绘本解题书目》

2008 年汶川大地震之后，灾区人民的精神生活也牵动着台湾地区同胞的心，为抚慰四川灾民的心灵创伤，台湾大学图书资讯学系和台湾"国家图书馆"共同发起"送儿童情绪疗愈绘本到四川"的项目活动，台湾图书信息界、心理卫生与心理咨询界、儿童文学界等 30 位学者专家，挑选具有情绪疗愈效用的 50 种绘本送给灾区儿童，希望通过阅读绘本，孩子们的心灵能得到净化和安慰。由此，台湾大学图书资讯学系教授陈书梅编成《儿童情绪疗愈绘本解题书目》一书，这是一部针对儿童阅读治疗的专题书目，是国内第一本有关儿童情绪疗愈的本土性中文解题绘本书目。

《儿童情绪疗愈绘本解题书目》分为两部分，第一部分介绍 50 种儿童情绪疗愈绘本书目，分为"情绪""儿童形象""生命历程""人际关系"和"家园"五大主题，分别侧重纾解害怕、愤怒、难过、思念、寂寞等情绪，认识肢体伤残、病痛等症状，领悟成长、死亡等生命历程，认识友谊等人际关系，解决家园的重建、搬迁以及寄养、单亲等问题。除基本书目信息外，还简要介绍内容并附以示例，同时分析各绘本对情绪疗愈的效用，协助读者了解适用性。第二部分为附录，包括阅读疗法简介、选书会议报告、选书考量说明、选书作业规则及参与绘本征集活动的出版社一览表等，是对整个活动的介绍说明。

《儿童情绪疗愈绘本解题书目》

"送儿童情绪疗愈绘本到四川"活动和《儿童情绪疗愈绘本解题书目》让我们认识到，图书馆除了发挥一般知识性、教育性的文化功能外，还可以推广阅读治疗活动，增强大众对阅读与心理健康之间关系的认识和体验。图书馆界与心理卫生界、心理咨询界、儿童文学领域的专家共同努力，认真挑选合适图书的合作方式值得借鉴参考。只有将图书馆置于更广大、更开放的社会空间中，才能更好地发挥其社会功能。

随着社会竞争、就业压力等问题日益严峻，大学生心理问题逐渐凸显，陈书梅教授关注大学生群体，推出《大学生情绪疗愈绘本解题书目》。作者明确指出："本书之目的乃是以发展性书目疗法为法则，期能借由提供相关之书目，帮助大学生以阅读缓解一般性的情绪困扰问题。"作者结合相关研究，选择台湾地区大学生常见的六大问题详述：（1）自我认同，如自我价值的困惑、自我定位混乱、外在差异造成的负面情绪等；（2）生命成长与生涯发展，如面对未来的彷徨感、对于生涯发展的困惑感；（3）负面情绪调适，如寂寞、不安、无力感、郁闷、困乏、沮丧、愤怒；（4）人际关系，如结交新朋友、人际互动、群体生活的摩擦、与亲友分离；（5）爱情关系，如渴望爱情、暧昧期、交往阶段、分手；（6）失落与死亡，如遭逢变故、亲友去世。针对以上六大类情绪困扰，作者以绘本为素材引导大学生进行发展性阅读疗愈。一方面，发展性阅读疗法属于非医学的自然疗法，其原理在于个体具有自我修复与重生的本能与智慧，即挫折复原力（resilience）。另一方面，优良的绘本画面和情节轻松有趣，大学生阅读绘本并不认为其内容简单或流于肤浅，反而能体味深远寓意，结合自身经历激发想象、纾解情绪。因此，阅读适当绘本能使大学生放松心态、舒缓压力，进行自我调适，并从阅读的过程中获得解决问题的方法，克服生活中遭遇的困境。

# 第七章

# 科普阅读推广实践

广州少年儿童图书馆科普阅读推广

金陵图书馆"1·金图"科普数字阅读

首都科学讲堂

# 一、广州少年儿童图书馆科普阅读推广

为弘扬科学精神，提高青少年科学文化素养，广州少年儿童图书馆开展了形式多样的科普阅读活动，受到了小读者和家长的欢迎和喜爱。

1. "机器人展示"——聚集人气的科普活动项目。2016 年馆庆当天，举行"机器狂欢日——馆庆二十年"机器人展示活动。活动由图书馆与广州市青少年科技中心联合主办，中鸣数码科技有限公司巴巴机器人活动中心协办。16 台智能机器人排成方阵，与少儿图书馆吉祥物"悦悦"、无人机配合共舞，另外还有猜拳机器人、分拣机器人、魔方机器人的展示和互动环节。广州少年儿童图书馆还在 6 月中旬联合"比隆小镇"儿童科技创新教育机构进行机器人的现场展示，让孩子们感受高科技的魅力，引发对科学探索的兴趣。

2. "千师万苗工程"——蝴蝶培育科普系列活动。图书馆与广州市青少年科技中心签订"千师万苗工程"共建协议，组织千名来自各学会、科研院所、高等院校和企业的专家组成科技导师志愿团，让青少年在科技导师的指导和帮助下开展各种科技创新活动。2016 年 4 月至 5 月，图书馆举办了 4 场与昆虫相关的活动，华南师范大学生命科学学院的教授和大学生志愿者向小读者剖析了蝴蝶的成长过程。为配合这些与昆虫相关的活动，图书馆特别推出"虫虫欲动"专题书架，推荐图书 30 种 280 册，直接带动了昆虫类图书借阅量的大幅上升。

3. "真人图书馆"——讲述万千世界神奇的生命现象。"真人图书馆"延续阅读真人图书的风格，推出"人与动物专题"，主讲嘉宾贴近小读者，从大型动物的生长环境、生理特征、食物链、性格特点、与人类的关系等方面介绍，加深读者对它们的认识。真人图书馆科普系列延续"求真、探索、新知"的宗旨，并添加一些小读者喜爱的元素，如动物速绘、有奖竞猜、阅读推荐等，把图书阅读、科普视频、讲解示范三者有机地结合，力求科普活动的多样化。

4."科乐多实验室"——通过小实验解释物理和化学现象。图书馆联合广州科乐多文化发展有限公司演示读者喜闻乐见的科学小实验，引发他们探索科学的热情。"纸的秘密""冰淇淋大战火山""表面张力大战地心引力"等实验活动让现场反响十分热烈，小读者在游戏和互动中对物理和化学现象增加了感性认识，激发对科学探求的热情。

## 二、金陵图书馆"I·金图"科普数字阅读

"I·金图"助推科普数字阅读案例是金陵图书馆科普数字阅读推广的一次实践与探索，通过挖掘自身优势积极开展各项活动，取得了一定成效，获得了首届中图学会阅读推广委员会科普推广案例征集一等奖。2015年，金陵图书馆向社会推出了"I·金图"App，2016年又新建了"I·金图"微站。现今，金陵图书馆已构建出相对完善的"I·金图"数字阅读服务平台，主要开展三方面活动。

1.降低阅读门槛，提供线上科普数字资源服务。为满足广大读者阅读需求，方便读者不受时间地点的制约，除电子阅览室面向读者开放各类科普资源，还开

金陵图书馆数字阅读
推广周现场

通了线上数字资源阅览证的办理功能，使读者在馆外即可使用数字资源。

2.打造品牌，坚持开展科普数字阅读线下推广活动。图书馆依托"Ｉ·金图"平台中的视频资源，开设了线下科普数字阅读的阵地——微知堂，每月一期精选两三个视频节目推荐给读者，视频内容涉及环境保护、军事侦探、科技前沿、历史文化、生命科学、体育探险、天文航天等众多领域。工作人员也给现场的读者介绍"Ｉ·金图"数字阅读系统，并回答读者关于科普数字阅读的各种问题。

3.加强对外合作，实现资源共享推进科普数字阅读。金陵图书馆与南京市科协在2016年达成合作共识，整合双方优质文化科普资源项目，同时享用"科普闻道"和"书香金陵"两个栏目，读者只需手指点点就可以及时查看科协大讲堂的最新预告，在线观看近百部优秀的科普讲座，阅读精美且实用的科普杂志。

## 三、首都科学讲堂

首都科学讲堂于2007年由北京市科学技术协会主办、北京科普发展中心承办，每周一期，充分利用首都知名专家云集、国际知名学者往来频繁这一得天独厚的资源优势，以演讲、论坛、专访等形式，在科学家和公众之间搭建了直接交流互通的平台，成为首都地区高端科普品牌和著名的"科学名片"。讲堂邀请的演讲者都是国内外各自领域的顶级专家，其中相当一部分是两院院士，还有不少诺贝尔奖获得者。

首都科学讲堂的题目设计和演讲内容完全站在公众的角度，化抽象为通俗，化枯燥为生动，是一个向公众普及前沿科学、技术知识，解读我国科技政策、科技发展的平台。四川汶川发生地震后，科学讲堂及时举行了"普及科学知识，科学面对灾害""中国巨灾分布、统计和趋势""灾后心理重建"系列讲座，受到了听众的一致好评。还曾把讲堂的地点搬到北京天文台等，让科普爱好者近距离感受科学。

为了让"普"字走出讲堂，让更多人群受益，"首都科学讲堂"通过电视栏目、网站、报纸杂志专版专栏、广播参与、微信公众号、北京时间、一直播平台

首都科学讲堂的科普成果之一

和京学网在线直播等多渠道形式，助力全民科普活动的发展，实现同一专家、相同题目、不同角度、多种形式报道的立体化传播，提高传播力度和质量，为公众提供多种形式的科普资源。

为了让宝贵资料最大化传播，依托"首都科学讲堂"所积累的科学与人文资源，组编"名家讲科普"系列、《首都科学讲堂报告集》等图书，进一步在全国掀起崇尚科学、学习科学的风潮。

第八章

# 其他阅读推广实践

导读报刊
主题网站
微信公众号
年度好书榜单

导读是一种阅读辅导的行为。以常见的文史类导读刊物为例，既包括公共图书馆或高校图书馆编印的非正式出版的导读"小杂志"，亦包括《读书》《中国图书评论》《博览群书》《书城》杂志等思想文化评论刊物。

近年来，"分类阅读"理念席卷国内图书馆界、出版界、书业、阅读界，众多导读刊物之外，微信公众号、门户网站等媒体也纷纷将关注目光投向"分类阅读"，化身"专门家"为读者的专业阅读指引方向。

## 一、导读报刊

1.《水仙阁》。海宁市图书馆与海宁市旅游行业协会合办的《水仙阁》杂志创刊于 2007 年，系海宁市图书馆馆刊。刊物设有"馆情动态"等传播图书馆"声音"的业界栏目，还有"文献一勺""云烟忆旧""芸窗幽赏"等文史方向的专业栏目，不仅为海宁历史文化做钩沉，普及乡邦文献，还以书评等形式为读者推介文史类读物。

2.《阅微》。江苏省南京市金陵图书馆主办的《阅微》创刊于 2010 年。刊名《阅微》来自纪晓岚为他的"阅微草堂"所做的诗："读书如游山，触目皆可悦。千岩与万壑，焉得穷曲折？烟霞涤荡久，亦觉心胸阔。所以闭柴荆，微言终日阅。""微"指微言大义，微中有妙，也指人生冷暖，微小如尘。《阅微》每期一个主题，例如第 46 期为"悦读经典：《闲情偶寄》"，第 45 期为"纪念林海音诞辰 100 周年"，第 44 期为"《金陵物语》专刊"等，内刊文章多以书评形式出现，或与史相关，或与文学关联，由名家或者图书馆员撰写，意在指引读者阅读佳作。

3.《书林驿》。南京邮电大学图书馆主办的《书林驿》创刊于 2014 年，刊物常设"书林杂谈吧""驿站导读榜""好书漂流舫""学海阅读坊""驿缘文化站"等栏目，其中"好书漂流舫"以"主题书目"的形式推荐文学体裁为主的各类图书，例如2018年第三期的"好书漂流舫"便分为两大主题——名家荐书：第十三届"文津图书馆奖"获奖图书推荐及纪念"丰子恺诞辰120周年、林海音诞辰100周年"专题图书推荐，均采用微书评的形式，介绍主要内容，提炼精要，让读者通过百余字的内容了解书籍背景知识和主要内容。

4.《博览群书》。光明日报出版社主办的《博览群书》杂志创刊于1985年，是一本集思想性与趣味性为一体的人文社科类优秀导读刊物。以现象分析类、文化思考类、批评建议类、热点评述类的文章居多。为了更好地服务读者，刊物推出心得体会类和书评类文章，让人文社科图书的读者在读书札记类、钩沉考趣类、人文掌故类文章中提升阅读品位，从而进一步扩展阅读范围。

5.《读书》。创刊于1979年的《读书》杂志是一本以书为中心的思想文化评论刊物，由生活·读书·新知三联书店主办。杂志刊登文章横跨文史哲、社会科学及建筑、美术、影视、舞台等艺术类及部分自然科学的学科，撰稿人均为学术界、思想界和文化界颇具影响力的知识分子。近年来，杂志文章日趋专业化、学术化，表达出了对国家和社会的关怀。

6.《藏书报》。创刊于2000年的《藏书报》，前身为《古旧信息报》，2006年改为现名。该报以古籍旧书、稀有文献的内容挖掘和市场行情分析等为报道对象，与公私藏书界、古旧书拍卖界展开良好合作，逐步搭建起全国性的古旧书文化交流平台。报纸特设古籍类图书专刊——《阅读周刊》，主要针对重点社科类图书、古籍文献类图书，有针对性的为广大书报刊、古字画、古玩收藏爱好者，出版社编辑，图书馆员，出版发行界和拍卖界人士及文科院系师生推介新版可典藏的精品图书。

7.《一品阅读》。《一品阅读》系南京艺术学院图书馆与逸品阅读协会合办的图书馆导读刊物，旨在为师生提供一个读书指导与交流的平台，倡导阅读，推广阅读，营造良好的校园读书氛围。因为是艺术类院校，刊物的栏目设置偏向于艺术专业，主要有"专论""师友心声""共读一书""好书品读""艺林杂谈""艺苑诗文""学苑交流""与馆同行"等。

8.《经济参考报》新书架及书评推荐。《经济参考报》由新华通讯社主管，经济参考报社主办，报纸设有"经济书汇"栏目，下设"书评人"子栏目，时评、书评人郑渝川、杨吉、邱恒明、谌毅兵在该报纸开设专栏，撰写书评，品评经济。此外，该报还设有"新书架"栏目，为读者第一时间奉上财经好书。

9.《科普阅读推广》。科学普及类图书很难进入大众的阅读视野，作品抽象又晦涩，且在专业性和通俗性上尚未达到微妙的平衡和完美的统一，如何让丰富的科普读物走进更多的读者？如何让读者发现科普读物的平易近人与美好，体会各种题材科普作品的魅力？如何协助读者通过阅读获取科学知识，提高科学素养，乃至激发科学创新的热情？科普阅读推广专业委员会 2018 年创办了会刊《科普阅读推广》。刊物设置"活动案例点评""书评赏析""展览介绍""业界动态"等栏目，希望为读者介绍来自服务一线的优秀活动，推荐适合不同学习阶段读者的科普读物以及各类型的科普资源；为从事科普阅读推广的图书馆员提供一个分享活动信息、交流经验的平台。

## 二、主题网站

### 1. 哲学中国网（http://www.philosophy.org.cn/）

哲学中国网由中国社会科学院哲学研究所主办，是面向哲学专业和对哲学感兴趣人士的大型学术类公益网站。它旨在搭建五个平台：中国社会科学院哲学研究所科研情况展示平台、中国哲学界学术成果展示平台、国内学术界信息交流及发布平台、对外学术交流平台、学术批评及评价平台。设有哲学通史、哲学流派、交叉研究、新兴领域、通俗读物、哲学社团、观点争鸣、哲学教育等 24 个栏目，既有研究性、专业型栏目，也有面向大众的普及型栏目，基本涵盖了哲学的林林总总。

### 2. 壹心理（https://www.xinli001.com/）

壹心理是一个心理学服务平台，提供的心理健康服务包括心理学课程、心理咨询、心理测评、心理 FM 等。该平台采取开放式管理模式，心理咨询师可以在平台上自由发表关于心理学的见解，开列心理学私人书单，也可以集合众多心理学专栏书单后推出精选书单。由于心理学的分支很广，所以该平台上的好书书单也呈现出"分类阅读"的特点：有关注自我成长的，有推介父母必读的，有迷茫期必读的，有关于心灵成长的，有关于两性认知的……此外，就阅读客体而言，有针对心理学入门人士的书单，有针对心理学爱好者的书单，也有针对学院派心理学研究者的书单，不同读者在同一个平台上可以各取所需。

### 3. 艺术中国（http：//art.china.cn/）

艺术中国是中国网旗下的专业艺术媒体，依托中国互联网新闻中心的权威传媒资质和雄厚报道资源，秉承新文化、大视野、全资讯的媒体精神，凭借对艺术界现状和相关业界资讯的权威判断与及时报道，在艺术界和文化界具有重要的影响力和公信力，并获得了大量艺术专业人士和社会大众的关注与好评。坚持以"精典艺术，国际视野，大家格调，主流声音"为宗旨，通过网络视频直播、图文报道、论坛互动等多种方式，全方位把握当代艺术界的脉搏与动向。设有新闻、视频展讯、品牌、何以中国等栏目，其中"展讯"栏目可查阅全国各城市的艺术展览类信息，"视频"栏目可在线观看高端艺术讲座视频。

### 4. 雅昌艺术网（https：//www.artron.net/）

雅昌艺术网是传播艺术之美的权威艺术门户网站，也是最活跃的在线互动社区，如今已成为艺术界最为推崇的互联网品牌。网站由艺术家、工美、画廊、古玩、拍卖、展览、新闻、视频、论坛、博客和陶瓷专题版块组成，雅昌艺术市场监测中心的专业市场数据分析报告能为艺术收藏投资者及爱好者提供较为全面、丰富、及时的艺术界资讯。每年组织发起"AAC 艺术中国·年度影响力"评选活动，奖项中包含年度艺术出版物。其媒体生态圈非常完善，如"艺术看展"App 较为独特，是全面立体的展讯类 App，可获取国内大部分博物馆、美术馆、艺术区的展览信息，并可通过视频、直播等方式现场看展、导展。

### 5. 中国数字科技馆（https：//www.cdstm.cn/）

中国数字科技馆是国家科技基础条件平台项目之一，致力于提高公民科学素质，通过集成和分享国内外优质科普资源，开展以网络为主要平台的科技教育，促进全社会参与科学传播，从而达到提升公民科学素质、加快网络科普发展的目标。网站提供历史文明、天文地理、数学、安全科学、环境科学、能源科学、交通运输等 24 个学科的资讯，全方位介绍了人类科技文明的盛况。还设有特色原创栏目榕哥烙科、科学开开门、学姐来了、科普游戏、神奇实验室、科技馆说和微课，通过视频、实验、互动游戏以及 VR 等众多方式向公众，特别是为青少年群体搭建了一个极富吸引力和趣味性的科普园地。网站汇集了丰富的图片、动漫、音像、报告、展品等数字化科普资源，是科普素材的宝库，为社会各界的科普创作和科普工作提供资源共享服务。

### 6. 中国科普博览（http：//www.kepu.net.cn/gb/index.html）

中国科普博览是一个以宣传科学知识，提高全民科学文化素质为目的的大型综合科普网站。它利用中国科学院科学数据库为基本信息资源，以中国科学院分布在全国各地的一百多个专业研究所为依托，联合全国一些著名的科研机构、科普机构，系统采集全国各具特色的科普信息。将每一类科普信息重新编写脚本并组织整理成虚拟科普博物馆与科普专题，融知识性和趣味性为一体，成为青少年课外学习的好途径，也为成年人继续学习提供了良好的素材。已出版中国科普博览系列丛书。

### 7. 科学松鼠会（https：//songshuhui.net/）

科学松鼠会是一个致力于在大众文化层面传播科学知识的非营利机构，旨在"剥开科学的坚果，帮助人们领略科学之美妙"。《南方周末》曾评价说"松鼠会的文字作品兼具科学精神与人文精神"。科学松鼠会成员由海内外优秀的汉语科学传播者组成，绝大多数受过专业科学训练，文字运用能力出众，视野开阔。科学松鼠会不定期举办多样化的活动吸引年轻人通过活动认识世界。"小姬看片会"每月精选一部优质科普大片，和大家分享大至宇宙小至微生物的科学话题，主持人小姬也会邀请科

科学松鼠会logo

学达人一起快意交流。"科普讲座 & 阅读沙龙"会邀请科学界的专家学者，为科学青年们奉上一场场精彩的科学饕餮盛宴。此外，科学松鼠会还立志让科普图书成为畅销品和时尚品，先后推出《一百种尾巴或一千张叶子》《吃的重量》《当彩色的声音尝起来是甜的》等科普书，其中《当彩色的声音尝起来是甜的》获得第五届"国家图书馆文津奖"，并入选中国图书评论学会 2010 年十大好书。

**8. 果壳科技有意思（https：//www.guokr.com/）**

果壳网于 2010 年创立，希望在新媒体时代让科学和技术的传播变得引人入胜。果壳网现有四大版块：科学人、物种日历、吃货研究所、美丽也是技术活，三大重点产品：MOOC 学院、知性社区、研究生 App。由专业科技团队负责编辑，网站主编为拇姬。果壳传媒另有"果壳阅读"这一阅读品牌，负责科普类图书的编辑。果壳网作为一个开放、多元的泛科技兴趣社区，吸引了百万名爱知识、乐于分享的年轻人聚集在这里，用知识创造价值，为生活添加智趣。在这里可以关注感兴趣的人，阅读他们的推荐文字，也可将有意思的内容分享给关注的人；依兴趣关注不同的小组，精准阅读喜欢的内容，并与网友交流；在"果壳问答"里提出让你困惑的科技问题，或提供靠谱的答案。推出《谣言粉碎机》《植物学家的锅略大于银河系》等书。

## 三、微信公众号

### 1. 为你读诗

为你读诗是中国首个以诗歌为起点和纽带，连接人与人的诗意生活平台与国际人文艺术平台，参与者包括行业翘楚与普通读者。涉及文学、音乐、美术、哲学等经典人文艺术作品多个领域，希冀为中国的大众和青少年提供兼有"知识、审美和情感"的诗意生活内容。

### 2. 国家人文历史

《国家人文历史》是人民日报社主管主办的大型时事人文类半月刊，"真相、趣味、良知"，为学术界搭建话语平台，为新锐者提供思想阵地，为文史爱好者营造精神家园。开设有史学青年、晚清人与事、民国范儿、近代政要、中国与世界等独家栏目。

### 3. 有艺

每天一节艺术选修课，提供有趣、有用、有见识的新鲜资讯。2018 年 2 月，该公众号"荐·书"栏目盘点 2017 年艺术类好书榜，推出"艺术类必读书单"10 本，并附上内容介绍，榜上有名的图书包括设计、摄影、水彩画等类别。

### 4. 意外艺术

意外艺术是致力于艺术大众化的互联网平台，通过原创视频和趣味图文等形式，将晦涩难懂的艺术进行普及。通过原创文章和国内第一档艺术类脱口秀《艺术很难吗》、好物推荐、线下艺术体验等形式，呈现给公众各类有趣有料的艺术科普干货。

### 5. 博物馆类微信公众号

从"国家博物馆"微信公众号、"上海博物馆"微信公众号、"微故宫"微信公众号等博物馆的微信平台都可以获取最新的展讯信息，一些特别展览大多有详细介绍和语音导览，展品配有高清的大图，随着指间的放大缩小，有时甚至比在现场看得更为清晰。我国很多艺术博物馆都开通了微信平台，皆可关注。

### 6. "典赞·科普中国"评选出的科普自媒体

2018 年 1 月 29 日，由中国科协、人民日报社主办，人民网承办的"典赞·2017 科普中国"活动首次评选出了十大科普自媒体：新浪微博 @ 果壳网、好奇博士微信公众号、中国科学院物理研究所微信公众号、中国好营养微信公众号、象爸象妈微信公众号、星球研究所微信公众号、百科名医自媒体、新浪微博 @Ent_evo、科学大院微信公众号、新浪微博 @ 河森堡。

2019 年 1 月 16 日，"典赞·2018 科普中国"活动评选出了"2018 年十大科普自媒体"："加油！向未来"官方抖

中国科协塑造品牌"科普中国"

音号、新浪微博 @ 中国天气、新浪微博 @ 中国数字科技馆、"中国科普博览"今日头条号、"物种日历"微信公众号、"混子曰"微信公众号、新浪微博 @ 国家动物博物馆员工、新浪微博 @Steed 的围脖、新浪微博 @ 植物人史军、新浪微博 @ 玉龙小段。

这些自媒体都致力于用通俗易懂的语言和形式，将原本晦涩难懂或新奇的科学知识传播给受众。

## 四、年度好书榜单

每季度、年中或年末，众多网络媒体、纸质媒体、书店、图书馆纷纷关注出版行业整体情况或者图书售卖、借阅情况。不少媒体遵循分类阅读原则，按主题分类精选出好书榜单。目前具有较高权威或影响力的图书榜单的评选主体类型有传统媒体，如《中华读书报》《新京报》等；有网络媒体，如豆瓣网、凤凰网等；有专门评选机构，如深圳读书月组委会等；有专门行业协会，如中国出版协会、中国科学技术协会等；有网络书店，如当当网、亚马逊等。现以 2017 年度为例，精选其中 20 种榜单，介绍榜单中所涉及的图书类别，以供读者参考选读。阅读推广工作者也可从中择取适合读者知识结构的类别图书，进行多种形式的宣传推广。

| 好书榜名称 | 发布单位 | 图书主题 |
| --- | --- | --- |
| 中华读书报 2017 年度十大好书 | 《中华读书报》 | 小说、历史、人文类 |
| 新京报 2017 年度好书 | 《新京报》 | 文学、历史、艺术 |
| 南方都市报 2017 年度十大好书 | 《南方都市报》 | 文学、艺术、哲学、历史、科技、社科 |
| 第一财经 2017 年度图书 | 《第一财经阅读周刊》 | 历史、社科、自然 |
| 2017 年经济观察报十大好书 | 《经济观察报》 | 政治、经济、历史、社科等 |

（续表）

| 好书榜名称 | 发布单位 | 图书主题 |
|---|---|---|
| 中国美术报网 2017 年度十佳艺术好书 | 中国美术报网 | 艺术 |
| 2017 中国摄影图书榜 | 《中国摄影》 | 摄影 |
| 中国社会科学网 2017 年度十大好书 | 中国社会科学网 | 人文社科类 |
| 豆瓣读书 2017 年度榜单 | 豆瓣网 | 文学、历史、社科、科学、艺术、商业 |
| 凤凰 2017 年度好书 | 凤凰网 | 文学、思想学术、历史 |
| 新浪好书榜 2017 年度十大好书 | 新浪网 | 小说、历史、经济 |
| 腾讯华文好书 2017 年度十大好书 | 腾讯网 | 文学、历史、经济 |
| 2017 百道好书榜 | 百道网 | 社科、人文、财经、艺术、生活、文学等 |
| 深圳读书月 2017 年度十大好书 | 深圳读书月组委会 | 历史、小说、政治、社科 |
| 北京"阅读之城" 2017 年请读书单 | 北京市文化局、首都图书馆联盟 | 文学、社科、科普、生活等 |
| 2017 年度"中国好书" | 中央电视台、中国图书评论学会 | 科普生活、文学艺术、人文社科等 |
| 2017 年度中国出版年会 30 本书 | 中国出版协会 | 社科、文学、生活艺术等 |
| 2017 年度中华优秀科普图书榜 | 中国科学技术协会 | 科普 |
| 2017 "当当好书榜" | 当当网 | 小说、历史、政治、科幻等 |
| 2017 亚马逊图书销量排行榜 | 亚马逊中国 | 文学、小说、经管、科技、艺术等 |